JN012030

森岡修一

里見 脩

岩城正夫

髙橋喜代治

西田隆男

白村直也

松本 学

野本雅央

木村廣子

杉山靖夫

上杉徳治郎

檀上 新

佐竹幸一

人間学研究会
60周年記念
エッセイ集

「人間」って何ですか

佐竹幸一＋森岡修一＋里見脩＋杉山靖夫＝編

工作舎

はじめに──[1]

　現代は、世界の成り行きがどのように変わっていくのかを判断するのが難しい時代です。日本においては2020年2月ころより始まった新型コロナウイルスの蔓延が2023年にようやく少し収まりを見せていますが、完全に収束をしたわけではなく、また再び患者数は増加してきています。

　また一方、ロシアは特別軍事作戦と称するウクライナ軍事侵攻を2022年2月24日から始めました。この行先はまだわかりません。

　このような事態の中で、新型コロナ禍で人間学研究所の例会を開けないため、おもにメール網を使っての連絡になりました。また、新型コロナ禍の期間中に退会される方も多く、8名の方が退会されました。（現在会員は25名）

　2022年6月に私、佐竹は人間学研究所・実用的人間学研究会の記念の本を出版することを皆さんに提案しました。佐竹が学生時代に人間学研究会を始めてからちょうど60年になるのです。

　皆さんに本への投稿をお願いしましたところ、13人の方が書いて頂けるということになりました。それから、出版社探しになりました。いくつかの出版社にあたりましたが、うまくいきませんでした。ある出版社では熱心に校正をしていただきました。ありがとうございます。

　2023年の7月改めて新宿の新大久保駅周辺の出版社さんを探しました。その中で佐竹の自宅にも近くて50年以上も歴史のある素晴らしい出版社さん

である、工作舎さんにご連絡しましたところ、早速、社長さんからお会いしてくださるとのご連絡をいただきました。それからお話はとんとん拍子に進み、出版に取り組みたいので原稿を持ってきてもらいたいとのことでした。

　私たちの人間学の取組みは、佐竹が生物科の学生の時、いろいろな本を読む中で、1963年にカントの『実用的見地の人間学』に感銘を受けたことに始まります。カントは大学で学生に講義し、午後は同業の学者をよばず、様々な知識を持った一般の人たちと食事を共にしながら、あらゆる知識を集めたのです。私もカントのようでありたいと思いました。

　そして生物科の学生組織、関東生物科学生懇談会の中に『人間学』分科会を作ったのが始まりです。生物科の学生だけでなくいろいろな学科の人が参加し、途中から動物学者で2代目総合人間学会会長の小原秀雄氏も例会に参加されました。

　佐竹は大学卒業後、家業の東京ガスのサービス店で働きながら、人間学研究会〈第2次〉を作り、教育学者で初代人間学研究所所長の柴田義松氏、岩城正夫氏、野本雅央氏らと研究活動をつづけました。

　その後、第2佐竹ビルの建設とともに、ビルの1室を、「人間学研究所準備室」として、研究活動をつづけました。一時、岩城氏は「人間サロン」を作られ、より自由な会になりました。

　1999年人間学研究所が設立されました。柴田義松氏が所長、小原秀雄氏が名誉所長、生物学者の岩田好宏氏が副所長（2代目所長）、佐竹は専務理事・事務局長となりました。人間学研究所グループは一部が研究者中心の人間学研究所であり、一部が一般人中心の実用的人間学研究会（佐竹は会長）となりました。会員数はこのころ両方で60〜70名おられました。その後、憲法学者で初代総合人間学会会長の小林直樹氏らも参加し、人間学研究所は一部が分離し、総合人間学研究会ができ、さらには総合人間学会へ、となりました。

　人間学研究所の例会場は佐竹ビルの3階に移動しました。その後佐竹が脳出血の後遺症で歩けなくなり、エレベーターのあるマンションに転居後はそ

のマンションの集会室を例会場としました。

人間学研究所になってから、『人間学研究所年誌』は岩田好弘氏がしっかりした出版物としての発行システムを作られました。現在は『年誌2021』19号（2022年）で中断しております。この年誌は国立国会図書館に納本されております。また、もう一つの印刷物として、『人間学研究所通信』(Humanology)があります。これも基本的な型は岩田氏が作られました。これは随時発行され、2021年10月7日発行の91号が現在最終号です。

私も80歳となり、このたび60年間の人間学の取組みを記念して、本書を出版することにいたしました。

出版にあたり、人間学研究所、実用的人間学研究会の会員全員に執筆をお願いしました。その内13名の方に書いて頂きました。お読みになればわかるように、バラエティーに富んだメンバーが書いた文章だとわかると思います。これが、60年間も続いた秘訣ではないかと思っています。

さて、今回の出版の企画では佐竹は今までたくさん書いてきた論文調のものではなく、2009年から始めた「こういちの人間学ブログ」の中からアクセス数の多い記事を選んで掲載しました。「こういちの人間学ブログ」は「人間」について幅広く述べるとともに、各地域とりわけ筆者の住んでいる新宿大久保地域などを紹介しています。また、オリジナルな唾液健康法や独自の顔の人間学など、今までブログでアクセスの多い記事を簡略化して紹介しました。アクセス累計は2023年7月に200万となりました。

この本により、今まで私たちの取り組んできたことをご理解いただけると幸いです。

佐竹　幸一
編集委員長、人間学研究所事務局長
実用的人間学研究会会長

はじめに──[2]

　平成7年(1995)ごろから、時々、人間学研究所に参加させていただいて
おりました。当時は人間学研究所の名称のとおり研究者中心の集まりだった
と思います。

　その後、平成20年(2008)4月に実用的人間学研究会が発足され、私は
副会長として、もっぱらこの会で活動することになりました。そのころは主婦な
ども含む、幅広い層の参加者があり、40名ほどが在籍していました。和気あ
いあい毎月行われる研究会の講師も一般の事業家など博識の方々がおられ、
例会後の懇親会も盛んでした。漫画家の弘兼憲史氏が例会に参加されたと
き、漫画入りのサインをいただいたのも懐かしい思い出です。しかし会も新型
コロナウイルスの蔓延で中断してしまいました。

　平成24年ごろ、この例会での思い出での一つに口数の少ない、柴田義
松先生と親しくなった出来事がありました。私が講師を担当したときのことで、
課題は『入来文書と朝河貫一』でした。朝河貫一著『日本の禍機』の文庫本
(講談社学術文庫、1987)を紹介したところ、柴田先生は興味を持たれ、手に
取って出版社等、メモされたので、講習会終了後、お持ち帰り下さいと言っ
て、差し上げました。その後、柴田先生と親しくお話をするようになったのを
覚えています。

　この度、人間学研究所などの記念誌の出版にあたり、4人の編集委員が

選ばれ、編集会議をスタートさせました。会議の場所は西戸山タワーホームズの1階会議室でした。私も末席におり、当初、編集会議は順調に進むかと思われたところ、新型コロナウイルスが蔓延し、意のままにならぬ状況になりました。

しかし、メールなどで、原稿の募集は順調に進み、寄稿者に2、3の意見の不一致はありましたが、当初候補であった出版社のご厚意により文章の校正のお手伝いをいただいたこと、更に編集委員長の粘りと努力で、その目的を果たすことができました。

新型コロナウイルスも終息に向かい、最終的に出版社も決まり完成に至りました。内容は特定の課題に偏らず、多岐にわたって寄稿されています。

人間とは何ものか？ 人間についての研究は尽きることのない宇宙のような気がしてなりません。その中の1点でも解明できたらと思っています。

また1980年代以降、大学でも人間に関する学部が多数設立されて、学生にとっても研究する幅が広くなったのではないでしょうか。また、この本が「人間」についてなにがしかの参考となれば、幸いです。

編集委員 杉山靖夫

「人間」って何ですか
人間学研究会60周年記念エッセイ集

もくじ

第 **I** 部

人間学研究所
(1999年設立)

人間学探訪の散歩道<ruby>プロムナード</ruby>

森岡修一［もりおか・しゅういち］

1946年、愛媛県に生れる。
大妻女子大学名誉教授、
人間学研究所所長。（＊詳しくは文末へ）

●われわれはどこから来たのか

　「人間」について古来さまざまな定義があることは、周知の通りである。人間をマッチ箱に喩えてみせた芥川龍之介の皮肉に満ちたアフォリズム（警句）、あるいは「人間は考える葦である」（パスカル）等の哲学的なメタファー（比喩）をはじめ、Homo（ヒト属）を語成分とするホモ（サピエンス）（ファーベル）（ルーデンス）（エコノミクス）（エロティクス）等々の多彩なカタログは、人間を他の動物と比較しつつその特性を、知性・道具・遊び・経済観念・生殖行動等に見出そうとした、涙ぐましい知的格闘の歴史を感じさせるに十分であろう。

　最近では、著名な歴史学者Y.N.ハラリによる『ホモ・デウス』（河出文庫、2022）が話題になっている。だが〈デウス＝神〉から人間のいかなる特性が導き出されるのか、また新型コロナ急襲の「パンデミック」にあってもその定義ははたして有効なのか、といった疑問に対する謎解きは、ひとまずハラリと読者諸氏にまかせることとしよう。ここでは、古代人のゲノム解読によって「われわれはどこから来たのか」を実証的に解明し、2022年ノーベル生理学・医学賞を受賞したS.ペーボの所説に耳を傾けてみたい。

　ペーボは、現代人の祖先がネアンデルタール人と交雑した事実をDNA解析によって明らかにし、新型コロナによる死亡者数を対比的に分析しつつ、ネアンデルタール人からの遺伝子とコロナ重症化との相関を究明して、人類を

苦境に陥れているコロナの猛威を実験の俎上に載せる契機とした。さらにその画期的な分子人類学的発見は、彼自身の1980年代の輝かしい栄光と、その直後の酷薄な試練抜きにはあり得なかった、ということと併せて、今やR.W.サイクス等とともに、ネアンデルタール人研究は21世紀のルネッサンスとまで呼ばれるに至ったのである。さらに、ソ連邦崩壊を予見したことで高名な、フランスの歴史人口学・家族人類学者E.トッドの「われわれはどこから来て、今どこにいるのか?」といった問いには、ホモ・サピエンス誕生から現代への全人類史を〈家族〉から描く視点が底流となっている。

　そこで、2007年創刊の総合人間学会編『人間はどこにいくのか』（学文社）に遡ってみると、まさにそのタイトルがノーベル賞研究テーマと時間軸の対極をなしつつ、〈ペーボ：われわれ（人間）はどこから来たのか〉、〈トッド：われわれは今どこにいるのか〉、〈総合人間学会：われわれ（人間）はどこにいくのか〉の「時間の矢」パラダイムとなって、教育学・言語学・心理学等の隣接諸科学の触媒として「われわれは何者なのか」「人間とは何か」の根源に迫る契機となっている。同学会の全3巻シリーズには、人間学研究所員の柴田義松・岩田好宏・佐竹幸一各氏の論稿（資料）が収載されているが、その後、急速な脳科学研究の発展によって、運動法則の物理学的特性の中に「時間の矢」は存在せず、〈過去・現在・未来〉の区別はわれわれの脳が作り出しているもので、とりわけ脳の「楔前部」が〈現在〉の認識と深くかかわっていることが解明されてきた。

　さらに古代ギリシャまで歴史を遡れば、あの哲学者アリストテレスが精神（プシケー）を栄養・感覚・理性の3段階に分類し、植物・動物・人間に対応するものとして「随年教育論」を展開したことはよく知られている。しかし、ダーウィンの進化論から1世紀半以上も経て現代の最先端科学は、アリストテレスが最下層に位置付けた植物においてさえ、植物同士、あるいは植物から虫へと人の目には見えない「メッセージ」のネットワークが張り巡らされている、という驚くべき事実を明らかにしたのである。アリストテレスがこのことを聞いたら、果たしてどう答えるだろうか。興趣は尽きない。

●「人間とは何か?」を問いたがる人間のこと

ところで、筆者が最近気に入ってよく用いているのは〈人間とは「人間とは何か?」を問いたがる動物のことである〉という定義である。

これは、トートロジカルなレトリックを挿入しつつ、人間のメタ認知能力(自己と対象との関係性および自己自身を対象化する能力)を特化した筆者独自の定義と自認しているが、もし他の研究者で類似の定義を創案した人物をご存じであれば、是非教えていただきたい。この定義の特徴は、上記すべての人間の定義をメタ言説レベルで包摂している、という点である。

それでは次に、ロシアの童話を紹介してみよう。

クルイロフの童話

百姓のところへ、蛇が這ってきて言いました。
「お隣さん、仲良くくらすことにしましょうよ!
これからは、もう、私を警戒する必要はありませんよ。
私が、まったく別人になったのがおわかりでしょう。
私は、ことしの春、脱皮したんですよ。」
しかし、蛇は、百姓を納得させることはできませんでした。
百姓は、斧をつかんで言いました。
「お前は脱皮したかもしれないが、お前の心は、前と同じだ。」
そして、隣人をたたき殺してしまいました。

これは、ロシアの有名なクルイロフの「百姓と蛇」という子ども向けの童話であり、当論稿では、人間学研究所に多大な貢献を遺して2018年に他界された柴田義松・東大名誉教授の翻訳(K.D.ウシンスキー・柴田義松訳『子どもと大人のための童話集2』ウシンスキーの母語読本、新読書社、pp.22〜23)からの引用であるが、敢えて「百姓」などの訳語はそのままにしてある。ウシンスキーの代表作『教育的人間学Ⅰ・Ⅱ』(柴田義松訳、明治図書、1966:全集第4巻に再録)こそは、

まさしく〈人間学研究会〉の礎石にふさわしい名著であり、会員諸氏にぜひご一読いただくとして、本稿中に登場するウシンスキー（1824〜70）やヴィゴツキー（1896〜1934）等に関しては、人間学研究会員の柴田義松・宮坂琇子・森岡修一編「教職基本用語辞典」（学文社、2004）等を参照願いたい。

　なお、ヴィゴツキー『芸術心理学』（柴田訳、学文社、2006）にも、クルイロフの寓話11篇とヴィゴツキーの鋭いコメントが掲載されている。イソップでおなじみの「キリギリスと蟻」なども、おとなは「怠け者」と「勤勉家」の道徳の材料にしたがるが、子どもはむしろキリギリスに共感するものであり、押し付けの教材解釈など子どもの心にはまったく響かない、と批判し「一つの言葉に結合された感情の二つの面」を看破しているのはさすがである。

　童話といえば子ども向けとお考えかもしれないが、先ほどの「百姓と蛇」の身も蓋もないエンディングなどはどうだろう。日本であれば、子どもには残酷だからという理由で、最後は読まないで済ますか、「心を改めたなら、これから仲良くやっていこう」と百姓（農夫）が言って「メデタシ、メデタシ」として、日本人好みの幕引きとなるところだろう。このような異文化による童話のプロットの相違については、おなじみのグリム童話とペローの昔話をはじめとする童話分析などが数多く出版されているので、注意深い読者は、グリム童話の「赤ずきん」と原作の残酷なエンディングとの類比をたちどころに思い出されるに違いない。

　因みに「性格」と一口に言っても、不変的部分に注目したCharacter（原義は「彫刻」）と可変的部分に注目したPersonality（原義は「仮面」）にはニュアンスの差がみられ、この場合は、脱皮しても本質的には変わっていない蛇の心の不変的部分に注目した表現といえそうだが、ともあれ「人間とは何か？」の問いに対するクルイロフのシニカルで冷徹な解答例（人生論）が、この童話には含まれている、と考えていいだろう。続いて、グリム童話の中から、筆者のお気に入りの作品のプロットに移ることにしよう。

●グリム童話「寿命」に思う

　むかし、いろいろな生き物を創造した神様がそれらの動物の寿命をどのくらいにするか思案し、30年を基準として個別面接で意見を聞くことにした。

　最初にロバが来たので「30年でどうだ?」と聞くと「朝から晩まで重い荷物を運ばされているこの身には、30年は長すぎます。もっと減らしてください。」ということで、ロバの寿命を18年に減らした。

　次に来たイヌにも、同様の質問をすると「30年もしたら私の体は足も歯もボロボロになってしまい、番犬にもならない体では生きていても仕方がありません。」ということでイヌの寿命を12年に減らしてやった。

　次のサルは「みんなに笑われてばかりのこんな生き方など30年も耐えられません」ということで10年となったが、最後に来た人間は、30年では短すぎると文句を言う。

　そこで神様は基準の30年にロバの18年、イヌの12年、サルの10年をプラスして、総計70年を人間の寿命にしたのである。

　当時のグリムの時代に、70歳が人間の平均寿命であったかどうか定かではないが、この話の良くできているのは、人間にとって最も幸せなのは最初の30年だけで、その後は汗水流して働く18年間のロバの時代、それが終われば、「最近の若い者は」などと愚痴や悪口を吠えまくって、その挙句パワハラ・アカハラ騒動に巻き込まれる12年間のイヌの時代、その後は怒ることすらもできず、「ボケ老人」と笑われてもじっと我慢するしかない10年間以上の哀れな後期高齢者の時代、という人生の見取り図が見事に描かれていることである。

　そこで本稿では、わが身の若き日からロバ、イヌ、サルの時代を振り返りつつ、グリムの原図に基づいて、筆者の人生見取り図を重ねた遊歩道地図（プロムナード）を作成してみると、以下の4ステージ行程となる。

　　［1］思春期・青年時代〈誕生から大学院生：30歳頃まで〉
　　　　　1946〜76年頃
　　［2］ロバの時代〈大学教員助教授・教授：50歳頃まで〉

1976〜94年頃

［3］イヌの時代〈教授時代前期：還暦の60歳頃まで〉

1994〜2006年頃

［4］サルの時代〈教授時代後期以降：定年・現在まで〉

2006〜2022年頃

　後半ほど急勾配になるこの「人生の坂道」は、現在「サルの時代」すらも過ぎ「恍惚の人」（有吉佐和子）、「老害の人」（内館牧子）、さらには「ヨタヘロ期」（樋口恵子）および「下流老人」（藤田孝典）に足を踏み入れつつある筆者が、人間学研究所との関連を中心に「人間とは何か？」をめぐる個人的足跡（プロムナード）を辿ろうとするのであるから、自ずから偏見に満ちた濃淡の差（精粗の別）、記憶間違い、多少のズレや迷い道があることを、あらかじめお断りしておく。

［1］思春期・青年時代〈誕生から大学院生：30歳頃まで〉
1946〜76年頃

● 少年期

森の自然に囲まれて

　筆者が生まれたのは1946年の初夏、愛媛県伊予市の山奥（ド田舎）であり、のちのノーベル文学賞受賞者・大江健三郎氏は隣町の出身である。彼の作品は、ほとんどといっていいほど森などの大自然に大きな影響を受けており、筆者も「森岡」の姓が示す如く木や森の大自然に囲まれて育った。このようなド田舎の我が故郷ではあるが、今では県庁所在地の松山市までクルマで30分ほどの距離であり、聞くところによると佐竹会長の奥様のご尊父は松山出身の有識者とのことで、不思議なご縁を感じている。

　昔のグループサウンズ全盛期のヒット曲『ブルー・シャトー』の歌詞「森と泉に囲まれて」の「泉」こそないものの、家の近くを初夏には蛍の乱舞する清冽な小川が流れ、今も坑道からの良質の湧水を飲料水としている、という点では

ブルーシャトーの環境に負けてはいない。もっとも住居は、Blue Chateau（青い城）ならぬ、古ぼけた「茶色のShabby House（茅屋）」が「静かに眠る」という環境の大きな違いはあるのだが。

　それにしても、小学生のころ、母がヤクルト配達のおばさんとよく世間話に花を咲かせて、「オオエノケンチャンが東大に受かった」とか「オオエノケンチャンが新聞の懸賞小説に入賞したらしい」と、そのおばさんが声高に話しているのを耳にしながら、内子町には「オオエノケンチャン」というすごく頭のいい男の子がいるらしい、と漠然と考えていたのだが、それがあの「大江健三郎」のことであったことに気付くのはもっと後になってからのことである。

　思想家のシュペングラーが、名著『西洋の没落』（五月書房、1972）において洞窟の「ゲヒュール」による中東文化と、森林の「ゲヒュール」によるゲルマン文化の2つの文化に分類していることは周知のとおりであるが、筆者に与えた森の影響は大江に負けず劣らず大きいものがある。英文学者の渡部昇一氏は、感覚・感じ方を意味するドイツ語の「ゲヒュール」（Gefühl）を一種の刷り込みと捉えており、大江氏の場合も、森との生活が創作意欲を促す不可欠の刷り込みになっていたであろうことは想像に難くない。

モミジの木書斎

　愛媛の筆者の実家の庭には、地元の新聞にも写真入りで紹介されるほどの5層の見事なモミジの木があって、その最上層の枝に何枚かの板切れを渡して、のんびりと「鉄腕アトム」「赤胴鈴之助」や、当時ほぼ同時に創刊されたばかりの『少年サンデー』『少年マガジン』などの少年週刊誌（確か、そのどちらかの表紙が野球選手の長嶋茂雄であったように記憶している）を読むのが、小学生の頃の何よりの楽しみであった。

　中学生になっても、この「モミジの木書斎」での読書の習慣は続き、ある日、父親所蔵の有島武郎『カインの末裔』（岩波書店、1940）を読み始めたのだが、さすがにタイトルからして中学1年生には難しく、これも父親の書架から旧仮名表記の古ぼけた辞書を持ち出して、難語句を調べ上げながらも読了し、県

の読書感想文で入賞したのが懐かしい想い出となっている。

　この頃から『週刊新潮』連載の「色の道教えます」（五味康祐）や遠藤周作「好奇心の強い男性へ」などの大人向けの読み物なども、辞書を引きつつモミジの木書斎で愛読し、大学受験向けの『蛍雪時代』も大半は理解できないまま中学2年から定期購読し始めたので、中学生としては結構早熟な「ませガキ」だったようだ。

　その後、半世紀以上も経て定年近く、何気なく大江氏の著書をぱらぱらとめくっていたところ「……カエデの木があって、私は幹が幾股にも分かれているところに板をしき、縄で固定して、その上で本を読むことのできる『家』を造ったのです。」（大江健三郎・大江ゆかり『「自分の木」の下で』朝日新聞社、2001）の一節に出会い、わが目を疑った。まるで氏が、筆者のことをこっそり観察して記述したかのような文章とともに、大江ゆかり氏の色彩豊かでノスタルジックな挿絵まで添えられていたからである。ただ、当時の筆者は高校まで田舎丸出しの坊主頭であり、挿絵の少年は髪を伸ばし洗練された都会風のいでたちであった点に大きな違いがあったのだが。以前は、実家に帰ると決まったように、父の手伝いで昔植林した栗や、檜、杉の木などの山を見て回り、気に入った木の根元で鳥の囀りや虫の音に耳を澄ましたり、寝転がって本を読んだりしたものだが、あれほど見事だったモミジの木もその後はいつの間にか枯れてしまい、父母亡今ではその楽しみも遠い過去のものとなってしまった。なお、本稿執筆中の2023年3月に大江氏は突然不帰の客となられ、あの笑顔を見ることはもうできない。謹んでご冥福をお祈りしたい。

『おおきな木』

　シェル・シルヴァスタインの "The Giving Tree"（『与える木』、村上春樹訳では『おおきな木』あすなろ書房、2010）は、しばしば「天声人語」やマスコミで取り上げられ、最近も朝日新聞が記事にする（2022年1月6日「覧古考新」）など定評のある絵本であり、筆者は、大学の「異文化交流論」の授業で英文と日本語訳の内容分析、The boyの訳の対比分析や「木」の象徴性の解釈などを学生に課して

きた。同書の主人公の少年は、木を利用することしか考えなかったが、母性（あるいは神性）を帯びた「おおきな木」は無償の愛を少年に注いでおり、筆者の場合も、無意識のうちに木によって思索を深める恩恵を享受していたことになる。その意味では、人間相手の対話よりもむしろ木のそばにいるだけで、さまざまな思いを巡らし自分と向かい合う貴重な自己との「対話」の時間が、後年のヴィゴツキーとの邂逅の重要な契機になったと思われる。

ことばの訛り

　ある日の夕方、筆者自身が方言を使っていることを自覚せざるを得ない「出来事」が起きた。親戚の家に遊びに行って帰ってきたところ母親が怒っていて、その訳を聞くと、従兄が「修ちゃんは声を引く」と言ったというのである。「声を引く」というのは「訛りがある」という意味の地元の方言であり、地元の方言で他人の方言を揶揄しているところが興味深い点であるが、その時、言葉には上等な言語と下等な言語があり、自分が使っていることばはどうもあまり好ましいことばではないようだ、ということに何となく気づき、ことばの差別らしきものを自覚せざるを得ない初めての経験であった。

　その従兄は、現在横浜に住んでおり、いまでも大変仲よく付き合っているのだが、話すことが苦手というコンプレックスは拭うことができず、後年、東京の大学に入学したばかりのクラスで「伊予の山猿の森岡です」という自虐的な自己紹介をしたことが懐かしい。そのおかげですぐに名前を憶えてもらうことができて、それまでの肩の力が抜け多くの親友ができたことはうれしい誤算であった。

　またこれも後年の出来事になるが、名古屋の大学勤務時代のある日、植木市に行って業者と話していたところ、その業者が「あなたは愛媛の人でしょう」というので驚き、理由を聞いたところ、彼は高知から植木市にやってきた業者で、筆者の言葉がすぐ伊予弁であることに気付いたという。

　俗に「ことばの訛りはお国の手形」というが、映画の『マイフェアレディ』（原作はバーナード・ショーの『ピグマリオン』）の言語学者ヒギンズ教授さながらに、相

手の話し言葉でその出身地を当てるという名推理にひどく感心した覚えがある。それまで、学生時代から10年以上も東京に住みながらも、伊予弁の訛りは抜けていなかったことになる。その意味で、筆者の人生にとって、森の刷り込みとことばの刷り込みは拭いがたいものであり、それは大江氏も同様と思われる。氏の話しことばには明らかに独特の言語学的特性（敢えて「訛り」とは言うまい）があり、それがまた氏の一種の魅力ともなっている。時には難解ともされる、自らの小説の語彙と文体について、氏が「読者に、この小説で用いている文章が日本語であることを意識してもらう」ための基礎作業である、と述懐したのを目にして、のちに東大で名訳者のフランス文学者渡辺一夫教授に師事し、外国語との対比を常に意識しつつ、自己の文体を研ぎ澄ましてきた大江氏らしいことばと、深く感じ入った次第である。

　次節に移る前に、是非とも指摘しておきたいことがある。それは、ヴィゴツキーの『思考と言語』（柴田義松訳、明治図書、1962）の言語観における「内言」と「外言」との緊張関係、「話しコトバ」と「書きコトバ」の発達、「生活的概念」と「科学的概念」との相関、および「発達の最近接領域」の課題意識（詳細については、柴田先生との共訳『子どもの知的発達と教授』（明治図書、1975）とも通底する興味深い視点が、大江健三郎『〈話して考える　シンク・トーク〉と〈書いて考える　シンク・ライト〉』（集英社、2007）の著作に提示されている、という筆者の見解であるが、それについては後述する。

●大学・院生時代

ヴィゴツキーとの出会い

　高校では語学に興味を持ち、大学は外国語学部に入学したが、教職科目の関係で文学部に転部してまもなく、運命的著作との出会いが待っていた。それが、前述した柴田義松氏の訳になるヴィゴツキー『思考と言語』である。神田の古書店に入って書棚を眺めた瞬間、同書のタイトルが真っ先に目に飛び込み、無意識のうちに手を伸ばしていた。

　目次を瞥見しただけで購入を決め、下宿に帰ってむさぼるように読み終えた。

同書は〈上〉〈下〉2巻の分冊であり、古書店で筆者が購入したのは〈上〉のみ
だったため、直ちに書店に注文して〈下〉が届くと同時に1日で一気呵成に読
了し、しばし夢心地でその内容を反芻していた。

押し入れ書斎の楽しみ

　この出来事が筆者の将来を決定づけたといっても過言ではない。ヴィゴツキー
のような心理学（者）を研究したいと考えて大学院は教育学か心理学と決め、
早速準備に取り掛かろうとしたが、周囲には相談できる同好の士も見当たらず、
とりあえずは「語学の鬼」と噂のあるK先輩の下宿に入り浸ることにした。

　怠け心に挫けそうになると、押し入れまで蔵書で溢れかえった先輩の下宿
を訪ねる。するといつ訪ねても、先輩は脇目もふらずロシア語やチェコ語など
複数の語学の勉強に没頭しているので、それが終わるまで筆者は押し入れの
中の適当な本を読んで待っている、という暗黙のルールができあがり、小学
生時代の「モミジの木書斎」に倣って、筆者はひそかに「押し入れ書斎」と呼
んで、この時間を楽しむようになった。

　ある日先輩が、面白いから読んでみたら、と言って勧めてくれたのが渡辺
一夫訳のラブレー『ガルガンチュア物語』(白水社、全5巻、1943〜65) であり、
夢中になって読み始め、続きは同書を借りて帰り、その日のうちに読了したが、
内容の面白さもさることながら翻訳の見事さに圧倒されてしまった。

　第13章は「尻を拭く妙法を創案したガルガンチュアの優れた頭の働きをグ
ラングウジェが認めたこと」となっており、これは、どのような素材で排便後の
始末をすれば、気持ちよくキレイかつ完璧に拭けるか、について主人公のガル
ガンチュアが腰元の帽子や頭巾、耳当てなどで試した結果を父親に報告して、
父親が怒るどころか大いに喜ぶという場面から始まる。

　文中には短詩(ロンドー)として〈先日脱糞痛感　未払臀部借財……〉といっ
た短詩が延々と挿入されるが、これが漢詩として見事に韻を踏んでおり、訳
者渡辺一夫の教養の高さを痛感した。因みに、その訳者が大江健三郎の東
大指導教官であったことを後に知ることになるが、大江氏の才能は東大に入

学して、渡辺一夫という素晴らしい指導者によって開花したことは明らかである。

前掲書（大江健三郎、2007）において、氏は、表現ということの根底にあるものが「エラボレーション」であることを渡辺一夫から学んだ、と述懐しており、それは言葉をみがくことではあるが、そのことにとどまらず、「社会、世界に自分をつきつけることで、内面に根ざす表現の言葉を現実的なものに鍛えること」であると定義している。氏は同書で〈elaboration〉の訳語を提示していないが、通常は「推敲」を意味する。だが、氏が「言葉をみがくこと」を強調していることからも、筆者は、「推敲」と同義ではあるものの、宝石をみがくニュアンスの強い「彫琢」の語のほうを訳語としたい。というのも「推敲」の語源をたどれば、閉じられた寺社の門のまえで、「推（お）そうか」「敲（たた）こうか」迷っている僧侶のイメージが強すぎて、文章を練り上げるイメージにそぐわないからだ。

ちなみに、言語社会学者として有名な、イギリスのバーンスタインの術語〈elaborated code〉は通常「精密コード」が定訳となっていることからも、ことばを〈みがく＝精密化する〉と解釈することは可能である。「子どもたちの精神と肉体において、ことばによるエラボレーションの訓練がいかに大切かを……何より教育の基本と考えている」という大江氏が「それは子どもがどのように書くか、にすぐさまつながります」（同上、p.9）と考えるのはきわめて自然なことであり、ヴィゴツキーの言語理論との距離の近さを感じずにはいられない。

ここで、再び『ガルガンチュア物語』に戻ることにするが、同書はそのまま、当時の伝統的な暗記中心の教育法を痛烈に批判する優れた教育書ともなっており、せっかく豊かな才能を持つガルガンチュアが、丸暗記のスコラ的詰込みの教育法によって台無しになり、それを憂いた父親が家庭教師をクビにして、大量の下剤と浣腸で主人公のそれまでのガラクタの知識を全部流し去った後で、コトバ主義を排して実物・直観教育を施し、遊技的・感覚的方法を導入する。その後は徐々に、ガルガンチュアの瑞々しい才能が甦ってくる様子が、溢れんばかりの教養をちりばめた下ネタの洪水（たとえば〈雲谷斎〉を〈うんこくさい〉と音読すれば、それはたちまち〈ウンコ臭い〉となって、あなたの鼻を襲ってくるだろう）とともに、ユーモアたっぷりかつ説得的に描かれていくのである。遥か昔の16世

紀に絶賛を博した同書が、現代教育における受験競争の痛烈な批判書として今もしばしば教育書で引用される所以であり、筆者がラブレーやエラスムスの思想における教育論としての真価を理解できるようになったのは、大学院進学後のことであった。

　無味乾燥と思われる大学院受験準備期間も、こうして幅広い教育書を渉猟しつつ分厚い教育学辞典を（引くのではなく）何冊も読破したり、必読文献専用の受験用スクラップノートを作るなど、結構楽しみながらの受験準備の時間を経験することができた。とはいえ、やはり教育学や心理学関連の相談相手のいない初めての大学院受験は不安で、父にそのことを打ち明けたら、「浪人してもいいからやってみなさい。それでも駄目なら田舎へ帰って教員でもやればいい」と言ってくれた。

　父は瑞宝章叙勲後、最高齢の109歳（当時）という天寿を全うし、今でもその言葉とともに亡き父を想い出すが、いわば我が家の「おおきな木」的存在であった母とは、ともに再婚どうしで比翼連理の理想的な夫婦であり、同時に、筆者の最高の理解者であったことを感謝せずにはいられない。

　筆者の受験科目は、一般科目と専門科目（論文）および語学2科目なので、まず英語とロシア語を受験語学と決め、ロシア語のわからないところはたちどころに解決できる、頼りになるK先輩をよき相談相手として、これで何とか東大の大学院を受験する準備だけは整った。因みにK先輩は、外大大学院、モスクワ大留学等を経て語学講師となり、ロシア語の通訳やグラマティカ（文法学）の権威として現在も活躍中である。なお、K先輩と同年齢で筆者とともに押し入れ書斎で多読・乱読を楽しんだI氏は、その後早稲田大学の大学院に進学し、現在は群馬県立女子大の名誉教授として『戦争の世界史』（ミネルヴァ書房、2022）の翻訳書を最近刊行したばかりであり、その後も親交を深めている。

大学院進学

　こうして、いよいよ東大の大学院受験となったわけだが、受験当日は地下鉄ストのあおりで池袋から本郷3丁目までの路線が大混雑で、遅刻しないか

やきもきしながら赤門を走り抜け、試験場に向かったことを思い出す。大学院の筆記試験がやっと終わった後の面接で「君の答案は面白かったよ」と言ってくださったのが、堀尾輝久先生であった。先生はのちに東大定年後、佐竹氏が創設に尽力された総合人間学会の会長に就任されたのは、不思議なご縁というほかない。当時すでに東大学部長等の要職を歴任され、大変お忙しいところ指導教官となっていただきたい旨お願いしたところ、快諾していただいたうえで「僕はロシア語はできないから、ロシア教育のことはこの先生に聞きなさい」といって紹介してくださったのが、なんとあの『思考と言語』の訳者柴田義松氏だったのである。

　また、大学院のロシア語文献自主ゼミ設立でお世話になった五十嵐顕教授にも、柴田先生への紹介の労を取っていただいたことは忘れることができない。その時の自主ゼミの共同研究は、グムルマン原著『教育学原論』（ソビエト教育学研究会訳、明治図書、1973）の訳書となって結実した。

　柴田先生は当時、東大ではなく女子栄養大に勤務しておられたが、その時以降、女子栄養大の柴田研究室で、毎週土曜日午後1時から6時までのロシア語論文講読会が始まることになった。

柴田研究室での講読会

　女子栄養大での講読会は刺激に富み、かつ緊張する素晴らしい贅沢な時間であったが、ある時柴田先生が「ここらあたりで本格的な論文に取り組んでみたい」と提言され、ヤロシェフスキーの『心理学史』を継続して講読することになった。といっても講読会メンバーは柴田先生以下総勢7名であり、毎回必ず訳読レポーターの役が回ってくる。

　つまり、他人の訳をのんびり聞いている暇はないというわけだ。しかも同書のロシア語原文は、古代東方諸国における心理学思想の発生から、当時のソビエト心理学の発展までを一望に収めた体系的な心理学史であり、あまりに大部になるため第2章を割愛して翻訳することになった。

　講読会の7名のメンバーのうち、筆者だけが最年少の大学院生で、他は

すべて大学の先生がたであり、柴田義松・根津真幸の両氏はすでに女子栄養大教授となっておられたが、天野幸子氏は新進気鋭の講師であり、動物学の専門家で翻訳家としても知られる才気煥発の羽田節子氏、のちに鹿児島大教授になられた清原浩氏、都立大総長になられた茂木俊彦氏など、専門分野もさまざまの錚々たる先生がたに囲まれて当日担当箇所の訳文を読み上げる緊張感は、東大大学院でのゼミレポートとは比較にならないほどの密度の濃いものであった。

　途中1回だけの休憩をはさんで5時間近くの講読会を、柴田先生がいかにも楽しそうに過ごされていたのを昨日のように思い出す。

　当時の柴田研究室には動物学の小原秀雄氏、文芸学の西郷竹彦氏といった著名な先生がたがしばしば出入りされ、気さくに声をかけていただいたことが懐かしく思い出されるが、小原先生は人間学研究所で再会後2022年に94歳で逝去され、なんとも寂しい限りである。謹んでご冥福をお祈りしたい。

　また、天野氏とは、講読会をきっかけとしてオブホーワ『子どもの思考の発達段階』(共訳、明治図書、1976)の翻訳の仕事でご一緒し、さらにその後、筆者が名古屋から東京の大学勤務に転じた際、人間学研究所の研究例会で再会することになるが、そのことは改めて後述することとして、そのご縁の深さを痛感せざるを得ない。

ヤロシェフスキー『心理学史』出版

　講読会は筆者の博士課程在学中も継続し、テキストはまもなく、ヤロシェフスキー『心理学史』(柴田義松・森岡修一他訳、明治図書、1973)として翻訳刊行されることになったが、500ページ近くの分厚い完成本を手に取りながら、大学院生の筆者を共訳者として併記してくださった柴田先生の学者としての公正さを思わずにいられない。通常、このような場合は、あとがきに申し訳程度に院生の氏名が小さく記されるか、氏名なしで協力者に感謝する、と付されるにすぎず、錚々たる先生がたを差し置いて柴田先生と共訳的な扱いを受けることは、まさに異例のことであったからである。

なお、ヤロシェフスキーの後日談として補足しておきたいことは、彼のロシア語最新刊『新しい心理学の探究におけるヴィゴツキー』(URSS, 2013) が、柴田氏と宮坂琇子氏による日本語訳の作業がほぼ完了していたにもかかわらず、柴田氏の急逝 (2018年) によって現段階では訳書刊行に至っていないことである。いつか人間学研究会例会等において、中間報告以降の成果をぜひ宮坂氏から拝聴したいと願っている。

初めてのロシア旅行へ

　こうして修士課程の1年目前半が終了する頃には、やっと大学院生活にも慣れてきたものの、東大紛争の喧騒の中で安田講堂も閉鎖され満足に受講できない科目もあり、その一方であと1年もすれば修士論文提出という焦りも重なって、件のK先輩に相談したところ、「修士論文でロシアのことを書くなら、早くロシアに行っておいたほうがいい。来年は修士論文作成で旅行どころじゃないぞ。俺がアルバイトで、今度の夏のロシア旅行の通訳をやる予定だから」とのアドバイスでロシア行きを即決し、1969年の夏休み7月にロシア旅行社主催のパック旅行を申し込んだ。当時は、新潟港から船でナホトカ港、さらに鉄道と空路でハバロフスク、モスクワ、レニングラード、キエフの行程であった。当初はソチも予定に入っていたのだが、それはどうも客集めの撒き餌だったらしく、その分は後で返金された。

ロシア旅行の想い出

　筆者にとって人生初めての海外旅行でもあり、当時は書きたいことは山ほどあったのだが、大学教員になって毎年のように文科省科研費でロシア学術調査に出掛けるようになると、どれもありふれたものに感じられ紙幅も限られているので、思いつくものだけいくつか述べるにとどめたい。

　まず、モスクワなどで驚いたのは「セイコー買いたい」と寄ってくるロシア人の多さだった。もちろんそれは、優秀な日本の時計 (セイコー) を狙っての取引ということで、かなり高額と思われるルーブル額を提示してくる。こちらはすで

にそのことをK先輩から聞いていて、日本で質流れのセイコーの時計を3個ほど買い込んで来ており、それらを全部売り払って、早速そのルーブルを元手にロシアの本を買い漁るという寸法である。

このやり方でかなりの書物を安価に入手し、日本に郵送して修士論文の資料とすることができたのだが、その時入手したロシア語図書の一部は柴田先生への手土産として研究会に持参し、珍しい資料として大いに喜んでいただいた事は懐かしい思い出である。

ホテルのバーの入り口に陣取っている警備員が必ず袖の下を要求することも、共産主義は公正なものという当時の素朴な筆者の先入観を打ち砕くものではあったが、これはまだ序の口に過ぎなかった。

レニングラードに到着した夜、ごった返しているスタンドバーに出掛け、日本人の旅行グループで盛り上がっていたところ、隣の外国人グループの男性連中がしきりに話しかけてくるのだが、ロシア語で話してもさっぱり通じない。そこでアルバイト通訳のK先輩に来てもらって分かったのは、彼らは隣のフィンランドのヘルシンキから、わざわざ大挙してバスで飲みに来ているグループということだった。理由は簡単で、ヘルシンキでは酒税が高く、交通費を払ってでもレニングラードで飲むほうが大安上がり、というとおり全員が泥酔状態で、ここらあたりは日本の呑兵衛と変わらないなあ、と妙に納得したものだ。

その時は遥か縁遠い存在に思えたフィンランドであったが、それから20年近くも経った1988年の夏、同国の国際教育史学会で発表したおりに、フィンランド女性とヘルシンキ近郊に自宅を構えている、大学時代の同級生S君の家に3泊もさせてもらったのだから、人生はわからないものである。この3年後にゴルバチョフが失脚してソ連邦は崩壊するが、同時に民族問題が噴出することになった。

現在では、ロシアとフィンランド等北欧諸国はNATO加盟をめぐって、ウクライナとともにプーチンの怒りを増幅させて対立はさらに激化しており、筆者は2022年初夏に「フィンランド 汝もNATOか 打ち首と 大見得怒号の プーチン劇場」とアネクドート風に短歌を詠んでおいたが、狂気に満ちたプーチンの

政策に翻弄されるＳ君一家の安否が気遣われてならない。

　ここで話題を変えて、ロシアで羨ましいと感じたことを、一つだけ挙げておきたい。旅行も半ばを過ぎたころ、ツアーメンバーの一人の中年男性が、Ｋ先輩の所へやってきて「日本に帰りたい」と小声で訴えている。そばでこっそり聞いていると、どうもインキンになって痒くてたまらず一睡もできないので日本に帰りたい、ということらしい。

　ロシア語に堪能な先輩もさすがに「インキン」のロシア語はわからず、和露辞典を引いても出てこないので、直接医者に行くことになった。後学のためにお前も一緒に行ってみたら、と先輩に誘われて同行したのだが、当時ロシアではすでに医院と薬局が分離して、医者の処方箋を薬局で渡して薬をもらう、という今日では当たり前のやり方が定着しており、羨ましかったのは、医療費がすべて外国人の旅行者でも無料だったことである。

　因みに、その中年男性には塗り薬がよく効いたようで、彼が元気に帰国できたのはロシアのインキン薬のおかげ、とその効果に驚き、ロシア医学を見直すきっかけにもなった。

ウクライナ追慕

　ところで、ロシア旅行で何よりも印象に残ったのは、モスクワでもレニングラードでもなくウクライナのキエフでみた光景の美しさであったが、そのことと関連して、若干の後日談を付記しておこう。

　今この原稿を執筆している最中（2022年秋）も、テレビのニュースが絶え間なくロシア軍のウクライナ侵攻を報じている。

　あの端麗な景観のキエフやドニエプル河、初夏の緑あふれる裏通りの街路樹の輝くような美しさが、今でも鮮やかに甦ってくると同時に、テレビの映像でのキエフ（キーウ）のあまりの変わりように我が目を疑い、生まれて初めて詠んだ筆者の短歌が2022年5月8日の「朝日歌壇」に掲載された。

　　　若き日に訪ねしキエフいまいづこ　キーウの映像追慕拒みて　　　　　修一

その直前に叙勲を受けた撰者の佐々木幸綱氏が、第1首に選んでくれて「昔たずねたのはキエフ。現在、映像で見るキーウは全く過去とつながらない。」という、さすが的確な選評をいただいたのは望外の喜びであった。

その後も、ロシア軍のウクライナ侵攻は激しさを増す一方で、筆者はボケ防止を兼ねて以下のような短歌作りに励んでいるが、こうした味気ない短歌を詠まなくてもいい、平和な日が一日も早く訪れることを切に願う。

なお『朝日歌壇』には、フェイクかプロパガンダかも調べずにテレビの映像だけに依拠して詠んだ短歌も散見されたので、後半はそれらを皮肉ったものを含んでおり、末尾は、2022年のノーベル平和賞授与の対象がロシア、ウクライナ、ベラルーシの3国に及んだことへの希望と懐疑のアンヴィヴァレントな心情を詠んだものである。大学院時代、ウクライナの代表的教育学者のマカレンコやスホムリンスキーの著作に親しんだ筆者にとって、ロシアとウクライナ両国はほぼ同義といってよいほど親密な関係にあり、第3首は筆者の書架にその心情を託しておいたが、その夢とは程遠い現状にことばを失う。平和を希求した『戦争と平和』『コーカサスの虜』の作者トルストイや、平和の殉教者恩師五十嵐顕先生の眼には、この惨状がどう映るであろうか、第2および第5首を詠んだ所以である。

コロナ禍で猖獗極むクラスター　ウクライナではロシアの凶器に

トルストイ描く虜の安らけく　ウクライナには虜の酸鼻

ウクライナロシアに寄り添ひ睦まじく　古書並びたる我が書棚には

戦局のフェイク攻防果てしなく　プロパガンダの蟻地獄へと

目には目を武器には武器でとウクライナ　虚しく谺す『戦争と平和』

ノーベルの舟はいづこへ平和賞　呉越同舟戦禍を乗せて

アポロ月面着陸と「プラウダ」「イズベスチア」

この旅行中、モスクワに到着したわれわれを待っていたのは、世界中が驚く大ニュースであった。

　　　　　　　　　　　　第Ⅰ部　人間学研究所

それが1969年7月21〜22日のアメリカアポロ月面着陸のニュースであり、早速「プラウダ」と「イズベスチア」を買い求め目を通した。ライバルのアメリカの成功など扱わないか、記事にしても小さなものに違いない、という先入観は見事に裏切られ、両紙とも写真入りでのトップ記事という破格の扱いであり、両紙の記事は今も大切に保管している。

「ロシアにはイズベスチアは有るが、プラウダは無い」という古くからロシア人の好きなアネクドート（一口話）が有名だが、これは「ロシアには情報はあっても真実はどこにもない」という痛烈な皮肉の小咄であり、最近のプーチン政権下でのプロパガンダやフェイクニュースを見れば納得がいくかもしれない。ともかくも、こうして筆者の初めての海外旅行は無事終了し、帰路についた。余談であるが、このツアー旅行中に知り合って、その後結婚したのが現在の妻である。

修士論文作成から博士課程進学へ

帰国後は、猛烈な修論作成の地獄が待ち構えており、体調を崩しながらもなんとか持ちこたえ、同郷出身の院生Ｎ氏（その後、柴田先生所属学科の東大助手を経てＭ教育大の教授として活躍）夫妻と研究会で切磋琢磨する毎日を経て、「ロシアの識字運動と教育」に関する修論をまとめ上げ、口頭試問も無事終了した。

『多民族国家における言語政策──ソ連邦における二語併用への道』（教育調査研究所、1974）は、その後、上記修論を大幅に加筆修正してＮ氏の勧めにより刊行したもので、筆者にとって当時の最も思い出深い著作となったが、何よりも柴田先生にはご多忙中に心のこもった序文をいただけたことは感謝に堪えない。

さらに博士課程になってから、たまたまロシア語の文献を読んでいたところ、ヴィゴツキーの著作の中に多言語併用に関する論文があることを知ったものの、日本では入手できないことがわかった。そこで柴田先生に相談したところ、「今度モスクワに行ったときにコピーしてきてあげよう」ということで、先生の帰国

後コピーをいただき夢中で読み終えた。

　それがきっかけで、前述の柴田先生との共訳『子どもの知的発達と教授』(明治図書、1975)と『心理学講義』(明治図書、1976)が相次いで誕生したのであるが、後者の刊行は、筆者が名古屋の大学に職を得て東京から引っ越した「ロバの時代」に移ることになる。

▌[2]ロバの時代〈大学教員助教授・教授：50歳頃まで〉 ▌1976〜94年頃

●名古屋での生活へ

　1976年4月、名古屋の女子大における学長・理事長の面接を経て、専任講師としての生活がはじまったが、なにぶん名古屋は初めての土地でもあり戸惑うことが多く、最初の賃貸家屋の交渉ではお年寄りの名古屋弁がほとんどわからず、人柄の良い家主であったが入居は諦めた。

　そこで、電車に乗って、気に入ったところで降りて不動産屋に入って探そうということになり、まさに行き当たりばったりで降りたのが江南市の「古知野」という駅であった。こうして名古屋の第一歩が始まり、まもなく長男が誕生したが、二人目の長女の誕生を機に名古屋市内のマンションに引っ越して、最後は春日井市の一軒家に落ち着いた。

　柴田先生が名古屋出身ということもあり、何くれとなく心にかけていただき、筆者が東京から名古屋に移ってからも翻訳書や共著、あるいは教科書執筆等のお話をいただいた。当時はメール等の無い時代で、電話やファクスで原稿のやり取りやチェックを行ったが、あるときは急ぎの原稿の仕上げのため公衆電話で校正のチェックをしたことも懐かしい思い出となっている。

　最初は数年と思っていた名古屋の生活だったが、子どもが相次いで二人も生まれると、幼稚園や子どもの進学等の都合でなかなか異動することができず、気がつくとかなりの年月が経っていた。

　愛知には、名古屋大学をはじめ県立大・市大・名工大・愛知教育大、さ

らには中京・愛知・中部・南山・愛知学院等の大規模大学以外にも金城・椙山といった女子大など数多くの大学があり、近隣の三重・岐阜・福井大学もまじえて、東京から来た新人教員と地元の教員との交流も盛んで、若々しい刺激に満ちていたことは、当時の筆者には何よりも有難いことであった。

　ただ、院生などの話では、大学内には目に見えないセクト主義があり、ある研究会に出席すると他の研究会に出られないなどの差別があるとのことで、自由に研究会を行き来している筆者などは羨ましがられていたらしい。

　筆者は中部教育学会、東海教育社会学会、中部教育経営学会等の複数の研究会に所属し、毎月複数の研究会に出席して、討論や懇談（特に研究会後の飲み会）を楽しんだことが活力の源泉となった。学会誌以外にも、たとえば今津孝次郎・樋田大二郎編『教育言説をどう読むか　教育を語ることばのしくみとはたらき』（正・続、新曜社、1997・2010）などの刊行を通じて培った執筆者相互の交流は、筆者や共著者の帰京後も永く続くことになる。

　筆者の勤務校の所属は、家政学部（のちに文学部）の児童教育学科であり、小学校・幼稚園の教員採用試験を目指す学生がほとんどであったから、まじめで授業態度もよく、卒論ゼミのレポートなどもその点ではあまり苦労した覚えがない。毎年の新入生オリエンテーションは、初代学長の出身地岐阜に建てられた大学独自の研修施設で行われ、すぐそばの清流で教員や新入生とともに釣りをしたり、地区のオープンスクールの小学校を訪ねて小学生との交流会を行うなど、活発なオリエンテーション行事を楽しんだ。

　また、学生の教育実習校訪問は県内にとどまらず、岐阜・三重・静岡などにも出かけて、学生の授業を見学したあと実習校の先生がたと学生を交えての懇談は、その後の授業分析にも大いに役立った。

　所属学部は多様な教員の集合体で、ユニークな人材も多く、教授会のあとは事務職員も交えてテニスをしたり飲みに行ったりの親睦会のような雰囲気であった。筆者の学科長時代は、万葉集専門で釣り好きの日本文学者T氏と授業終了後、しばしば浜名湖まで出かけて夜釣りをした想い出が懐かしい。

　それにしても、釣行の中継地点である豊橋出身の女性と息子が将来結婚

しようとは、神のみぞ知る赤い糸であった。また、マスコミで有名なカリスマ弁護士を兄に持ち、現在は新宿の心理相談所長の心理学者Ｈ氏などとは、Ｔ氏を交えて今も親交を深めている。

▎[3]イヌの時代〈教授時代前期：還暦の60歳頃まで〉
▎1994～2006年頃

●名古屋の想い出

こうして、名古屋の居心地の良さに慣れてくるとまず始まったのが酒場通いである。森進一や美川憲一などの歌にある、栄・今池・広小路や柳ケ瀬にもしばしば出かけ、他大学の先生がたも交えた教員グループで大いに飲み交わしたものであるが、現在では、それら飲み屋街の贔屓の店の多くはつぶれてしまったのが何とも残念でならない。学内の先生がたとゼミ学生を交えた合同コンパなど、カラオケ大会で盛り上がった当時が懐かしく、名古屋名物の味噌煮込みや味噌カツ、きしめん、手羽先、天むすなどはいずれも筆者の大好物で、今もときどき無性に食べたくなる。

一時、名古屋名物のパチンコにも夢中になったが、ある日、大負けしたのがきっかけできっぱりと足を洗い、その後は子育てを兼ねて、公園での息子や娘との遊びやアウトドアスポーツに精を出すようになった。

名古屋に来てから取得した自動車運転免許で、県内のめぼしいドライブコースはほぼ制覇し、中部、北陸、伊勢、紀伊半島、果ては中国地方まで遠距離ドライブを楽しんで、家族ぐるみのキャンプや釣り、スキー等にのめりこんだ時期もあり、現在もテレビの旅番組等で現地の映像が流されると、当時のことが懐かしく甦ってくる。

東大大学院自主ゼミの五十嵐教授が、柴田先生を紹介してくださったことについては既にふれたが（p.021「大学院進学」）、同氏は東大教授定年後、1984年に中京大教授として赴任され、中京地区の教え子が集まり盛大に歓迎会を開催した。先生はその後「心に刻むアウシュビッツ展・名古屋」等の開

催に精力的に取り組むなど学内外で活躍され、筆者も上記アウシュビッツ展に一家そろって出かけ、当時小学生の長男と長女に『戦争と子ども、1939～1945ポーランド ナチスにさらされた子供の受難』(グリンピース出版会、1988)をプレゼントしていただいた。

　その後、『アンネの日記』などの読書感想文を書く時も同書の一部を引用したり、人種差別や戦争の残酷さについて同書を読みながら兄妹で話し合うなど、息子と娘の二人にとって欠くことのできない1冊となったが、まもなく、同書に収められている「尊敬する先生」という手記の一節「感謝の気持ちと尊敬の念を忘れてはならないと思っています」というタデウシ・ドンブロフスキ(14歳)のことばを、五十嵐先生に捧げなくてはならない時がやってきてしまった。

　1995年9月に、「高校生と映画『きけ、わだつみの声』を観よう」集会に参加された先生が、高校生の質問に自らの戦争責任を含めて、誠意を込めて答えておられる途中で突然倒れ、そのまま収容先の病院で不帰の客となられたのである。このことは、メディアでも大きく取り上げられ、まさしく名誉の「戦死」とも思われる最期に、ある意味で本当の先生らしさを感じたのは筆者だけではなかった。

　五十嵐先生が目の前で倒れた驚きを、その質問を発した男子高校生は「《語り継がなくては》という熱意が、先生を動かしていたと思います。僕はそんな先生の《最後の教え子》です」と綴っているが、ここにはまさしく五十嵐先生の生涯かけた「反戦」の理念を引き継いだ、タデウシ・ドンブロフスキの姿がそこに甦っていたのである。先生の追悼集は翌年に、五十嵐顕追悼編集委員会『五十嵐顕追悼集』(同時代社、1996)として刊行され、筆者の追悼文も〈五十嵐ゼミに学んで〉に収載されている。

　それから数年後のある日、大学掲示板を何気なく見ていると、大妻女子大学の教員公募の印刷物が目に留まった。公募とは名ばかりで、最初から採用者が決まっている「当て馬人事」も多く、これもどうせ当て馬だろうと思ってみたが、どうしても気になって応募することにした。というのは、その頃子どもは2人とも東京の大学に入学して、埼玉の妻の実家の世話になっており、名

古屋にとどまるこれといった理由が無くなってきていたからである。

　また、ロシア語の文献探索や翻訳に関しては、やはり日ソ学院（東京ロシア語学院）の図書館のアドバイスが大変ありがたく、東京に住んでいれば電話などでなく、すぐに図書館の書庫に入らせてもらえるのに、と思うことが増えてきたことも東京への郷愁を募らせる要因となっていた。

再び東京の生活へ

　公募人事は、文部省の設置基準による文学部コミュニケーション文化学科新設に伴うもので、通常の審査に比べて厳しく、採用は大変であるらしいと言われたが、最終の理事長面接も何とか通過して、現職の公立大学学部長、著名な上智大学新聞学部教授とともに新規採用者3名の中に残ることができた。これに加えて東大卒の現職メディア関係者2名の計5名が新スタッフとして採用されたのである。

　2001年4月には、大妻女子大学文学部コミュニケーション文化学科の教授として新天地での生活が始まるとともに、まもなく柴田先生から人間学研究所会員へのお誘いがあり、先生が全面的に信頼しておられるという佐竹氏を紹介していただいた。一橋大の関啓子、女子栄養大の天野幸子両氏との再会や、木村廣子・河村信弘・宮坂琇子・杉山靖夫・岩田好宏・生田清人諸氏との出会いは、筆者にとってかけがえのない財産となっている。

　新大久保の佐竹ビルでの人間学研究所の月例会は、名古屋から移ってきたばかりの筆者にとって、まさに生き返るような場所であった。特定の分野の専門家による研究会と異なり、まさに多種多様な文化人が集う、ヨーロッパ伝統の知的文化サロンといった雰囲気であったからである。また、佐竹ビルのその一室を、のちに韓国語を習い始めた妻のグループの学習会に無料で貸していただけたことは大変ありがたいことであった。

　2022年のロシアとウクライナを中心とする民族大紛争の勃発によって、2世紀以上も前の哲学者カントの論稿「永遠平和のために」（1795）が一躍脚光を浴びるようになったが、筆者がここで取り上げようとするのは同じカントの『人間学・

教育学』（玉川大学出版部刊、1986）のほうである。大学時代に同書を手に取ってその柔軟さに驚き、あの小むつかしそうな哲学者のカントが「酒を飲んでから勉強しようと思ったら、ビールはやめてワインにしなさい。ビールを飲むと眠くなるから」とか「ゆったりとおしゃべりしながら食事するのが、脳にも体にもいい。女性が同席しているときは、その女性にジョークを飛ばしてみるのもいいだろう」といった洒脱な内容に驚いたものである。

　ただし、上記の解釈はあくまでも筆者の独断であり、原文を読み返せば違う内容になっているかもしれないが、後述するように、定年後はその当時のカントの著作が筆者の手元に見つからないので、読者諸氏には同書に直接目を通すようお勧めしたい。

　このことをわざわざ取り上げたのは、佐竹会長の「実用的人間学」のネーミングに関する一文を目にしたからである。氏も若き日にカントの著作に大きな影響を受けたとのことで、特に『人間学』の影響が大きかったと述懐されており、筆者の体験と共通するところが多いと感じた。社会学者の丸山真男東大教授は「筬（ささら）文化」と「タコつぼ文化」の用語の創案者として知られるが、相互に独立して学問的交流の乏しい後者と、根源に共通の文化を持つ前者と比較して、前者におけるヨーロッパ風の知的伝統と実用的人間学との共通性を、会長が認められたからに相違ない。人間学研究所の月例会はその意味で、まさに知的文化サロンにふさわしいものであった。

　研究会終了後の酒を飲みながらの食事やカラオケといった楽しみは、突如訪れたコロナ禍によって近年では無残にも打ち砕かれてしまったが、知的文化サロンとともにいずれ再開できることを願っている。

　柴田先生は女子栄養大勤務の後、東大教授となり、成蹊大に奉職されてからも、「読み研」の研究会や合宿などを通じて、成蹊大勤務の高橋喜代治・木内剛両氏との交誼のきっかけを作ってくださったが、佐竹会長自ら運転の労をとって人間学研究所で千葉に合宿に出掛けたことも楽しい思い出であり、その車中で満面の笑みを浮かべて窓外を眺めておられた光景や、研究例会後「越路」で好物の焼酎を傾けていた先生の横顔を忘れることはできない。

今は天国で、お気に入りの焼酎のお湯割りを召し上がっておられることだろう。

［4］サルの時代〈教授時代後期以降：定年・現在まで〉
2006〜23年頃

●むすびにかえて

　2006年以降も、筆者は『人間学研究所年誌』等にヴィゴツキーに関する論稿等を折に触れ寄稿していたが、2010年には待望の『柴田義松教育著作集』（全8巻、学文社）が刊行され、女子栄養大のレストランで盛大な祝賀会が催された。筆者も第6巻に「授業の原理」の論稿を執筆しており、大変喜ばしい記念日となったが、2018年には87歳で柴田先生が逝去され、翌2019年3月には筆者も大妻女子大を定年退職となって、研究室の整理と大掃除を余儀なくされた。現在筆者の手元には、10指に余る先生との共著、共訳等の著作が残されており、それらはかけがえのない筆者の精神的記念碑となっている。改めて先生にお礼を申し上げるとともに、ご冥福をお祈りしたい。

　退職にあたっては、蔵書が多すぎて、それまでも大学事務室から消防法で毎回問題になっているとの注意を受けていたので、やむを得ずかなりの図書を大学に寄付するか、廃棄せざるを得なくなり、それ以外の蔵書を段ボール200箱に詰め込み、クロネコヤマトの宅急便で自宅まで運びこんだ。蔵書が多いことを「汗牛充棟」というが、筆者の場合は、運送業者のクロネコの係員が汗だらけになりながら「ずいぶん本が多いですね」とぼやき気味につぶやいた途端、浮かんだことばが「汗猫充棟」である。因みに、まだ開梱しないまま、自宅の屋根裏部屋に眠っている段ボールがいくつもあり、今回このエッセイを執筆するにあたって一部参照を諦めざるを得なかった。

　なお、大妻女子大学での想い出については書き始めるときりがなく、紙数も尽きたので本稿では割愛して機会を改めざるを得ないが、コミュニケーション文化学科同僚の敬愛する里見脩会員とはからずも同期の退職となり、まさに「同期の桜」として大妻で散った後、こうして人間学研究所で再び交流を

深めることができたのは、筆者の無上の喜びとするところである。

　一昨年は、柴田先生の元東大ゼミ澤野由紀子氏（聖心女子大）をはじめ白村直也会員（岐阜大）、関啓子氏等による共著『現代ロシアの教育改革──伝統と革新の〈光〉を求めて』（東信堂、2021）を刊行し、筆者は「ヴィゴツキーの心理学・教育学理論を読みなおす──協働学習と補充教育を中心に」を執筆して、各種学会誌の書評や佐竹会長の「ブログ」でも紹介していただいた。

　上掲論稿の第5節は、2017年12月開催の日本学術振興会科研費研究（nikors）における、招待講演者のスクヴォルツォフ教授（ウリヤノフスク教育大学教授）と筆者との質疑応答を中心に、ヴィゴツキーとウシンスキーの思想の現代的意義を論じたものである。国民教育とアイデンティティ形成に関して、同教授の全面的賛同を得ることができたことは大きな収穫であったが、氏は前掲書刊行直前に急逝され、謹んで哀悼の意をささげたい。

　最後に、本書の刊行は偏に佐竹会長のご尽力により実現したものであり、改めて謝意を表明したい。完成までの紆余曲折は喜びと一抹のほろ苦さを想起させることであろう。寄稿いただいた諸氏にはもちろんのこと、寄稿いただけなかった会員、および退会者諸氏にも「袖触れ合うも多生の縁」の貴重な出会いを思い浮かべつつ深謝する次第である。

［もりおか・しゅういち］1946年、愛媛県に生まれる。東京大学大学院教育学研究科博士課程修了。名古屋女子大学教授等を経て、現在、大妻女子大学名誉教授。主な著作に『教職基本用語辞典』（共著、学文社2004）、『現代ロシアの教育改革』（共著、東信堂2021）、訳書にヴィゴツキー『思春期の心理学』（共訳、新読書社2004）など。2001年ごろ、人間学研究所に入所、現在研究所長。

「情報戦」とは何か
情報戦に疎い国は亡ぶ

里見 脩 [さとみ・しゅう]

1948年、福島県生まれ。
大妻女子大学教授を経て同大学研究所
特別研究員。(＊詳しくは文末へ)

●ウクライナ侵攻からの実感

　2022年は歴史に残る年として記憶されるであろう。ロシアのウクライナ侵攻により国際社会が俄かに戦争のリアリティを帯び、これまでの潮流が変動した。また同年は日本の節目の年であった。何となれば、近代国家としてのあゆみをすすめた明治維新以来、同年で154年を経たが、敗戦の1945年を節目にして、「大日本帝国」と呼称した戦前が77年間、「日本国」の戦後が77年間である。それを踏まえれば、2023年からは、新たな歴史が始まることになる。

　45年(昭和20)8月14日、ポツダム宣言受諾を決定した御前会議の後で、閣僚たちの間で「何年で国家再建できるか」が話題になった。多くが「30年」という中で、米内光政海相だけは「100年」といった。それを聞いた昭和天皇は「甘いぞ。300年はかかる」と仰せになったそうである。この「国家再建」が、戦前のような体制に戻るのを意味していないことは、言うまでもない。「主権国家」「自立した国家」のことである。

　主権国家とは、国家の進むべき道、判断を自身が決定する国家を意味する。イギリスの国際政治学者E.H.カーは主権国家の要件として三つのM、即ち「Military(軍事力)」「Money(経済力)」「Media(情報力)」を挙げている。

　情報力とは「情報の自主管理能力」、即ち国際社会で大きな存在である国際世論に、自国の正当性を働き掛けるパワー、即ち「対外情報送信(発信)力」

を指している。

　戦後という敗戦以来の日本が、主権国家の要件を未だ満たしていないことは明らかである。過去の良き価値を認識し、同時に反省すべきは改め、より良き国家を建設する気概が求められる。

　ウクライナ戦で「情報戦」という単語が飛び交っている。情報戦など私たちとは無縁であると思いがちだが、それは誤りだ。現在、私たちは、食事、酒を飲みながらTVから流れてくるウクライナ一般住民の悲惨な状態を目にしている。戦場がほぼリアルタイムでTV中継された最初は1999年、湾岸戦争での米軍機によるバグダッド空爆である。その後、2003年のイラク戦争では米軍の戦車からの中継映像が流れた。だがこれらの映像では、一般住民の苦しむ姿は排除されている。現下のウクライナ戦争で史上初めて戦場のリアルが世界中の一般家庭に中継されている。それは私たちが戦争を疑似体験、つまり情報戦に巻き込まれていることを意味している。そこで、情報戦の歴史や実相について考察しようというのが、本論の趣旨である。

●情報の基礎概念

　まず「情報」という単語だが、これは「ある物事についてのお知らせ」と一般的には定義される。情報という日本語の翻訳語の創始者についての説は複数ある。その一つは森鷗外で、山縣有朋が鷗外にクラウゼヴィッツの『戦争論』の翻訳を命じ、鷗外は『大戦学理』という翻訳本を出版している。クラウゼヴィッツは『戦争論』の中でドイツ語の「Nachricht」を「敵軍の状態を把握し、自軍に報告する」と定義し、それは勝敗の帰趨を左右すると強調している。それを鷗外は当初「敵情報告」と翻訳したが、長いというので「敵」と「告」を削り情報だけにしたという。これは情報が、戦争と密接な関係があることを証している。

　情報の機能には、異なる二つの機能が存在する。送信（発信）という「言葉を発する」口の行為と、「他者の言葉を聞く」耳の行為である。コミュニケーションは、この二つを併せて成立する行為だが、それぞれ区分けしてとらえること

が大切である。

●プロパガンダの基礎概念

　こうした情報に関する送受信は軍事行為でも、送信（発信）は政治的宣伝、受信（収集）はスパイ、インテリジェンス、レーダーなどと区分けされる。この宣伝活動で用いられるのが「プロパガンダ（Propaganda）」といわれる一種の技法だ。プロパガンダは現在、「フェイク（虚偽）」と解釈されているが、それは必ずしも妥当ではない。

　本来は「政治宣伝」と翻訳され、「特定の政治的目的を持って、計画的、組織的に個人あるいは組織に影響を与え、意図した政治目的へ、対象とした個人あるいは組織を導く、説得コミュニケーション行為」と定義される。

　プロパガンダという言葉が史上初めて登場するのは、1633年にローマ法王ウルバン8世の命で、バチカンに設置された「伝導本部（Congregatio de Propaganda）」という組織の名称である。その語源は「接ぎ木」である。未開の民でも宗教心を有しており、それにキリスト教を接ぎ木することで、正しい宗教の花を咲かせることができるという意味である。当時欧州ではプロテスタントに押されてカトリックの信者は減少していた。このためバチカンは、新たな信者獲得のためアジアやアフリカへ布教（伝導）を行うための組織として伝導本部を設置した。日本にキリスト教を伝えたフランシスコ・ザビエルは、同本部からアジアに派遣されたもので、ザビエルは日本にプロパガンダをしたことになる。

　プロパガンダという聖句は1789年、フランス革命で「啓蒙」という意味に変容する。ヴィクトル・ユゴーは「新聞がなかったならば、革命は起きなかったであろう」と記している。新聞という情報を発信するメディアが大きな威力を発揮したという指摘である。ここでいう新聞とは、政治パンフレットのことで、パリ市内には革命派、王党派併せて百紙以上が存在した。革命派新聞が創作した「王妃マリー・アントワネットに『王妃様市民は食べるパンもなく飢えています』というと、王妃は『ケーキを食べれば』と言った」というフェイク（虚偽）ニュー

スは有名だ。革命はバスティーユ監獄を市民が襲ったことが契機だが、これは革命派新聞が一斉に「王および王妃を非難しただけで、収監され拷問に喘ぐ数百人の政治犯を救え」と書き立てたことによる。ところが解放してみれば、政治犯は数人だけであったとも言われている。こうしたことからプロパガンダはフェイク（虚偽）の要素を帯びて使用されるようになった。

それ以降、プロパガンダは革命のための「政治宣伝」の意味で用いられ、1917年のロシア革命ではレーニンが「輝ける武器」と位置付け、さらにナチス・ドイツのヒトラーも「プロパガンダこそ力なり」と重視した。

現在のように、フェイク（虚偽）と捉えられているのは、第二次世界大戦後にレーニン、ヒトラーが重視したのを理由に、「プロパガンダとは、フェイク（虚偽）のことだ」とダーティーなイメージに仕立て上げたことに依る。アメリカは代わりに「広報（Public Relation）こそ事実の宣伝だ」と主張した。広報は「社会に対し、公正な情報を提示すること」と定義され、広報はプロパガンダと異なり、「フェイク（虚偽）ではない」「説得ではなく提示だ」──というのがアメリカの主張である。

だが、プロパガンダと広報とは無関係なのか。アメリカで「広報の父」とされる、アイビー・リーという人物がいる。「ユダヤの金満家」と悪いイメージのロック・フェラーを「慈善事業家」にイメージチェンジさせて名を挙げ、広報の技法を確立させたと言われる。彼はナチスの宣伝相、ゲッペルスに招かれ、技法を伝授し、気に入られてナチスの国策会社に就職している。こうした繋がりはプロパガンダと広報の関連性を証している。皮肉を言えば、プロパガンダ（Propaganda）、広報（Public Relation）略語は共に「PR」である。つまり広報とはアメリカ流プロパガンダといっても過言ではない。

次いでプロパガンダの原則と技法を説明しよう。三つの原則と六つの技法が存在する。

「原則」
①「プロパガンダそれ自体は、道徳とは無関係である」──対象者を説得
　させるのが目的であり、このため事実である必要はない

②「プロパガンダとは、被宣伝者が信用することで初めて効果をもたらす」
　　──信用されなければ、効果は生まれない
③「プロパガンダには限界がある」──いくら強調しても実態が伴われなければ効果は生まれず、逆効果となる

「技法」
①被宣伝者の心のひだを捕らえよ──琴線（きんせん）に触れよ
②感情に訴えよ・女性や子どもを利用せよ──弱者がいじめを受けているイメージを形成せよ
③宣伝の主体（宣伝者）の正体や宣伝の動機、狙いを隠せ
④すぐに暴かれる虚偽は避けよ
⑤力を入れるな（ブーメラン効果）
⑥相手の宣伝は、反撃することで相殺できる

　繰り返すが、プロパガンダとは「フェイク（虚偽）の代名詞」ではなく、その目的はあくまで対象者を政治的に説得することである。プロパガンダを論ずる際に大切なのは、「嘘をつくのは悪い」という道徳的な観念は脇へおいて、「説得できたかどうか」という目的達成の効果が基準となる。情報戦においてはその闘いの勝利への貢献度が、プロパガンダの価値として問われるのである。

● 情報戦の基礎概念
　情報戦は「情報を用いて、敵を倒す戦い」と定義される。その目的は「情報の送信（発信）を駆使して国際世論に働き掛け、自国の正当性（プラス・イメージ）を、一方で敵国の邪悪性（マイナス・イメージ）を形成する」ことである。情報戦というのは広義では情報の送受信双方の機能を併せた戦いを指す。
　だが、一般的には送信（発信）機能を使用した戦いについて呼称されており、本論でも「情報戦」を送信（発信）という意味で捉えている。
　情報戦は、第一次世界大戦では宣伝戦、第二次大戦では思想戦、冷戦

ではイデオロギー戦と呼称された。ウクライナ戦では認知戦とも呼ばれている。情報戦の節目は第一次大戦、第二次大戦、冷戦、ポスト冷戦であり、この歴史の流れに沿うと、現下のウクライナ戦争は情報戦の5期にあたる。

　第一次大戦では書籍、伝単（ビラ）、海底ケーブル（有線）。第二次大戦ではラジオ、映画、無線、冷戦ではテレビ。ウクライナ戦ではIT（SNS）というように、旧来のメディアに加えてその時代の最新のメディア、つまり情報を伝達する最新の道具が使用されるのが特徴だ。だが、道具つまりハードはそうだが、ソフトつまり運用はプロパガンダの三原則、六技法が変わらず用いられることである。

●情報戦の歴史

　アイルランド出身の詩人オスカー・ワイルドに「ロンドンの人は、作家ディッケンズが『二都物語』で"ロンドンは霧の都だ"と指摘して初めて、自分たちの住む都は霧が多いと分かった」という言葉がある。つまり、無自覚であった事柄に気が付くことの大切さを指摘したものだ。その言葉通り、イギリスは第一次世界大戦で、これまで無自覚であった情報に、「価値がある」ことに気付いた。

　アメリカの政治学者ハロルド・ラズウエルは「第一次大戦が、人類にプロパガンダの発見をもたらした」と指摘している。それまで無意識に行われていたプロパガンダが、独立した行為として科学的に認知され、特に戦時には大きな威力を発揮することが確認された。これに関連したコミュニケーション学、大学の心理学の研究も、同大戦を起点としている。

　イギリスは1914年、第一次世界大戦が開始されるや、情報戦に関して二つの行動を起こしている。一つはドイツの海底ケーブルを（有線）を切断したことで、このためドイツは耳と口を失った。情報が途絶している間にイギリスはロイター通信社を通じたプロパガンダを展開し、国際世論に「ドイツは邪悪な国家である」というイメージを形成した。

　二つ目は、史上初めて情報に関する政府組織を設置したことだ。戦争の期間中に情報戦の重要性が高まるにつれ、当初の新聞局は、情報局、更

に情報省へ格上げされ、同省の大臣に新聞社の社長マックス・エイトキン（ビーバーブルック卿）を据え、多くの新聞人や、『宇宙戦争』『透明人間』のSF作家H. G. ウエルズらが職員として採用された。理由は「彼らはウソつきの名人だから」であるという。

情報省の中でもプロパガンダを専門にした「戦争宣伝局」が開発した技法は現代に至るまで大きな影響を与えている。本拠地とした邸宅の名「クルーハウス」と呼称された戦争宣伝局は、様々なフェイク（虚偽）を創作した。その中でも中立国ベルギーへ侵攻したドイツ軍に関するフェイクは、ドイツ軍を悪くイメージするうえで、大きな効果を上げた。それは、ドイツ兵はベルギー人の子どもの手を切断したというものだ。「両手を包帯で包んだ少女は跪き『神様、私にはもはや手がありません。いじわるなドイツ兵はベルギー人の子どもに手は必要ない』といいながら手を切断したのです」「倒れしドイツ兵のポケットには、切り落とした子どもの手首がいっぱい」など、詩集や宗教関係書籍を出版し、世界中に宣伝した。

このプロパガンダはとくに、未参戦であったアメリカ人のセンチメンタリズムを刺激し、参戦を促す狙いがあった。これに呼応したアメリカは「哀れなベルギーの子どもを救え」というスローガンを掲げて参戦、ベルギーを解放したアメリカ兵が最初に口にしたのは「子どもの手は」という言葉で、切断されていないため「トリックに引っ掛かった」と愕然としたという。プロパガンダの技法「女性や子どもを利用せよ」——弱者がいじめを受けているイメージを形成せよ——が実践され効果を上げた好例だ。

一方のドイツは、敗軍の将ルーデンドルフ元帥が「我々は連合国軍に敗れたのではない。イギリスの通信社ロイターがまき散らしたプロパガンダ・ニュースに敗れたのだ」と語り、冷静な社会学者マックス・ウエーバーも「イギリスの巧妙なプロパガンダによって、ドイツを悪者とするイメージが作られ、世界中にドイツの悪イメージが定着してしまった」（『職業としての政治』）と記すなど、情報戦を敗因として挙げている。

第二次大戦の情報戦では、ナチス・ドイツのプロパガンダが注目される。ヒ

トラーはラジオを愛好し、そのためラジオは「ファシズムのメディア」といわれている。ナチスはラジオに加えて、旗、ポスター、映画などを通じて「シンボル操作」を行ったが、その特徴はイデオロギーの「強圧的な押し付け」である。戦局が有利に展開している状況ではプロパガンダも有効に作用したが、逆に不利な場合にはギャップが生じて空回りし、プロパガンダの虚偽性が露呈した。プロパガンダの原則「プロパガンダには限界がある」──いくら強調しても実態が伴わなければ、効果は生まれず、逆効果になる──という典型例である。

　日本の大本営発表も同様だ。大本営発表は、開戦の1941（昭和16）年12月8日から、米戦艦ミズーリ号での無条件降伏調印の1945年（昭和20）9月2日までの3年9か月間に846回、1か月平均192回行われている。「フェイクの」の代名詞とされる大本営発表だが、真珠湾奇襲の戦果は実に正確な内容だ。一方のアメリカは「日本軍の卑劣な奇襲攻撃」と声高に非難したが、被害は曖昧にしており、戦後にようやく、戦艦アリゾナなどなど撃沈された艦船名を明らかにしている。だが、大本営発表は戦況悪化に伴いフェイクを帯び、現実との間にギャップが生じ信用を喪失した。ナチス・ドイツと同様な悪循環である。

　イギリスの戦時BBC放送を率いたマイケル・スワン会長は「戦争において、自国に有利な真実を信じてもらいたければ、不利な真実も語らねばならない」と語っている。この言葉自体は、プロパガンダの原則「プロパガンダは被宣伝者が信用することで初めて効果をもたらす」──信用されなければ、効果は生まれない──に沿ったものである。だが、それはBBCが虚偽のニュースを放送しなかったことを意味しない。ノルマンディー上陸作戦の前夜などでは、そうではない。つまり、小さな嘘はつかない。そうして相手を信用させて、いざという勝負所で嘘をつくという元祖ならではのプロパガンダの神髄を展開したのである。

　冷戦では、テレビの活用がなされた。ソ連、東欧の東側の人々は食い入るように西側が放映するテレビに見入った。東側の政府は西側が放映するテレビ電波を規制し、国民に視聴を禁じた。東ドイツでは、小学校の児童に家

庭で見ている番組を挙げさせ、西側の番組の場合には警察へ通報して親を逮捕するなどのチェックを行った。逮捕を逃れるため人々は散歩に行き、秘密裡に小型ラジオで西側が報ずるニュースを聞き、それを信じた。当局の情報封鎖をかいくぐるためで、特に持ち運びに便利で精巧な日本製の小型ラジオが愛用され、「ソニーの小型ラジオがベルリンの壁に穴を開けた」と評価されている。

　ここで重要なことは、小型ラジオが報じたニュースは、多分にフェイクを帯びたものであった、ということだ。プロパガンダは、送信者（発信者）を明示する「ホワイト」と秘匿する「ブラック」の二種類が存在する。「ブラック」の場合、ニュースそのものもフェイクを含む諜報色が強い。アメリカではVOAという「ホワイト」ラジオ放送局がある。これに加えて対ソ連向け「自由放送（RL）」と、東欧向け「自由ヨーロッパ放送（RFE）」の二つの「ブラック」ラジオ放送局を設立した。両放送局は本部を西ドイツのミュンヘンに置き、亡命者を含め約千人の職員が24時間放送を展開した。ソ連、東欧では国民が自国政府の公式発表ニュースを信用せずに、姿が見えない外国の「ブラック」放送局を信用するという状態が現出した。こうなれば、その国の国家体制は崩壊するより他はなくなる。

　レーガン米大統領はソ連崩壊後、冷戦の勝利宣言の中で「情報こそが力を持っている。現代において情報は、より速く、より多くの人々に、そしてより簡単に届くようになった。情報は鉄条網のある壁を乗り抜けて国境を軽く超えてしまう」と、情報戦を勝因に挙げている。

　ポスト冷戦の1991年の湾岸戦争は、クエートへ侵攻したイラク軍を駆逐し、クエートを解放することを名分としたものだ。同戦争では、開戦に先立ちナイラというクエート人の15歳の少女の証言が、国際世論を大きく動かした。この少女は「奇跡的にクエートを脱出し、アメリカへ逃れてきた」と前置きし、涙を流しながら「イラク兵は病院に乱入し、赤ん坊を保育器から取り出し、床にたたきつけ殺害した」と証言した。これにブッシュ米大統領（父）は「こうした行為を行う者たちには、相応の報いを受けることを知らせる必要がある」という談話を発表し、開戦の火ぶたを切った。

だが、戦後にナイラは駐米クエート大使の娘で、当時はワシントンに在住したこと、証言にはホワイトハウスも関与し、台本はアメリカの民間広告代理店が書いたことが明らかになった。これは第一次大戦のベルギー人の子どもという、伝統のプロパガンダに倣ったものである。

　2003年のイラク戦争においてもアメリカの民間広告代理店が重要な役割を演じている。ブッシュ大統領（子）はシャーロット・ピアーズという大手広告代理店の最高経営責任者（CEO）を国務次官に就任させた。彼女は広告業界で「宣伝界の女王」と呼ばれた存在で、戦争プロパガンダの指揮を民間広告業界の女王に委ねたわけだ。民間の広告、コマーシャル（CM）は、消費者の感情を刺激するのを特徴としている。彼女がプロパガンダの技法の中でも「感情に訴えよ」を重視したのは当然のことだ。彼女は政府広報として「ニューヨークの同時多発テロの現場」－「ビンラディンの顔写真」－「ニューヨークに核兵器が落とされた場合の惨状」という一連の映像からなる動画を製作し、アメリカはじめ各国に提供し、テレビ放映した。同時多発テロとの関係を強調しつつ、イラクのフセインが大量破壊兵器開発を進めているという危機感を煽るという目論見に基づいた動画である。だがイラクの独裁者フセインと2001年に起きた同時多発テロ、9・11事件の首謀者ビンラディンはとくに関係がない。戦争の名分に掲げた大量破壊兵器開発も、事実無根であったことが明らかになっている。

●ウクライナ戦の情報戦

　現下で戦いが行われているウクライナ戦における情報戦に言及しよう。ウクライナは開戦するや、ミハエル・ヒョードルフという31歳の副首相・デジタル担当相が指揮を執り情報戦を展開した。彼はまずIT軍を設立し、世界各国にIT軍への従軍を呼びかけ、多くが応じている。ITを通じてロシア軍の動向をチェックし、一方でウクライナに有利な動画を配信する世界規模の協力態勢を形成している。

　さらにアメリカのスペースX社CEOのイーロン・マスクに協力を求め、同社

の通信衛星「スター・リンク」を活用している。宇宙空間で飛行している同社の通信衛星は現在2000基で通信衛星ステーションを構成しているとされる（2023年9月の時点では状況が変化しているようだが……）。これを利用し、ゼレンスキー大統領の効果的メッセージ、あるいはロシア軍の蛮行を示す動画を世界に向けて送信（発信）している。合言葉は「世界に情報のシャワーを浴びせる」で、ロシアの蛮行を宣伝するプロパガンダを展開し、「敵国ロシアの邪悪性（マイナス・イメージ）を形成する」という基本に基づいた情報戦を敢行している。

「情報戦では一つの出来事が、その勝敗を決する」といわれる。シンボリックな出来事が、戦争そのもののイメージを決定するという意味で、ロシア軍のブチャにおける住民虐殺がそれだ。ウクライナは、路傍に放置されてある遺体をそのまま動画で送信（発信）するなど、ロシア軍の非道な行為をアピールすることに意を用いた。その結果、ロシアの悪者イメージは国際世論に定着し、ロシアの主張は信頼性を失った。まさにウクライナの情報戦の勝利である。

だが、開戦以来1年余が経過し、戦線は膠着した状態となっている。これを受けウクライナに対する支援国の間からは「支援疲れ」気分が生じ、ウクライナが発信する情報に対しても「過剰な戦果」という懐疑的指摘もなされている。「プロパガンダには限界がある」という原則が示すように、戦争においては戦場の勝敗こそが事実であり、情報はそれに付随するものである。

●日本の現状

これまで指摘したように、情報戦は戦時において軍事作戦に付随してなされるが、平時においても展開されている。平時における情報戦とは、「情報の送信（発信）を駆使して国際世論に働き掛け、自国の正当性（プラス・イメージ）を形成する」ということだ。

近年目立つのは中国で政府、共産党、軍がそれぞれ情報戦を専門にした組織を有して、数千億円の費用と数万人規模の人員で戦いを展開している。中国は、アフリカのナイジェリアや太平洋島のバヌアツなどへ、「文化・経済支援」と称し、テレビ放送局の設置、運営を行っている。機器の無償供与、運営

人員の派遣、さらに重要なのは中国で制作した国際ニュースを放映している点である。つまり中国の視点による国際情勢の認識の浸透で、そこが情報戦のポイントだ。その一例として、日中間の領土問題もある。この諸島を日本では「尖閣諸島Senkaku Islands」、中国は「釣魚島Diaoyu Islands」と呼称を異にしている。ナイジェリアにおけるグーグル検索数は、「尖閣諸島Senkaku Islands」が約100万件であるのに対し、「釣魚島Diaoyu Islands」は500万件と五倍である。この数値は、中国の主張に沿ったことを正しいと考えるナイジェリア国民の多さを示している。

また中国は、日本の戦争責任を追及する反日キャンペーンを展開している。それを示すのが、日中戦争における南京虐殺事件を意味する「南京Nankin」というサイトで、世界各国それぞれの言語で、一国あたり数十万も存在する。政府、党、軍の組織的プロパガンダであるのは明らかである。

こうした情報戦に対する日本の対応は、きわめて貧弱なものだ。「対外情報送信（発信）関連の予算は少額で、組織も外務省の海外広報課など数十人に過ぎない。予算の内訳も、ロンドン、ロサンゼルス、サンパウロに設置した「ジャパンハウス」という文化施設の運営費に大部分が費やされている。同施設は、豚骨ラーメン、漫画・アニメという「日本の文化」を紹介する施設だそうである。文化紹介そのものの是非はともかく、中国の情報戦とは次元を異にしている。そもそも「情報戦」という認識そのものを欠いていると言わざるを得ない。

「プロパガンダを展開せよ」などと主張しているのではない。「相手の宣伝は、反撃することで相殺できる」というプロパガンダの技法ぐらいは、心得るべきであろう。「日本が自らの考え方を国際社会に送信（発信）し、国際世論を形成しようという確固たる意思を持つ」「情報戦の実相を認識し、そのための戦略を立案する」ことは、国家として取り組むべき課題と言える。

旧海軍参謀の実松譲大佐は、太平洋戦争の敗戦を顧みて、反省の言葉を次のように記している。「先人は『勝兵は必ず勝ちて、而る後に戦いを求める』と戒めている。太平洋戦争の史実を通して、情報戦で優位に立った者、即ち『まず勝ちたるもの』が勝利を得たことを知ることができる。それは武力を用いる

戦いだけではなく、平時の外交戦でも同様である。情報は、国家の運命を左右すると、歴史は教えている」（『情報戦争』）──。

　「情報に疎い国は亡ぶ」という言葉を、多少なりともかみしめることが、新たな一歩として求められる。

［さとみ・しゅう］1948年、福島県生まれ。
東京大学大学院学際情報学府博士課程
単位取得満期退学 博士（社会情報学）。
大妻女子大学教授などを経て現在、同大研究所特
別研究員。
主要著書『言論統制というビジネス』（新潮選書
2021）、『新聞統合』（勁草書房2017）、『岩波講座
「帝国」日本の学知』（共著、岩波書店）など。
2013年、人間学研究所に入所、研究員。

後期高齢者と習い事

岩城正夫 [いわき・まさお]

1930年、東京に生れる。
和光大学名誉教授、古代発火法検定協会理
事長。(＊詳しくは文末へ)

●定年後にすること

　私が現役のころ何人かの先輩から、定年になると、することが無くなり下手
をすると、ボケてしまう。「定年前に定年後何をやるか見つけておいた方がい
いよ」といわれました。私はどうしたらよいか考えましたが、若い時から無趣
味な人間でスポーツは何もやらないし、野球やサッカーを観るわけでもないし、
マージャンはできないし、囲碁、将棋もやらないし、カラオケなど1度も行っ
たことはないし、どうしたものかと、考えた結果、自分の職業に関係した、古
代発火法にちなむボランティアをやろうと考えました。それが定年と同時に発
足させた「古代発火法検定協会」です。

　そのボランティアも10年ほど経過すると、なんと初期の目標を達成してしまい、
精神的にヒマができたので鳴子 (こけし型の首を回すとキュと音が出るこけし人形) 作
りに励みました。が、それも5年ほどで巧く首が鳴るこけしが自由にできるよう
になると、多少飽きも来て、もっと何か別のことをやらなければと思うようにな
りました。しかしやることが思いつきません。そのときふと次男から20年前に
自分には要らなくなったギターがあるけれども、もし欲しければあげると言われ、
私には全くやる気もないのに理由なしで貰って倉庫に入れたままだったことを
思い出しました。そのギターで何とか面白いことができないかと思ったわけです。

　歌も歌わない、楽器に触ったこともない私がギターを思いついたのにはあ

る刺激的ヒントがあったからです。それは思いがけないきっかけで古代型の竹笛を聞く機会があり、その演奏が素晴らしかったばかりでなく、その演奏姿がとても魅力的で、自分自身が楽器を演奏するなんて夢みたいな話だけれど、ちょっと真似てみようかなと思ったのです。

　しかし後期高齢者の私にいまさらギターの操作など覚えられるかどうか不安でした。高齢者になると記憶力が衰えてしまうから、習い事のようなことは無理なのではないかとふつうは思われていますし、私もそう思っていました。でも私は、そうかもしれないけれど、そうでもないかもしれないではないか。一つ自分で確かめてみようかと考えたのです。自分でやってみて「やはり世間の常識どおりダメのようだ」となるか、あるいは常識とは反対に後期高齢者でもやれるぞ、という結論が出るか、試みてみようというわけで実際にやってみたのです。いわば生体実験を自分の身体を使ってやってみたわけですね。

　結果は、後期高齢者でも多少はやれるということになりました。つまり私自身の実証実験では「記憶力が衰えた状態ながら習い事もある程度可能だ」という結論でした。

　以下、そのあらましを書き記してみたいと思います。

●85歳でギターが弾けるようになるのかの実験開始

　まず図書館に行って「ギター入門」のたぐいの本を何冊か借りて読んでみました。どの本もギター本体の各部分の名称や機能の解説から始まって、ギターの持ち方などの説明の後、いよいよギターの弾き方の解説に移ります。

　まず、「コード」とはどういうものか、その弾き方はどうするかなど、初歩的な説明が続きます。私が見たどの本も「コードとは?」から始まるのでした。何やら難しそうで心配になりました。どうしてそういうことから始めなければいけないのか、たちまち私はイヤになりました。

　やはりギターを弾くなどということはかなり面倒な事のようだと諦めかけたのですが、ふと別のアイデアが浮かびました。それは何はともあれ高い音から低い音まで音階を刻んだ音を出す道具であるのだから、歌のメロディーを弾ける

はずではないのかということ、したがって自分の知っている歌たとえば「蛍の光」のメロディーを弾けるかどうかをまずやってみたらどうか、「コード」だとかそういうことを無視してというか棚上げして、メロディーが弾けるかどうかをまずは目指してみようと思いました。

　楽譜も読めず、普段歌も歌わずカラオケにも行ったこともなく、楽器などいじったこともない私ですが、とりあえず弦を弾いてみると音が出ること、さらに左手指先で弦を押える場所を変えると高さの違う音が出ることが直ぐ確かめられました。そこで「蛍の光」の歌い始めの部分「ほたるのひかり　まどのゆき」までのメロディーを、どの弦（6本の弦のうちの）のどの場所を順に押さえるかによってメロディーを作りだそうと考えたわけです。

　左手のどの指先を使ってどの場所を押さえるのか、いちいち音を聞きながら探りあてててゆくのですから、かなり大変な手間です。しかもそのとき、やっかいだなと思ったのは、同じ高さの音の出る地点が複数箇所あるということでした。そのどれかを選ぶのがちょっとやっかいでした。それでも1時間ほどやってみると、初めの1小節まではたどりつけなかったものの「ほたるのひかり」までのメロディーとなる押さえ箇所6地点を見つけ出すことができました。いろいろ迷いましたが押さえ点を決める目安として、指の動きがなるべく楽なような箇所を選んで最終的な6箇所を決めました。

　しかし同時にせっかく見つけ出した6箇所の押さえ地点や手の動作そのものを覚えられるかどうか不安もありましたが、忘れないうちに明日また繰り返してやれば、何とか覚えられるだろうと思いました。

　ところが2日目、昨日発見できた「ほたるのひかり」までの6つの押さえ箇所を翌日にはすっかり忘れていて、これはショックでした。たった1日で完全に忘れてしまうなんて思ってもみなかったからです。どのようにしてやったかの作業自体まで思い出せませんでした。これこそが老齢化なんだな、と思いました。

　しかたがないので2日目もまた最初からやり直しとなりました。やはり1時間ほどかけて押え箇所6地点を見つけ出すことができました。しかしその6地点が昨日と同じ箇所と違っていたとしても、ともかくメロディーになっているのだか

らよかろうと思いました。このとき、紙に記録するというアイデアは浮かびませんでした。

そして驚くべきことは、3日目になって昨日の続きをやろうとしたとき、2日をかけて見つけた「ほたるのひかり」の押さえ地点をすっかり忘れてしまっていて、つづきどころではないことを知ったのです。ショックでした。

けっきょく3日目も1日目や2日目と全く同様に最初からやり直さなければなりませんでした。やはり1時間ほどかけて「ほたるのひかり」の6つの押さえ点を見つけることはできましたが、同時にとてもくたびれたと感じました。しかもその6地点が1日目の発見地点と同じかどうか不明、2日目に見つけたものと同じかどうかも不明なのでした。

やはり後期高齢者ともなると、3日間同じようなことを繰り返してしまって次のメロディーに進めないのだから、もう覚えることはダメかもしれない、あきらめるしかないかもしれないと絶望に近い気持ちとなりました。

でも、できないと断定するにはまだ経験が少なすぎるのではないか? あと2〜3日いや1週間やってみてどうしても覚えることができないとわかってから不可と断定してもよいのではないか、ともかく同じことを7回（7日間）くらいは繰り返してみようと心に決めたのです。

悪い予想どおり4日目もやはり昨日のことは全部忘れてしまっていて、1日目・2日目・3日目と同じようなことを繰り返して「ほたるのひかり」の6地点を見つけ出すことはできたものの、ほとほとくたびれ果てて終わりとしました。ただ気のせいか、昨日までの3日間の作業の時よりも少し発見が効率的だったような気がしました。確かに1時間はかからなかったようです。50分、いや40分ぐらいだったでしょうか。でもその先に進めないうちに疲れてしまったのは昨日と同じで、あと3回（3日間）ほどこの状態を繰り返すようだったら、「後期高齢者ほどになると覚えられない」と断定してやろうじゃないかと却って居直ったのでした。

●がまんは5日ほどで次が可能に

　居直ったため駄目を承知で5日目を迎えたところ、思いがけなくも「ほたるのひかり」がすらすらと弾けたのです。覚えられたのですね。さっそくそのつづきの「まどのゆき」にとりかかりました。そして「まどのゆき」までの第1小節、押さえ点11地点を見つけることができました。この調子ならいけるかもしれないぞと思い、ちょっと元気をとりもどしました。

　6日目になると「ほたるのひかり、まどの」までの8個の押さえ点をちゃんと覚えていたのでした。しかしそれに続く「ゆき」の指押えの2地点は完全に忘れてしまっていました。とはいえ忘れた2地点を見つけ出すのは明らかに速かったように思いました。

　こうして見つけた押さえ地点「ほたるのひかり、まどのゆき」まで。つまり最初の出だしからの第1小節の11地点を見つけたわけですが、せっかく覚えたつもりでもすぐ忘れてしまうのではないかという不安はつねにつきまとい、復習しなければという思いを抱きながら7日目に次の第2小節の新しい指押さえ地点を探りながらも、同時に第1小節も繰り返し練習することになりました。

　第2小節の指押さえ点を探すのもやはり簡単ではなく面倒な作業なので、少しずつしかすすめません。30分ほど作業してから歌の第1小節を数度繰り返し練習することになりました。繰り返して弾くことで知らぬ間に少しずつ滑らかに弾くことができるようになってゆきました。第2小節の方はまだぎごちない弾き方でやりながら指押さえ点を次々と探ってゆく作業が継続してゆきました。

　このころになって、ようやく指押さえ地点を紙に書いてみたらよいかもしれない、というアイデアがふと思い浮かびました。なんでもっと早く気づかなかったのだろうかとくやまれました。

　でも考えてみると紙に押さえ地点を書いておくということは、それは音楽でいう楽譜のようなものになるのではないか、そうであるなら、いっそのこと正式の楽譜を覚えて、それを利用した方が良いという結論になるかなと思いました。しかしそれはまた楽譜を勉強しなければならないという手間のかかる新しいめんどうごとを抱えることになるのだと思い、正式の楽譜を勉強すること、そして

それを覚えることなど後期高齢者にできるだろうかという新しい不安におそわれました。

　しかも同時にそのときまた別の不安もかかえていたのです。というのは、紙に左指押さえ地点を書き記しえたとしても、それは左手に関することだけであって、同時に弦を弾く右手は60〜70cmも右に離れた位置で弾くのですから、押えた弦と弾く弦が別の弦になることがしばしばありました。弦を弾くたびに顔は左を見たり右を見たりで激しく左右に振られどおしなのです。左右の指が同一弦の遠く離れた左右の2地点でそれぞれ同時に動作しなければならないわけです。

　紙に書かれた左の押さえ地点ばかりに気を取られていたら、右に離れた右手の動きがおろそかになりかねません。それがかなりの不安でした。さらにもう一つの不安、左指で弦を押さえないうちに右指で弦を弾いてしまうミスがしばしば生じました。押さえと弾きが同時でなければならないのにズレてしまうのです。私にとってその二つの不安は重大問題で、それが解決できるかどうかが心配なのでした。

　しかし実際の体験では「ほたるのひかり、まどのゆき」といった歌の初めの部分は何度も何度も繰り返して弾くうちに、左手で押さえる弦と右手で弾く弦とがひとりでに同じになり、また押さえることと弾くことが同時にできるようになってきました。つまり無意識のうちに別の弦を弾くようなミスはなくなったし、押さえと弾きがずれることもなくなっていったのです。首を左右に激しく振らなくてもよくなっていったのです。そうした体験から、押さえ地点を紙に記録するような考えはやめて、つまりその問題は棚上げにして、もっぱら弾く練習の数を多くしたほうがかえって楽なのではないかと実感したというわけです。

　そしてともかく1か月ほどもかかりましたが「蛍の光」全曲の指押さえ点が全てわかり、後はその押さえ点をたどりながら出来るだけ滑らかにメロディーが弾けるように、また苦労して見つけ出した全ての指押さえ点を忘れないよう毎日復習を繰り返すことにしたのです。しかし連続の繰り返し復習練習は、たちまち飽きと嫌気を誘ってきました。

● 何回繰り返せばなめらかに弾けるだろうか

　私はギターとは全く別のことで「何回繰り返すと動作は熟練するか」というテーマを研究した経験があります。それは古代発火法で「ユミギリ式発火法」というのがありますが、その体験から出された結論が他の動作にも有効かもしれないという気がしたのです。

　その発火法ユミギリ式は4つの部品をスムーズに動かすことから成り立っています。そして両手に持つのは4つの部品のうち2つだけです。すなわち右手で持つのは弓、左手で持つのはハンドピースです。3つ目の部品ヒキリイタは足で押さえます。4つ目の部品ヒキリ棒は直接には手も足も触れません。ヒキリ棒はヒキリイタの上に立てられ、その頭をハンドピースの穴で押さえられた状態ですから部品と部品のあいだに挟まって支えられ、人体には直接触れられていない状態なのです。そのヒキリ棒は右手に持ったユミの弦で巻き付けられていて間接的に右手で操作され、回るようになっています。

　その4つの部品を両手を使いながら部品同士が外れたりしないように操作するのは簡単ではありませんので、そのため操作法を頭で理解していても動作に慣れるまでは相当な練習量が必要で、練習期間は普通1年間ぐらい、発火回数にすると約500回ほど繰り返すことでようやく熟練することが判っています。その結論はたくさんの人にユミギリ式発火法を教えてみて、その経験を何十年間も試みて判ってきたことで、そんな私の勘から、ギター弾きも同じようなことが成り立つのではないだろうかと考えました。

　しかし同じメロディーの何回もの繰り返し練習、しかも500回も続けるなぞ、思っただけでゾッとしますし嫌になります。そんな多数回数の練習など、とうてい考えられず絶対に飽きが来ます。そんな苦行は無理としかいいようがありません。

　ではどうしたらよいのか、じつは私はごく自然に飽きにくい方法を無意識のうちに取りはじめていました。

● つねに新しい次の曲の指押さえ点を探りつづける

　この作業の最初の項を振り返ってみました。「蛍の光」の初めの部分の指押

さえ点を4日間も毎回覚えたはず、そのことを全て忘れながらも繰り返し探る作業をやり続け得たのは何故なのか、そこにこそ秘密があるのです。それは私が辛抱強いからでもなく、執念深いからでもありません。

じつは、何も（楽譜その他の参考資料なども）見ないし、誰からの教えもなしに、自分の指で弦を弾きながら適音を見つけ出しメロディーの指押さえ点を決めるという作業は一つのゲームのようであって、飽きない作業なのです。結構楽しい時間潰しなのです。遊びの一つといってもいいでしょう。もちろんあまり長時間はいけません。人によって異なるでしょうが、ふつうは1時間以内でしょうね。その程度の時間なら飽きません。しかも同じ音階の音の出る場所が数箇所もあって、そのどれを選ぶか、どの指を使って押さえる点に決めるか選択しつつメロディーを聞きながら進むのですから、まさに一種のゲームです。

そこで私は「蛍の光」の曲を復習しながら同時に別の新しいメロディーの指押さえ点を探る作業を並行させていったのです。たとえば「荒城の月」を選んで、「荒城の月」の指押さえ点を探し出すという作業を30分ぐらいやってから「蛍の光」の復習練習を1回か2回やるのです。あまり繰り返すと嫌になるので2回で止めました。

ところが、やってみると、「蛍の光」の特に後半がまだたどたどしくしか弾けない段階で「荒城の月」全曲の指押さえ点が次々と見つかってゆくことが判明しました。そうなれば「荒城の月」全曲の指押さえ点を忘れないために何度も復習しないといけないし、また曲をなめらかに弾くためにも練習を続けなければなりません。だからここでもたちまち飽きが発生してきます。そこで第3の曲を選んでその指押さえ点を探す作業に取り組み、それを30分ほど作業してから、続けて「蛍の光」と「荒城の月」の練習を1回か2回練習するというわけです。

やがて3番目の曲の指押さえ点すべてが決まり、復習段階に入ります。すると飽きがまた発生します。そこで第4番目の新しい曲を決めて、その指押さえ点を見つける作業が始まります。それを30分やってから、すでに押さえ点の見つかった3つの曲の復習を1回か2回ずつやります。

一つの曲の指押さえ点を見つけるのにほぼ1か月ほどかかることも判ってき

ました。その間に覚えた各曲を1回か2回だけ復習するのですが、1日に1度、約1時間ほどで練習回数が1曲につき1〜2回程度なので、なかなかスムーズに弾ける段階にまで進歩しません。でもそれは飽きないための「指押さえ点探し作業」部分の面白さを加えるためです。が同時に、そうすることで練習曲の数はどんどん増加してゆきました。

●曲数はどこまで増えつづけるのだろうか

　不思議というほどのことはありませんが、新しい曲の指押さえ点を探しながら、すでに指押さえ点の判ってしまった曲の練習をすると、全体の作業時間がどんどん増え続けてしまいそうですが、そうはならないのです。理由は、初めの方の曲は弾くのに慣れるため、練習時間が時間経過とともに短縮するからです。それに2回繰り返していたものが1回だけで済ませることにもなり、それも時間短縮になります。

　復習練習のとき、普通のテンポで弾くばあい、たいていの曲は慣れてくれば1分以内で弾けるようになります。もちろん、曲には長いのも短いのもありますが、私の扱った曲はどの曲も最終的には1分以内で弾けるようになりました。だから6曲目に入ったときの練習時間はどうだったか思い出してみると、大まかな計算時間ですがほぼ次のようだったと思います。

　第1曲が1分、第2曲が1〜2分、第3曲が2〜3分、第4曲が3〜4分、第5曲が3〜5分ほどで、多めにみても合わせて15分くらいとなり、新曲の指押さえ点探しの時間も探し方に慣れてきて1日1回30分程度となり、継続しても疲労しなくなりました。それらの合計時間は1時間くらいだったかと思います。このようにして、押さえ点の判った曲は慣れるまで練習し、新しい曲の指押さえ点を探す作業を繰り返していったところ、1年ほどで8曲ほどの曲を扱えることになりました。さらに次の1年が過ぎるころには更に8曲が追加されました。2年間で16曲になったことになります。毎日練習を欠かさずとはいきませんでしたが、週に5〜6日は練習したかと思います。年にすれば300日以上にはなったでしょう。

各曲の練習回数をざっと数えてみると、1年間で約300回以上の練習をしたことになりましょう。初めに習った曲はゆうに500回を超えています。第1年目の8曲は全てが約300回以上となり、1年目の前半分の曲は熟練回数の500回を越えたか越える寸前ということになります。そして3年目には更に9曲が追加され、扱った曲は全体で25曲となりました。毎日のようにギターを練習してゆくとやはり飽きが来ます。新しい曲の指押さえ点を探す作業を更に追加することも考えましたが。毎回25曲を連続して演奏するのはやはり骨が折れます。その復習練習の時間は合わせて1時間程度だったでしょうか。それに加えて新しい曲となると考えこんでしまいます。それより練習時間を減らしてみてはどうかと思いました。

　ある日というか或る段階から1日の練習時間を思い切って縮めて、かりに上手くゆかない時でも30分以内に収めることにしました。時間が来たら止めると決めました。その程度の時間内なら、飽きも疲れもほどよい所で終わることが判ってきたからです。こうすることで、なるべく毎日ギターに触れるように努力しました。そうはいっても毎日というのはやはり無理で、なるべく年に300日を下回らないように努めました。このとき私は満88歳を過ぎていました。

●更に新しい6曲を加えてみる

　このようにして私は88歳から89歳に向かいながら、ほぼ毎日30分間の練習を続けてゆくうち、練習曲25曲、もうこれ以上は限界かなと思いながら練習を続けていました。というのはもし練習を止めれば、せっかく弾けるようになった25曲をおそらくたちまち忘れてしまうと思われたからです。それではいかにも残念な気がしました。

　そこで89歳である1年間は、その25曲を忘れないための練習だけの年と定め、練習だけをやりました。1日わずか30分ですから飽きはほとんど感じませんでした。

　ところで私はギターを人に聴かせようと思って始めたわけではありません。最初はただカッコイイ自分の姿を想像しながら、ギターの押さえ点探しも悪くな

いという楽しい思いも体験しながら、同時に間違い、間違いながらの演奏から、しだいになめらかな演奏へと進歩してゆく楽しさも味わう幸せを感じていました。それは年寄りの小さな歓びでもありました。

　でも、何か月かするうち、何かものたりないと感じるようになりました。それが何かは不明なのですが、やはり新曲の指押さえ点探しを再開しようと思いはじめました。2020年、この年は私が満90歳となる年です。

　そこで新しく6曲を選びました。いずれも私が半世紀以上前に聞いて記憶に残った曲ばかりです。「箱根八里」、「波浮の港」、「村の鍛冶屋」それに学生の頃よく聞いた、朝鮮民謡「アリラン」とかソビエト同盟の国歌とか、それに歌劇「アルルの女」の第一組曲など6曲です。

　その6曲も何とか滑らかに演奏できるようになったころ、私は91歳になっていました。ふともう1曲加えてみようかと考えました。これまた古い歌で70年前に聞いた「異国の丘」という第二次大戦後シベリアに抑留された兵士が持ち帰った曲です。当時のNHKが新しい試みとして「素人のど自慢」というラジオ番組を開始し、それに出演し3つの鐘を鳴らして評判になった曲です。

　このようにして私は人に聞かせるためではなく、自分で楽しむギターを開始し、約7年間で32曲のギター演奏がやれるようになりました。

　蛇足ですが、私のギターの弾き方を他の正式に習った方の弾き方と比べてみると、私の場合は指押さえ地点がどれもギターの頭の方10センチ前後の間に収まってしまっていてギターの中程、まして下の方は全く使用していないということです。それは左手をなるべく移動させないですむような押さえ点ばかりを選んだからだと思います。それと弦を全く押えないで弾く音（開放弦）がとても多いということも特徴です。だから弦を押さえる指先が痛くなることがありません。

　また、「コード」の練習を棚上げしたことと関連していますが、和音を一つも使っていません。私が音楽の知識も経験も無いのも原因ですが、そもそも他人に聞いてもらおうと思って始めたわけではないので、音楽的には意味はあまり無いのかもしれません。ただの私の遊びだということです。とはいえ、85歳から90歳ほどの人間でもギターなどの習い事がやれるのだという証明には

なったのではないでしょうか。

●実は「超高齢者」になっていましたが……

このエッセイのタイトルに「後期高齢者」という言葉が入っていますが、その言葉の使用法に多少問題があるかもしれません。というのは、私の妻の主治医である総合相模更生病院の医師、野村幸範先生の書かれたエッセイ（『相模原市医師会報』掲載）を読ませていただくと、後期高齢者というのは健康保険や介護保険や医療のなかで使用されるばあい75〜85歳までをいうようで、それ以上の年齢は「超高齢者」と呼ばれるようです。でも野村先生に直接うかがったところでは、85歳以上の人でも後期高齢者と呼ぶ人もいるとのことですから、あまり気にすることはないのかもしれません。

私が野村先生のエッセイを読んだのは、この私のエッセイ執筆中でしたが、私が後期高齢者といっているのは80歳を超えたようなかなりの高齢者のことを言い表すつもりで書いたので、変更せずにそのままとしました。

それから、このエッセイの冒頭でふれた「古代型の竹笛」の演奏は横浜市在住のフルート奏者・白川真理氏によるもので、その時の曲は白川氏の作曲によるものだそうで、そのまた何日か後に同氏は同じ演奏をNHKの番組でもなさっておられました。その竹笛は（江平の笛：えだいらのふえ）という奈良時代の出土品からの復元笛だそうです。

（2023年1月31日 記す）

［いわき・まさお］1930年、東京に生れる。
東京教育大学卒業後中学理科教諭、理科教育雑誌編集者。科学史学会事務局専任幹事、高校物理教諭などを経て大学教授に。
2001年、和光大学名誉教授、古代発火法検定協会理事長。主著は『原始技術史入門』（新生出版1976）、『セルフメイドの世界』（群羊社2005）など多数。
1985年「人間学研究会」、「人間サロン」などの設立に協力。1999年「人間学研究所」設立に協力、現在名誉会員。

Essay I ── ❹

秩父の耕地
回想的点描

髙橋喜代治[たかはし・きよじ]

1949年埼玉県秩父に生まれ、育つ。
立教大学特任教授を経て立教大学および成蹊大学非常勤講師。(＊詳しくは文末へ)

●秩父の山間地に生まれる

　私は戦後まもなくの1949年、秩父山中の貧農の次男として生を受けた。そこで高校を卒業し上京するまで暮らした。そこでの暮らしを、耕地という秩父独自の枠をはめて、エピソード風に述べたい。山奥のことだが、人間や社会について思いを巡らすとき、少しは役立つのではないかと思う。

　私が生まれたその地は、秩父郡倉尾村大字藤倉字長沢という。私が小学校に入る頃に小鹿野町と合併して町になった。裏山は群馬と埼玉の県境で1000メートル級の山が連なる上武山地だ。

　耕地を流れる藤倉川は、やがて荒川となって、ついには東京湾に至る。夏でも冷たく、カジカや山女魚がよく捕れた。サンショウウオもいた。

　我が家は、川から5分ほど急坂を登った集落のいちばん西にあった。山の斜面を削り、石垣を積んで敷地にして建てた。秩父の山間地の養蚕農家によくある切妻造りで、二階が蚕室や物置、一階が居住空間だ。

　耕地の標高は550メートル、今でもクーラーは要らない。だが厳冬期は氷点下となる。子どもの頃、風邪薬を飲むために枕元に置いた茶碗の水がカチカチに凍っていたことがある。凍てついてもろくなったものも着させてもらえなかったから体がいつも冷えていて、寝ションベンを小学三年生頃までやっていた。集落は文字通りの半日村で、いちばん日当たりのよい我が家でも、冬の日没

秩父の耕地　｜　髙橋喜代治　　　　　065

は午後の2時だった。

　我が家は昭和の初めに祖父が分家したのが始まりだ。本家から分けてもらった畑は7反ほどで、他に山林が1町歩あり、村では中農の部類に入る。分家だから畑も山林も遠い所にある。雑木の山林は峠を二つ越えた遠い所にあった。だから椎茸栽培のために原木を伐って家まで運び込むのに往復3時間くらいはかかった。

●耕地という集落

　秩父には耕地（コーチ）と呼ばれる独自の行政の末端単位がある。

　耕地についてうまく説明するのは難しい。イメージ的には集落だと思ってもらってよい。また住所の字に該当するものと思っていただいてもよい。前述したように私の実家の住所は、埼玉県秩父郡倉尾村大字藤倉字長沢で、この字長沢を秩父地域（特に山間地）では長沢耕地という。

　山間地をドライブしていると、川沿いや山の中のちょっとした平坦地に10戸ほどのまとまった集落を見つけることがある。秩父の場合、それが耕地である。ただし、秩父でも一部でだが郭と呼んでいる地域がある。なぜ耕地というのかよく分かっていないが、垣内が語源だという説はある。

　最近、テレビで人気を集める「ポツンと一軒家」という番組がある。人里離れた山中の一軒家に住む人の生活をレポートした番組だが、あれは、ほとんどが元々は一軒家ではない。過疎化の結果、集落に最後に残った家で、本来そこは人里だった。秩父なら耕地に残った一軒家ということになる。

　数年前、他に秩父のような耕地と呼んでいる地域はないか、つまり耕地は秩父地域だけなのか調べたことがある。すると、長野県の伊那谷の飯島町に耕地という末端の行政単位があるのがわかり、早速訪ねてみた。飯島町の耕地もやはり江戸時代からの行政単位の名称で、面白いことに、学校には耕地生徒会というのがあって、子どもたちはドンド焼きなどの行事に耕地単位で取り組んでいるそうだ。ただ、伊那谷の耕地は秩父のそれとは、規模が決定的に違っていた。1つの耕地には50～200戸もの戸数があった。ま

た、山間地ではなく町中の一区画だった。秩父特有の山中の小さな集落ではなかった。秩父の場合の耕地は、隣の耕地と嶺や谷などで隔てられていて、それは遠くから眺めると海の中の小島のようだ。じっさい、かつては「シマ」とも呼んでいたらしい。

●新編武蔵風土記稿と耕地

　江戸後期に幕府が編纂した『新編武蔵風土記稿』という地誌がある。この地誌の秩父郡藤倉村の項に次の15の耕地が小名として記されている。

　馬上（もうえ）　池原　長久保　強矢（すねや）　八谷　冨田　長澤　中平　大石津　房
　唐竹　太駄　宮澤　森戸　柳生

　『新編武蔵風土記稿』は、幕府の役人が直接現地に赴き、あらかじめ村方三役に予備的な下書きをさせて、それをもとに書き上げたといわれていて、時代的制約があるものの、記録されている事柄は確かだという。秩父の山奥の私の村には、甲州街道の要衝の八王子を警護していた八王子千人同心の幹部が調査に来たことが分かっている。私の生まれた長沢耕地を含め、上記の小名は現在の耕地とぴったり一致している。

　ところで、『新編武蔵風土記稿』には小名として武蔵国の町・村のすべての小名が網羅されているが、そのなかに多くの○○耕地という小名がある。例えば押上村は現在の墨田区にあった村だが、ここには川原耕地、業平耕地など5つの耕地が記録されている。

　この小名として記録されている耕地が、どんな集落なのか分からないが、おそらく新たに開拓された新田に対応するのだろうと私は考えている。はっきりしているのは、秩父の山間の集落を指す耕地とはまるで違うということである。

●最初に住み着いた家の屋号はオメ

　それぞれの耕地には「オメ」という屋号の家がある。その耕地のいちばん古

いと言い伝えられている家の屋号だ。寄居町の荒川右岸に、関東管領上杉氏の家臣の長尾景春が築いた鉢形城がある。そこの落人を祖に持つと言い伝えている場合が多い。私の村にも日尾城という鉢形城の出城があって、今も郭が残る。そのためかご先祖は落武者だった、武士だったという、家柄を大事にしている旧家も多い。

　そういう家柄も含めて、いわゆる旧家は、耕地でいちばん高くて集落全体が見渡せる場所にあるのが一般的だ。日当たりもいい。その屋号オメなどから分家して耕地の戸数が増えていくから、耕地には同じ苗字がとても多い。

　例えば、私の生まれた長沢耕地は14戸だが、苗字は髙橋と山崎と斎藤の3つだけだ。髙橋が3戸、山崎が10戸、斎藤が1戸である。斎藤は戦後、近くの耕地からの転入だから、実質は2つの苗字である。したがって皆親戚だが、江戸の初期から始まっているので、一族意識はそれほどでもない。

　このオメとの位置関係で屋号が付いている。我が家の屋号はニシ（西）で、オメの西隣に位置する。オメの東隣は山崎姓だが、屋号はヒガシ（東）である。子どもの頃、私は「ニシのキヨちゃん」と呼ばれていた。オメの下方に位置する家の屋号はオンシタ（御下）である。ただし昭和になって新しく分家した場合は、それぞれの仕事や場所の特徴で名付けられる。たとえば、副業として鍛冶をやっていた家はカジヤ（鍛冶屋）、油を搾って商っていた家はアブラヤ（油屋）、川の傍に分家した場合はカワラ（川原）である。

　苗字が同じだから、相手を呼ぶときは苗字では呼ぶことはできない。我が家は髙橋だが、耕地内の相手から髙橋さんと呼ばれたことはない。祖父は喜蔵という名だが、大人からも、子どもからもキゾウさんである。また、会話で第三者の名を言う場合は、直接○○さんと下の名で呼ぶか、あるいは「ヒガシンチじゃあ、いいお蚕があがったつう」（ヒガシの家ではお蚕がとてもよくできたらしい）というふうに屋号で指し示す。

　他の耕地でもほぼ同じ事情で、川下の大石津耕地では9戸のうち、黒沢が7戸、佐藤が1戸、神原が1戸である。佐藤と神原は他の地域からの転入である。

そういうわけで、昔からの家系を引っ張ると村内はみんな親戚になるので、「この村に来たら、うっかり悪口は言えない」ということになっている。また、ある若者が他の耕地の娘と大恋愛の末に、嫁にもらいたいと親に紹介したら、かつては親戚だったという話が珍しくなかった。

小学校になって、2キロの山道を歩いて集団登校するときは、耕地が単位で並んでいく。学校でいじめられても耕地の兄ちゃん、姉ちゃんが助けてくれた。

少し話はそれるが、私は、そんな耕地の最初の高校生、最初の大学生である。それは当時の耕地では、まったくの身分不相応、非現実的なことで、小さくなって高校に通い、大学進学後はやがて教員になるまで、耕地の人や本家には新聞販売店に勤めたことになっていた。分家の分際で大学にいくなど、ほんとは申し訳ないことだと、母はこぼしていた。読売新聞の奨学生として入学金と授業料を出してもらい、世田谷の新聞販売店に住み込みで働いて大学には通ったので、新聞店就職はまったくの嘘ではない。

けれども帰省したとき、玄関を開けたら、開口一番、母が「メガネをとれ、利口そうにみえる。ダメだ」と怒ったのには閉口した。上京してから、私はたいして勉強などしてないのに、近眼がひどくなってメガネをかけるようになっていたのだ。

●耕地の農業事情

耕地の畑はすべて山の上の方にある。理由は簡単だが合理的で、そこが日当たりがいいし、谷底の川の近くに比べて暖かいからである。高度に準じて温度は下がるというのが科学的認識だが、谷間の耕地では上の方が暖かいらしい。その暖かさの程度は、まさかいちいち温度を計ったわけでもないだろうから、耕地の住人の経験だ。斜面ならよけい日当たりがよく暖かい。春に、谷の村で最初に芽を出す蕗は、必ず山腹の斜面に潜んでいた蕗である。耕地も古く拓かれた耕地ほど山の上や中腹にある。

便利さという観点から考えると、山の上では買い物などの日常生活に支障があるだろうと思う人が多いが、それは、川に沿って車道が整備された今日

からの見方である。古い時代の交易とそれに伴う人の行き交いは、峠越えである。それに、川の近くより山の中腹の方が道はずっと作りやすい。谷川は急流に削られ岩がむき出しで、ブルドーザーなどの機械がなかった時代には、大変な難工事だ。じっさいに、江戸時代に流行った江戸からの秩父札所巡礼の3つのコースも峠越えだ。今、東京方面から車で秩父に入る人は、寄居──長瀞──秩父のルートを使う（私も帰省にはこのルート）場合が多いと思うが、景勝地長瀞を流れる荒川に沿って車道が出来たのはずっと後のことである。

25歳の時、親に結婚相手を紹介するために、初めて実家に連れて行ったことがあった。あいにく実家に着く頃は夜になっていて、谷底に灯りの点いた人家はまばらで、町中育ちの妻になるはずの人は「家が無い、もう帰りたい」と言った。

人が住む耕地は、昔は川の近くには少なく、日当たりのよい山の中腹に拓かれ、人々はそこに住んだ。だから耕地というのは、住居と畑がひとまとまりになる。畑には山林が迫り、山上まで続く。そこは神の領域との境界で、祠を安置して祀った。

我が家の畑は住居からは遠い場所にあった。耕地では本家の畑は住居に近く、分家は遠いのが普通だ。自分の畑に行くのには他人の段々畑の間の急な山道を30分ほど登った。かつて焼畑だったのをそのまま耕作している畑などは、歩いて1時間というのも珍しくない。我が家にもそんな遠い、峠越えの一反ほどの畑が1枚あって、タモ（根を砕いて紙漉きにつかう）を栽培していた。よくいえば多角経営だが、何でも生きるためには手を出したのである。冬場は、出稼ぎや河川工事などの日雇いで働く人も多かった。

耕地の主な耕作物は、私が子どもの頃は麦（大麦と小麦）、サツマイモ、トウモロコシなどの自前の一年分の食料と、現金収入を得るための蒟蒻と養蚕の桑畑である。我が家の場合、他に椎茸栽培とメス牛を一頭飼い、子牛を産ませ搾乳していた。

村内のそれぞれの耕地の家業も似たりよったりだったが、時代により流行・廃れがあった。昭和40年の頃、我が家は養蚕をやめた。繭の値段が暴落

したことと、父の病気で働き手が足りなくなり、維持できなくなったからである。養蚕は桑さえあれば年に数回できる。だがオオクワ（大桑）といって、上蔟前（繭になる直前の3日間）は、1ミリにも満たなかった幼虫が大きく成長していっぺんに大量の桑葉が必要になる。昼夜おかまいなく桑をやりつづける。そうしないと上質の繭を作らない。遠い桑畑から何度も桑を切って運ぶ。ちゃんと餌をやらなければ、一ヶ月の努力と苦労が水の泡と化す。自分の畑の桑が足りなくなったら、桑を買いに走る。どこの家も蚕を飼っているから、桑は高い金を出しても簡単には買えない。だから、家中大騒ぎになる。人手も必要になる。それが維持できなくなったのである。私はその頃中学生だったが、オオクワのときには学業などかまっていられなかった。

　養蚕をやめて、中学を卒業したばかりの兄は、蒟蒻栽培を本格的に始めた。村の多くの農家も同じように養蚕をやめ、蒟蒻栽培に活路を見いだすようになった。本場の群馬は下仁田の栽培技術を学んで一時期はコンニャクデージン（コンニャク大臣）がでるほどになったが、それも10年は持たなかった。価格が暴落して採算がとれなくなったのである。

　その頃、20キロ離れた小鹿野の町に安い労働力をねらって精密機械の工場が進出し、農業後継者たちは賃金労働者となった。兄も先祖からの農業を捨てた。かくて耕地は単なる居住地となり、家業を継がないから、やがて町に移り住み、限界集落といわれるようになった。テレビ番組の「ポツンと一軒家」も、やがては取材の相手が見つからなくなるだろう。

●焼き畑地名と耕地

　耕地の分家が増えて、分ける畑も家を建てる敷地も足りなくなると、新しい土地を求めて山深く入っていくことになる。そして日当たりや水の便のいい場所に住みつく。それが新しい集落や畑ができていく経過だが、じつは焼き畑による集落のでき方があるようだ。それがサスという秩父を中心としたサス地名の集落（耕地）だ。

　焼き畑をかつてサスと言っていたことは『新編武蔵風土記稿』にもちゃんと

記録されている。また、焼き畑の地が事実上の居住地でもあったことも記されている。例えば、古大滝村（現秩父市の大滝地区）に次のような記述がある。

さてこの辺りにては山の草木を焚て、その灰を糞とし、栗・稗・大豆・小豆・蕎麦等を耕作せり、これを焼畑と云、或いは指と云、民みな茲に稼業して生計をなすと云へども、本より山谷の間耕作の場少なければ、年殻六七ヶ月を支ふと云、茲にその稼業のさまを見るに、季春より初冬に至るまでは遠く一二里も隔て、山の頂又は中腹などをひらきし焼畑の場所へ庵を結び、夫妻子母ここに移住して播種し

　指（サス　焼き畑）は、普段の居住地からは数キロの所にあって、そこは山頂や中腹で、春から初冬まで小屋を建て家族で住み込んで耕作したというのである。これを出作りといっていたらしい。出作りの地がやがて耕地（集落）になった。
　そんなサス地名の耕地とは、大指（秩父郡小鹿野町）とか茗荷指（秩父市荒川地区）などで、サス地名の集落が秩父や奥多摩などに十ヶ所ほどある。東京都青梅市の成木や山梨県にもある。
　なぜサスと言うのか、信じるに足る説が見当たらないので、数年前から私は文献を漁ったり、現地に行って調べたりしているが、今のところ分からない。ただ、面白いことに気付いている。焼き畑関連のサス地名は、三峰神社や御嶽神社などのオオカミ信仰圏とほぼ一致している。
　サス地名は、すでに無住となり山林と化した山中のサス地名の集落跡地を加えれば相当な数になるだろう。私の知るかぎりでは、焼き畑はかつて全国的に展開された農業だが、秩父や奥多摩、山梨県の一部など以外で焼き畑跡がサス地名になっている例を知らない。
　秩父の小鹿野町三山地区にある大指耕地は、今は数戸が暮らす耕地だが、かつてはかなり多くの住民が暮らしていたという。毘沙門山（標高997メートル）直下の、日当たりのいい南側のゆるい斜面に拓かれているが、国道299号

線からは相当な距離があり、孤島のような耕地である。かつては出作りの焼き畑の地であった所が、大指という耕地になったことがはっきりうかがえる。同じ大指という耕地名が他にもいくつかあることを考えると、かつて集団的に焼き畑が営まれていたようだ（秩父山間地にはわずかだが、サス以外にソウリという焼き畑跡の耕地名がある）。

●耕地の神々とご先祖様

耕地は色々な神々とご先祖様に守られていた。

私の長沢耕地も、オホッシャマ（妙見様）、お稲荷様、薬師様、山神様、天王様、二十二夜様などの神々が耕地のあちこちに御座して、それぞれの縁日には、各家が順番で宿になってお日待ちが行われた。だが今はもう縁日にも何も行われない。そればかりか、御座す祠は朽ちてしまい、年ごとに迫ってくる竹藪に覆われ、埋もれてしまいそうである。

10年ほど前に耕地のAさんが、薬師様とお稲荷様の祠の改築の話を持ちかけた。だが残っている数戸の住民はみな老人の1人暮らしで、収入といえば数万円の国民年金と、都会にいる子どものわずかな仕送りだから、気持ちはあってもそう簡単に同意はできない。

帰省のおり、私は偶然そのことを知って、費用の半額の寄付を申し入れた。さいわいに耕地には、かつて大工や型枠職人の経験者もいた。柱や板などの資材を寄付する人もいて、なんとか2つの祠が改築された。私の寄付が耕地にとっていいことだったかどうかは分からないが、ひとまず、薬師様と稲荷様は、今後20年くらいは耕地に残っている者を見守ってくれることになった。

耕地の先祖たちも神々と同様、それぞれの墓地から耕地の暮らしを見守っている。江戸の初期までたどれる、旧家の山崎家の背戸の墓地には、もうぼろぼろになって年代もわからない代々の墓石が所狭しと立ち並んでいる。我が家の墓地も歩いて3分ほどの耕地境の畑の脇にある。

私が高校2年生のとき、祖父はガンで死んだ。64歳だった。入院などせずに、自宅に往診の医者が来ていた。息を引き取るとき、家には私の他はだれもい

なかった。家族は野良仕事で山の畑に行っていたのだ。

　私は何かの理由で家にいたのだが、祖父の眠っている顔をふとみたら、呼吸をしていないのに気がついた。指を舐めて祖父の鼻先に当てたがやはり呼吸していなかった。あわてて家族に知らせに走った。

　後に分かったことだが、祖父の葬式は耕地で最後の土葬となった。村中の人や親戚縁者が参加する祖父の野辺送りは賑やかで、悲しい空気など似合わなかった。祖父の寝棺が入る大きな穴も、耕地の隣組の若い衆が、冗談をいいながら掘った。菩提寺の坊様は、葬儀後に酒をしこたま飲んで足腰が立たず、村の世話人が送っていった。

　祖父の死んだ後、耕地は火葬になって、町の火葬場で骨にしてから自宅で葬儀をおこない、墓地に入れるようになった。私の父も母もそうした。

　ながらく耕地を見守ってきた先祖たちも、今ではぽつりぽつりと墓を仕舞われて、息子たちの住む遠い異郷の霊園に引っ越しするようになった。盆や彼岸にも供養してもらえない、忘れ去られた先祖の墓も藪の中にある。

　今では、耕地の暮らしを見守る先祖たちもほんとうにわずかになった。

●秩父事件と耕地

　秩父事件は1884年（明治17）11月1日に、下吉田村（現秩父市吉田）の椋神社で、自由党に指導された困民党軍約1千人が、債務の帳消しなどを求めて蜂起した事件だ。秩父の幾筋もの谷の村から、竹槍や火縄銃を持って困窮した農民たちが加わった。蜂起軍は瞬く間に勢いを増し、3日には郡都の大宮郷（現・秩父市）を制圧し、慌てて派遣された政府軍と各地で衝突した。やがて盆地から外部への展開を試みた信州転戦隊が11日、八ヶ岳山麓の野辺山で高崎鎮台兵と衝突し壊滅するまで、秩父一帯や、上州、信州と合わせ、1万人の農民がこれに加わったとされる。

　その1万人の中に、私の高祖父もいた。高祖父は宅重といって、竹槍を持ち事件に参加し、科料1円50銭をくらっている。事件当時40歳、罪名は凶徒附和随行である。ひらたくいえば、凶悪なヤクザ集団の困民党に無理矢

理狩り出され付いていったということだ。当時、長沢耕地には6戸の家があって、全員が高祖父と同じように狩り出され、科料をくらっている。ただそのうちの1人は、猟銃を持って参加し、時の政府軍と打ち合って捕縛されているので3円の科料だ。

　耕地の面々は裁判所の言渡書では、脅かされて付いて行ったということになっているが、少なくも高祖父と3円の罰金をくらった山崎延二郎は脅かされて参加したとは考えにくい。何故なら高祖父には身代限り<ruby>身代限り<rt>しんだいかぎり</rt></ruby>の謝金があり、郡役所から呼び出しがかかっていたことが、最近、旧家の藏にあった古文書から判明した。呼び出しに応じれば、借金の金額を揃えなければならない。それができなければ、自己破産ということになり財産は没収される。そこまで追い詰められた高祖父の宅重が、脅かされていやいや参加するとは考えにくい。自由党の考えを理解し同調していたことも考えにくいが、とにかく債務の帳消しのために参加したと考えるのが妥当だ。延二郎にいたっては積極的に参加したことが彼の供述調書を読めばわかる。勿論、脅かされたから参加したと述べているが、これは三千人に及ぶ逮捕者の共通したいいわけである。脅かされて出て行った者が、どうして火縄銃など持ち出して政府軍と鉄砲の撃ち合いをやるだろうか。そして山の地理に精通している村人なら、いくらでも山中深く逃げきることだってできる。

　ところで、自らの先祖が秩父事件に参加していたことを、今、耕地に暮らす人は誰も知らない。暴徒として時の権力に徹底的に弾圧され、死刑など重刑に処された幹部たちと分断されたからである。参加したのは脅かされたからで、暴徒とは関係ないと口をつぐんできたと私は思っている。だから子孫に語り継がなかった。

　これとは逆に、事件に参加した者たちがいかに残虐で血も涙もなかった暴徒だったかという話や武勇伝は、秩父の谷筋の耕地にはかなり伝えられている。曰く、暴徒は子どもの教科書まで川に投げ捨てた、家に火を付けた。曰く、うちのじいさんは日本刀で斬り合った、猟銃で追い払った等々。秩父事件では、死刑や戦死などで困民軍側に70名ほどの犠牲が出ている。政府軍と警

官にも数名の死者がでた。

　だが、困民党軍による、一般住民の犠牲者(死者)は1人もいない。高利貸し、しかも一部のあこぎな高利貸しだけが証書と邸宅や蔵を焼かれた。

●全戸参加と耕地

　事件当時、15の耕地をかかえる藤倉村の戸数はおよそ150戸だった。参加者は130名余だ。1戸1名が割当だったらしいが、実際には不在で参加しなかったり、村の幹部の中には代理を出したり、1戸で2名が出たり、その参加の形も一様ではない。逃げた者もいたらしい。死者1名で負傷者は数名。逮捕者も数名である。死者は当時34歳の東市重が1名、市重は困民党員だった。

　市重は今も先祖の墓にはいない。河原の石があるばかりだ。激戦地の金屋(現本庄市金屋)の寺に埋葬されているらしいが、確証はない。事件後、家族は遺体を引き取りに行けなかったらしい。すでに暴徒の烙印が押されていたし、多くの警察官が参加者の捕縛と取り調べに入っていたからだ。

　ところで、このような参加の仕方は、なるほど耕地らしいと私は思うのである。椋神社に集まった困民党軍は手分けして各谷間に参加を呼びかけに走った。狩り出しである。私の藤倉村にも幹部の坂本宗作(死刑)ら30名余りが狩り出しにやってきた。狩り出し隊が最初に行ったのは戸長役場である。そこで戸長は不在だったが、筆生(書き役)に村中の参加の要請をしている。各耕地の中心人物に順番に戸長役場の参加要請が伝えられたのである。そのうえ狩り出し隊の半ば強制もある。耕地は、運命共同体のようなものだから、耕地の中心人物が参加の意向を示せば、全員が行動する。この逆の例もあって、村や耕地をあげて参加していない地域もある。群馬県境の標高600メートルにある太田部村では、家抱という雇い人を代理参加させた例が多い。

　秩父事件の研究者によれば、藤倉村の困民党員は戦死した東市重の他ははっきりしないという。他の村のように事前に困民党のオルグは入っていなかった。それでもほぼ全戸参加したのである。困民党の幹部がいてオルグが進ん

でいた村の参加率は確かに高いが、私の藤倉村のような例は少ない。

　それは、私の高祖父のように必要に迫られ主体的参加要因を持った者が
かなりいたことや戸長役場からの連絡もあるが、耕地の暮らしのなかで築か
れた強固な共同体的な関係性にこそ、その主要な要因があるのではと、耕
地で育った私は感じてしまう。

●いっちょまえの証

　私は小学3年生の頃、私が使う鉈と鋸、背板（セータ）をもらった。大人用
より少し小さいが私専用だ。鉈も鋸も背板も兄が使っていたものだ。兄は中
学生になったので、大人用の鉈と鋸と背板を新調してもらった。そのうえ鎌も
もらっていた。

　鉈の身（柄を付ける前の鉈）は、耕地の鍛冶屋が作成したものだが、柄と鞘
は父の手作りだ。柄は堅くて丈夫な楢の木で作る。鞘は比較的柔らかくて細
かな加工がしやすい朴や杉を2枚の板にし、双方を身が入るように削り、そ
れを合わせ、剥いだ樺（山桜）の皮をしっかり巻き付ける。口で説明できるほ
ど簡単なものではなく時間も要する。

　山道を薪や収穫物などの荷物を背負って運ぶ背板もやはり父の手作りだ。
材質はだいたいが軽い杉材で、背中にあたる部分に幾重にも巻きつける縄は、
これも手編みの麻縄だ。麻縄は強くてめったに切れない。鋸も鍛冶屋が作っ
たもので、柄や鞘は父の手作りだ。鉈や鎌の他に、鍬や斧などの柄なども
手作りで、耕地では鉄の部分以外は手作りが普通だ。

　自分用の鉈と鋸と背板をもらって、張り切って椎茸の原木の椚や楢を伐っ
たり、薪を作ったりした。同時に、鉈や鋸の研ぎ方、手入れも教わり自分でいっちょ
まえにできるようになった。そして大人たちがそうするように、いつでも刃物を
研げるように、砥石を携帯して山に入るようになった。

　耕地では農作業や山仕事の道具ばかりでなく、何でも自前である。父は、
炬燵の櫓も杉の枝落としの長い梯子も作った。耕地で飲む水道も、沢から
水を引き、貯水槽に溜め浄化し、各家に管で引いた。それ以前の我が家の

水は、沢を堰き止め竹の樋で家まで引いた。我が家の隣の少し年上のナベジさんは、小鳥を罠で捕まえ飼っていたが、その籠は、サシコといって竹を細く削ったひごを何十本も作って組み立てていた。技を持ったナベジ先輩はとてもかっこよかった。

橋を架けるのも耕地民総出の事業だった。台風などで流される度に、丸太で橋脚を組み橋桁に杉や檜の枝を載せ、土を被せ修理した。すぐに橋を架けてしまう大人たちはとても勇ましく、信頼できた。昔は自給自足だったと人は言うが、耕地の自給自足は、耕地で生きること全てを自分たちの技でまかなうことであり、その知恵と技術の複雑な束で成り立っていた。

そんな耕地で、私は、高校を卒業するまで暮らしていた。

[たかはし・きよじ] 1949年に埼玉県秩父に生まれ育つ。立教大学特任教授を経て、現在は立教大学や成蹊大学で非常勤講師を務める。著書に『耕地の子どもの暮らしと遊び』(ブイツー・ソリューション、2016)、2019年には続編が出版。2006年から人間学研究所会員。

児童虐待からの回復と成長
「大きい子ども」の駆け込み寺：自立援助ホーム

西田隆男 [にしだ・たかお]

1954年、東京都出身。心理学者、公認心理師、
NPO法人埼玉ダルク理事長、無料塾ココロ
（子ども支援団体）代表。（＊詳しくは文末へ）

●社会的養護施設・自立援助ホームの「大きい子ども」

「児相は『大きい子ども』が嫌いだからねえ」

先日、社会的養護の専門家と被虐待児の心のケアについて話していたとき、唐突とも言えるタイミングで、こんなセリフが吐かれた。

それはまさに「吐かれた」のだ。

児相とは、児童相談所のことである。

「『大きい子ども』って、なに？」と聞きかえすと、「心は幼いまま、例えば三歳児のまま、体だけすくすくと育った子どものこと。中学生、高校生の図体をしていても、心は三歳児のまま成長していないから、三歳児のような反抗的な態度をとったり、極端に依存して甘えたり、人間関係の距離感がひどくちぐはぐになる子どもね。同じ行動を三歳児がとっても笑って許せるけれども、中高生だったらそうはいかないことってあるでしょ。そういう子どものことを『大きい子ども』というのよ。もっともこれは私たちの造語で、専門用語とかじゃないけど」

「大きい子ども」は、自分の面倒を見てくれる人を独占したがったり、自分にみんなの注意を引きつけるために話を盛ったり、時にはウソをつくこともあるのだという。

わざと乱暴な言葉で挑発したり、かと思えばなれなれしくなったりと、気分

に合わせて態度が変わる。その気分の浮き沈みは三歳児のような甘えと独占欲が関係している。幼児期に自分の面倒を見てくれる人との間に愛着形成がうまく築けないと、自分の生きる基盤を獲得することができず、そういう行動をとるのである。それは何とか自分に注意を向けたいという涙ぐましい努力なのだが、時と場合によっては煙たがられたり嫌がられたりする。

「愛着形成」とは心理学用語で、幼児期に無条件に自分を支えてくれる人（大半は母親）との間に強い絆を築くことで、形成できるとされている。

その絆が築けていれば、自分は親から愛される価値ある人間なのだと信じることができ、その後の人生でつらいことがあっても耐えることができるのだ。愛着形成をうまく築けなかった子どもは欠落感をもったまま大きくなり、何かをきっかけとしてそれを埋める作業を無意識に始めてしまう。それは、当事者にとっては生き延びるための行為であるが、社会的に見ると不適切な行為に見えるため、「愛着障害」と呼ばれている。

虐待サバイバーを自任して活動している羽馬千恵さんは、著書『わたし、虐待サバイバー』のなかで、自身の愛着障害の発症についてこう書いている。

> 自分の親くらいな年齢の男性に対して、父親的愛情を求めてしまう、いわゆる「愛着障害」と思われる症状が発症したのも成人後。（中略）この人は、わたしのことをいつも気にかけてくれているに違いない。
> この人は、わたしの気持ちを全部わかってくれているに違いない。
> この人は、わたしが愛を求めれば、その倍の愛情で抱きしめ返してくれるはず。
> そんな錯覚を赤の他人の男性に起こしていくのです。*注01

当然、相手の男性からは羽馬さんの期待するような反応は返ってこない。そうするとそれを「裏切られた」と勝手に思い込んでしまう。パニックさえ起こす。そのときの自分の心境について、「わたしのなかでは、幼い『ちえちゃん』が、『お父さん！ わたしだけを見て！ わたしだけを抱きしめて！』と泣き叫んでいます」*注02

と述べている。

　これが、「大きい子ども」が何かトラブルを起こしたときに、その心のなかに生じていることである。

●「大きい子ども」には愛着修復が必要

　こう考えると、児相が「大きい子ども」に手を焼いているのも理解できる。児相は家庭で養育困難な子どもを一時保護し、その後の行き先を決める仕事をしている。とにかく生き延びさせることが児相の仕事である。

　保護された子どもは一定の保護期間が過ぎると、たいていは家庭に戻されるか、または祖父母など三親等内で引き取り手を探す。それが難しい場合は児童養護施設に入る。児童養護施設は、衣食住を整え、学校に通わせ、物質的には何不自由のない暮らしを保障する。望めば大学進学も可能である。かつては18歳で出なくてはならなかったが、今は20歳までいられるようになった。大学に進学した時は22歳まで暮らすことができる。

　2022年6月には、「こども基本法」が成立し、改正児童福祉法により、施設利用の上限年齢がなくなった。

　しかし、そこで愛着形成を築くことは難しい。

　児童養護施設はあくまで集団生活の場であり、そこで働いている人は職業人である。仕事として子どもたちに対峙している人たちに、愛着形成をカバーすることを要求するのは荷が重すぎる。

　仮にそれに応えようとする職員がいたとしても、何人も子どもがいるなかで、たった一人の子どもとの濃密な関係を築くのは難しい。

　その職員が他の子どもの世話をしているとき、それが仕事の一環にすぎないにもかかわらず、「裏切られた」という感情さえ誘発させかねない。そういう子どもに必要なのは、「愛着修復」である。

　心のなかで「わたしだけを見て！　わたしだけを抱きしめて！」と痛切な悲鳴を上げている子どもに対して、ただ無条件に抱きとめて、その悲鳴が小さくなるまで抱きしめつづけていることだ。

それは集団のなかでの職員との関係性では成り立ちえない。一対一の関係のなかで、その子どもだけに集中することである程度までは可能になる。なぜなら、母親との関係で築けなかった絆を、他者との関係のなかで築き直さなくてはならないからだ。愛着修復である。子どもの母親への執着の強さを考えると、それがどれほど難しいことか想像にかたくない。

　和歌山大学の米澤好史さんは、「愛着修復」について、ひとつのプログラムを提示している。まとめると以下のようになる。

＊注03

①キーパーソンを決定して〈一対一〉の関係を構築する。キーパーソンとは、その子に関わる中心人物である。母親の代理となるものと考えてよい。

②その子どもを無条件に受容することによって信頼関係を築く。受容とは、その子の行動に注目するのではなく、その行動の背後にある意図を想像して「そういうつもりでやったんだね」と理解を表現して受け入れることである。

③感情ラベリング支援による信頼関係の構築。感情ラベリングとは、子どもがそのときの自分の感情に名前を付けることである。幼児から中学生にまで効果が見られるという。

④振り返り支援を行う。何をするとどんないいことが起こり、そのときどんな気持ちになり、それは誰といるときになったのかに気づく支援である。

⑤愛情は行動するエネルギーの源であるという意識を育成する。

　以上を、特定の、自分専用のキーパーソンと、一対一で行うことで、愛着修復は進むのだという。

　ここで紹介したのは「第1フェーズ　受け止め方の学習支援」である。米澤さんの「愛着修復プログラム」は、第4フェーズまであり、修復の度合いを観察しながら徐々に修復を進めていくそうだ。

　この愛着修復プログラムではっきりしているのは、一対一の親密な関係の重要性である。特定のキーパーソンが、一人の子どもに連続的に関わり、ゆっ

くり時間をかけて、傷の治り具合を確認しつつ、修復を行う。それは忍耐と根気のいる作業だ。これは、児童養護施設ではできない。

　児童養護施設もその問題点に気づいたのか、最近では、児童養護施設の広い敷地のなかにグループホームを設けたりしている。6人程度の子どもが共同生活する一軒家である。そこで、疑似家族のような生活を送ることで「大きい子ども」が愛着修復をできるようにという配慮である。

　児童養護施設がそう気づく前に、すでに実践していたのが「自立援助ホーム」である。

●疑似家族を目指す自立援助ホーム

　社会的養護を担う「自立援助ホーム」とは、義務教育を修了した子どもが生活するところで、より家庭に近い環境で子どもが暮らせるようにという趣旨で設立された。援助の実施主体は都道府県であり、自立援助ホームの運営は、都道府県知事に認められた法人や任意団体によって行われている。

　全国自立援助ホーム協議会のホームページによると、2022年10月1日時点で全国に240ヶ所あり、その形態は社会福祉法人、NPO法人、一般社団法人などさまざまである。

　入居人数は5人から15人だが、望ましいのは6人程度とされている。できるだけ家庭のような雰囲気での養育を目指すと6人程度になるのだという。

　どうすれば入居できるのか。

　かつては、子どもと運営者の合意によって入居できたが、現在では、児童福祉法第32条第1項の、実施権限の全部または一部を児童相談所所長に委任することができるという条項に則って、児相を通して入居するようになっている。

　何人かの専門家と話してわかったのは、冒頭に述べた「大きい子ども」の受け皿として適切なのは、この自立援助ホームだということである。

　自立援助ホームでは、15歳から20歳くらいの子どもが個室をもって生活し、自身もアルバイトをして入居費を支払う（3食付きで2万円から3・5万円程度）。家

は普通の一軒家で、施設長とスタッフができるだけ家族的な雰囲気のなかで子どもたちと一緒に生活している。

　子どもとの距離が近いので、疑似家族のような関係を築くことも可能で、不十分ではあっても愛着形成をやり直すことができる。

　こう書くと、愛着形成ができていないのは、被虐待児であったりネグレクトされた子どもに限られるように聴こえるが、実際はそうではない。一般家庭の子どもであっても親と子の関係が必ずしも良好でない家もある。

　前出の米澤さんの論文は、子ども一般について書かれたものである。米澤さんは発達障害と愛着障害が未分離のまま子どもにレッテルが貼られ、実は愛着障害である子どもが、発達障害にされてしまうことを、両者の特徴を分析することで提示している。そして、それを修復するにはどうすればよいかを、一つのモデルとして示している（既述）。

　このことから明らかなのは、被虐待児であっても、信頼できる大人（キーパーソン）との親密な関係によって、愛着障害は修復できるということである。

　自立援助ホームの特徴的なポリシーは、全国自立援助ホーム協議会によると三つあるという。要約すると以下のようになる。

① その子どものありのままを無条件に受容する。何もやろうとしない、意欲がない、目標が持てないなどあるが、まずは心も体もゆっくりと休んで、自然に意欲などが湧いてくるのを待つ。

② 子どもが決断したことを尊重し、失敗することを保障する。大人から見るとうまくいかないのではと思われることであっても、子どもが自分で決めたことであればその主体性を尊重して、実践を見守る。

③ 子どもが何でも一人でできることを目指すのではなく、自分でやろうという意欲をもって挑戦し、できないところは他者に助けを求められるようになること。

子どもの自立を急がすのではなく、社会に出て生きていく力を身に付けるこ

とに重きを置いている。そして、就職して自立援助ホームを出たあとも、何か困ったことがあれば相談に乗るなど、関係を断ち切らないよう努めている。安心できる家庭を持たない子どもにとって、困ったときに頼ることのできる実家はない。自立援助ホームはその役割も担おうとしているのである。

　もちろん、厳しい状況で大人に裏切られながらサバイバルしてきた子どもが、人との信頼関係を回復するのは簡単ではない。それでも、自立援助ホームで信頼できる大人との出会いがあれば、生きていくのに必要な愛着形成をやり直すことは可能である。

●信頼できる大人との出会いで進路が開ける

　筆者が話を聴いたある自立援助ホームの施設長は、子どもの心にどうやって寄り添うかに心をくだいているという。それは施設長ひとりの手に負えることではないので、外部の人材に助けを求めて、その子どもによかれという出会いをプランニングする。ピタッとはまることもあれば、そうでもないこともあるが、子どもは自分のためにしてくれたということはわかるので、とにかくやってみるのだという。

　心理臨床的に、「自分のために何かしてくれる人がいる」ということを子どもが認知することが大事なのである．

　例えば、個別の学習支援がある。一種の家庭教師のようなものだ。個別であれば他の生徒と比較しないで「こんなことを知らないのは恥ずかしいのでは」という遠慮をせずに何でも訊くことができる。あるいは専門のカウンセラーに週に一度来てもらうとか、特定のアルバイト先を用意するとか、時にはボランティアの教師に来てもらって小さな塾のようなものを企画することもある。その塾には地域の子どもも参加可能で、そこで交流が生まれるような工夫をするのである。

　子どもができるだけいろんな人と知り合えるようにと、何かイベントがあると一緒に行くこともある。そうしたなかで、信頼できる大人と出会うこともあるかもしれない。それをいつも念頭に置いているのだという。

　彼らが学校に行って勉強したいといえば、キャリアガイダンスの専門家を交

えて進路を模索する。定時制高校に通うのか、高卒認定を取って専門学校や大学に行くのか、将来の漠然とした希望を相談する過程で見出すよう努める。

　給付型奨学金が使えることもあるので、考えもしていなかった未来が開けることもある。虐待家庭のなかで将来のことなど考える余裕のなかった子どもが、専門学校に通えるようになり、資格をとって就職することができた例も多々ある。子ども自身が想定外の自分の変化に驚くようなことも起こっているのである。

　「だから、もっと利用してほしいです」と、施設長は言う。

　「ゆっくり休んで、進路を見つけてほしい。子どもは私たちの未来を担うとても大切な宝です。それが、心の中の三歳児を抑制できずに暴走していくのを見るのは本当につらい」

　また、進路を見つけて巣立っていっても、人間関係でつまずきやすいのが被虐待児によく見られることだともいう。

　「一度社会に出ても、就職先でつまずくことは、想定内です。失敗して職場にいられなくなったら相談に来てほしい。子どものほうから切らないかぎり、私たちはいつも門戸を開いて待っています」

●S君のケース

　S君は、中学卒業後、ある県内の児童養護施設から同じ県内の自立援助ホームに入居してきた。本人が小学校5年生の時に、父母が離婚し、その後は父親と二人で生活することになったが、ネグレクト状態になり、児童相談所に保護され、中学卒業まで養護施設で生活した。

　そして、自立援助ホームでの生活は、午前は地域のスーパーマーケットで働き、午後は定時制高校に通学した。入居当初の1～2年間は、被虐待児の特徴である人間関係の不自然さとコミュニケーション不全が、ホームはもちろんバイト先でも学校でも見られた。その後、施設長の愛着形成の努力とその他さまざまな配慮がなされた。そのひとつの支援が、筆者が担当したボランティアのアウトリーチによる学習支援とカウンセリングおよびコーチングである。入居後の3年から4年目の個別サポートにより、周囲が見るからに別人のように変わり、

高校卒業後は地域の工務店に職人として正就職していったケースである。

なにがS君の回復と成長をもたらしたのか？ 心理臨床的視点から言えることは、次の二点である。

①適切な愛着形成がなされたこと
②回復のための適切な支援がなされたこと

このような生活環境と個別サポートによって、自尊感情ができ、自己効力感が形成されたためであると言える。

●いま自立援助ホームに求められていること

2019年10月28日、渋谷の東京ウィメンズプラザホールで開催された「社会福祉法人カリヨン子どもセンター」の設立15周年記念イベントで、理事長の坪井節子弁護士が「自立援助ホームもJK（女子高生）ビジネスを見習わなくては」という刺激的な比喩を用いた挨拶をした。

カリヨン子どもセンターは、自立援助ホームを筆頭に、子どもシェルターやカリヨンハウスを運営している。暴力や虐待を受けて家から逃げてきた子どもを何とか掬い取ろうと、精力的な活動をしている団体である。

「JKビジネスのお兄さんたちは朝から晩まで道に立ち続けて、困っていそうな女の子にやさしく声をかけ続けます。『おなかすいてない？ 何か食べたいものはあるかな?』『今晩、泊まるところはあるの?』『行くところはあるの?』などなど、です。虐待されて家から逃げてきた子どもは、そのようなやさしい声かけに飢えていますから、付いていきます。それでJKビジネスに取り込まれていく。自立援助ホームはそのお兄さんたちに負けないような声かけを、虐待から逃げてきて行くところのない子どもたちにしていかなければならない。JKビジネスのお兄さんに負けてはならないと思います」

こういう主旨の話だった。

助けを求めれば手は差し伸べられるが、助けを求める力さえ失っている子

どもがいる。幼いころから人権を侵害されつづけ、自分に価値がないからこういう目にあうのだと、力を奪われている子どもたちである。こうした子どもは、自分の言葉を持たない。助けを求めるなど思いつきもしないだろう。10代後半の困っている子どもたちに、大人のほうからの積極的な関わりが求められている。

こういう社会をつくってきたのは大人たちである。子どもに暴力をふるい、虐待する親も、広い視野から見れば、社会のなかで追い込まれた結果であるという側面もある。だからといって看過できることではないが、気が付いた大人が子どもへの支援を行動に移す。そこから虐待を受けた子どもたちの回復と成長の道は開けていくのではないだろうか。

［注］

*01──羽馬千恵『わたし、虐待サバイバー』（ブックマン社、2019）、97〜98ページ

*02──同98ページ

*03──米澤好史「愛着障害・社交障害・発達障害への『愛情の器』モデルによる支援の効果──愛着修復プログラム・感情コントロール支援プログラムの要点」（和歌山大学教育学部教育実践総合センター紀要No.24所収、2014）

［参考文献（上記以外）］

• 大貝葵「自立援助ホーム設立の意義と法的課題」（金沢法学60巻1号所収、2017）

• 厚生労働省「自立援助ホーム運営指針」https://www.mhlw.go.jp 2022年12月1日閲覧

• 全国自立援助ホーム協議会ホームページhttp://zenjienkyou.jp 2022年12月1日閲覧

［にしだ・たかお］1954年東京都出身。心理学者、公認心理師、NPO法人埼玉ダルク理事長、無料塾ココロ（子ども支援団体）代表。教育臨床、サイコセラピーを専門分野とする。主な著書に『ストレスを力に─セルフコーチング』『思春期の教育相談』『身体心理学』『仏教心理学』（以上、単書/知玄舎2018〜22）、『現代の教育危機と総合人間学』『子どもの自然辞典』『共依存』（以上、共著/学文社2006ほか）『薬物依存症からの回復─Just for Today』（編著）など。2003年、人間学研究所の研究員となる。

ソ連における障害者の社会参加
国は誰を障害者とし、どう向き合ったのか

白村直也 [はくむら・なおや]

岐阜県生まれ。東海国立大学機構岐阜大学教育推進・学生支援機構准教授。(＊詳しくは文末へ)

● **はじめに —— 戦争と社会参加**（復帰）

　2022年2月、ロシアはウクライナに侵攻した。この事実に世界は驚愕し、メディアはこぞってその原因を探し、大きく次の2点に原因を求めた。一つはロシアとウクライナ、そしてヨーロッパとの史的な関係であり、もう一つはプーチン大統領の願望（ペレストロイカとソ連崩壊という苦い経験、大国復活を切望）である。一つ目を語る際には、大祖国戦争（1941〜1945年）[＊注01]や冷戦、西側諸国（NATO）とロシアの関係が引き合いに出され、また、一つ目と二つ目を複雑に絡み合わせた解説も多い。原因が追究される一方で侵攻は長期化し、ウクライナとロシア両国が受ける被害が日ごとに増えている。この原稿を書いている2023年1月にも侵攻は続いており、情報が錯綜しているものの、おびただしい死傷者数が出ていることは確かなようだ。

　2022年9月にロシアで実施された「部分的動員令」で、今回の侵攻は新たな局面を迎えた。この「動員令」にロシア世論はひどく動揺したが、それはそれまでの侵攻という「非現実」が、この「動員令」を境に人々にとって身近な「現実」となったためだ。動員される本人はもとより、身近な人を戦地へと送り出す人の戸惑いや、反発する姿は日本で多く報じられた。そうした報道を見るにつけ、はたして何人が生きて帰ってくることができるのか、帰ってきたにしても、どう生きていけるのかと考えることが個人的に多くなった。というのも、

「戦争」を経験した国にはある程度共通することだが、とりわけソ連は、傷痍軍人はじめ、「障害者」を捉える眼差しが独特なものであったし、少なからず今のロシアにも政策として引き継がれている部分があるからである。こうした背景があり、筆者は今回のウクライナ侵攻を考えるヒントとして大祖国戦争の経験を、傷痍軍人（以降、大祖国戦争障害者）の社会参加（復帰）という視点から振り返りたいと考えた。その前提として、本稿では戦前（主に1930年代）に障害者の社会参加をめぐってどのような制度設計がなされたのか、そしてその問題点を扱う。それが大祖国戦争でどのように変わった／変らなかったのかを将来的な研究課題とする。「社会参加」というのは非常に論争的な表現だが、ここでは障害者の就労を軸に政策と制度設計、そしてその運用をめぐる問題を考えてみたい。

　大祖国戦争から約80年が経過した現在、当時と時代背景は全く異なるものの、誰を障害者とするかという障害者等級の設定をはじめ、制度設計が当時から引き継がれている部分も多い。歴史的な経験を踏まえた上で、いつか終わるだろうウクライナ侵攻と「ウクライナ侵攻障害者」のその後を照射していく。

●ソ連の障害者と就労──誰が障害者だと決めるのか

　はじめに人口統計をみておく。ある統計によれば、ソ連邦には1920年には1億3770万人、1940年には1億9260万人が暮らしており、20世紀前半に人口は右肩上がりに増加したが、この間ソ連は多くの戦争を経験した。20世紀といえばすぐ思い浮かぶものとして、1904年から1905年の日露戦争や1914年から1917年の第一次世界大戦が挙げられるだろうし、他にも飢饉や革命、そしてテロルをはじめ、人口統計を大きく変動させうるような出来事は多くあった。もちろんその影で負傷し、日常生活に支障をきたす人も多くいたのだろうが、統計としてたとえば「障害者」数が挙げられることは殆どなかった（筆者が知る限りでは、大祖国戦争前では全国レベルのものとして唯一1926年の国勢調査のみ）。もちろん、現在ほど障害者が注目されていなかった（政策課題として挙がっていなかった）こともあり、カテゴリーとして設定されていなかったのだろうが、

それ以上に「ソ連には障害者はいない」とする社会的な風潮があったように思う。

　象徴的なエピソードを紹介したい。時期は下るが1980年ソ連の首都モスクワで開催されたオリンピックの際のエピソードである。会場に来ていた西側のジャーナリストが、出席していたソ連の代表者に「1984年にイギリスのアイレスベリーで開催予定のパラリンピックにソ連の選手は参加するか」と尋ねた。代表者は即座に「ソ連に障害者はいない！」と答えたという。この台詞の真意は測りかねるが、三つの受け取り方がある。1.文字通り「障害者」はいなかった。2.どこか特定の場所に「障害者」は集まって/隔離されていたため、人々の目に付くことはなく、いないとされた。そして3.「障害者」はいたが、「障害者」でない者と同じように暮らし働いていたため、実質的にいなかった、である。思うに、このうち2と3を強力に推し進めたのが革命以降のソ連の障害者（児）教育、福祉政策だった*注05。

　障害者にとって、社会主義というイデオロギーと、そこから導きだされる「労働」がもつ意味合いは、時期によって形を変えてきた。非常におおざっぱに言うと、1920年代には、「労働」は障害者の自立を促すものであり、1930年代には「労働」は「障害」という概念をなくすものであり（たとえば、生産高で競う場合、非障害者を上回れば「障害」という概念はなくなる：後述）、そして1940年代以降には、治療（リハビリ）に効果があるという文脈で障害者の「労働」は重視されてきた。いずれにせよ、何かしらの政策で「障害」が語られるとき、労働（具体的には労働能力）になぞらえて何かしらの規定が設定されることは珍しくなく、この点にソ連の障害者政策の特徴はあった。ソ連期に通底するこの特徴は、表面的には就労を通じて障害者の社会参加を推し進めたともいえるが、そう言い切れない点に評価の難しさはある。

　公的に誰を障害者とするかは、社会保障など財政出動が絡むため、きわめて政治的な問題である。そのため制度としては非常に複雑な立て付けがなされることが多く、また国によっても違いがある。ソ連では、それを業務とする専門家集団からなる特別な委員会（医療–労働専門家委員会Врачебно-трудовая экспертная комиссия：ВТЭК（以下、委員会））が設置されていた。この委員

会が障害者認定（障害者等級の付与）を担い、障害者認定を受けた者は様々な特典（社会保障など）を受けることができた。また、次章に記す規定に従った障害者認定に加えて、ある人にどれだけの労働能力があり、どういう仕事ならすることができるか、またその際どのような労働条件を設定するべきかを判断をするのも、この委員会が担った大きな役割だった。

● 障害者等級と就労

　障害者とはどういう人なのか。ソ連で初めて障害者が規定されたのは、1921年のことであった。1921年人民委員会議規定「障害者の社会保障について」[注07]では、障害を理由とした社会保障の受給権が設定され、労働能力に応じて6等級の障害者が規定された。

　第1級（最重度）：通常の生活要求を満たすために他人の援助を常時必要とする者。第2級：働くことが困難であるものの、常時の援助を必要としない者。第3級：常勤職に就くことができず、一時的な、同時に容易な仕事を通じてのみ生計を立てることができる者。第4級：低技能職への転職を余儀なくされた者。第5級：従来の職業をあきらめ、同じ資格で他の職への転職を必要とする者。第6級（最軽度）：生産性は低下するが、従来の職業を継続できる者。

　第1級障害者には社会保障施設への入所斡旋、第2、3級障害者については特別な作業所や労働コローニャへの入所斡旋および彼らを協同組合へ入れる旨が明記された。そして第4、5、6級障害者については、彼らに職を斡旋することが規定された。

　1921年のこの6等級が現実の生活にそぐわないと言われ出したのは1931年のことであった。第4級から第6級の軽度の障害者に対して、引き続き国が職を斡旋するのは、無職の者がいなくなった今となっては時代遅れであるというのである。[注08]参考までに記しておくと、1932年のロシア共和国の全障害者に対する就業斡旋計画の約80%（計画では約29万人に対して、実際は約23万人）が達成されたとされている。[注09]無職の者がいなくなったとまではいかないが、ある程度の見通しが立っていたということだろう。障害者の割合は、1933年

の時点で不慮の事故による、または幼年期からの障害者は労働年齢人口千人に対し、第1級1.7人、第2級5.1人、第4級7.1人とされている。

　こうした背景もあってか、1932年ソ連邦労働人民委員部社会保険連邦協議会決定「障害者、一家の稼ぎ手喪失、そして老齢にかかわる年金保障の改善について[注10]」で6等級は廃止され、新たに3等級が導入された。それは、第1級（最重度）：労働能力を完全に喪失しており、常時介護を必要とする者、第2級：自身の、そして他の専門的職業に従事する能力を完全に喪失した者、第3級（最軽度）：自身の職業において、それまでの労働条件では規則正しく働くことは出来ないが、残存労働能力を活かすことが出来る者：A) 非正規形態によって、B) 労働時間の短縮によって、C) 他のより低い技能職に就ける者と規定されている。ちなみに、この3等級は現在のロシアでも引き継がれている[注11]。

　先に、障害者にとっての労働の意味合いは、1930年代は「障害」という概念をなくす意味合いが込められていたと記した。注意したいのは、労働能力がある者に積極的に職を斡旋するのは、障害者に限った話ではなく、当時としては広く行き渡った政策だったことだ。この頃はブローダセンが指摘するように、「統制」、「規律」、そして「訓練」といった標語のもとに、労働力として婦人（割合は1929年時には全体の25.8%だったが1940年には41.6%）、青少年（職業訓練の活発化）、老齢者、そして被収容労働者が広く労働に動員された時代である[注12]。障害者への職の斡旋も、当時のそうした政策を反映してのことだった。

　当時のソ連で出版されていた雑誌『社会保障』に目を通すと、「労働障害者、戦争障害者、不慮のできごとによる障害者、幼年期からの障害者は、我々共和国の完全なる法的権利を持つ市民である[注13]」と記されており、ソ連では障害は社会的不完全さの同義語ではないと言われていた[注14]。また、「ソヴィエトでは、障害という概念は徐々に消滅していくことだろう。〔中略〕もう者は自分に適した職業に就き製品を生産するだろうし、それは非障害者が生産する量にほぼ等しく、もう者は経済的側面においてすでに弱者ではない。[注15]」と記されることもあった。

もちろん、就労と一口に言っても、それに向き合う障害者の声は様々だ。たとえば、「第3等級障害者でさえも、もし社会的条件が許すなら通常の仕事に就くことからまぬがれたいと願っているのである。〔中略〕何といっても、大多数の者（障害者）へのもっとも効果的な刺激は、年金額が低いことだった。」といった声もある。障害者等級の認定を意図的に軽度にしたり、年金を低くおさえることで障害者の就労が促進された面もあることは、当時の政策をみる上でも注目に値する。また1930年代半ばには、障害者年金不正受給者や似非障害者の取り締まりを精力的に行っていくべきという議論が雑誌『社会保障』の誌面上でされたが、これは当時のソ連における「障害者」への社会的な眼差しを物語っているように思う。

●障害者等級と職の斡旋をめぐる混乱
❶委員会の業務
　ソ連の障害者は、当人の等級（労働能力の程度）に応じて就労斡旋されることが革命以降の制度としてあった。1919年から1929年までは医療管理委員会 Врачебно-контрольная комиссия（ВКК）がその役割を担い、1929年以降は先述した委員会が規定に則った診断を行い、就労斡旋を担った。
　1931年8月25日ロシア連邦人民委員会議「医療–労働専門家委員会に関する規定」（全9条）によれば、都市や地区ごとで委員会は設置され、地方労働組合協議会が任命する委員長、医師2名、労働、社会保障機関の代表各1名から構成されていた。委員会は労働能力の診断に加え、それまでの仕事継続の可否、またそれが難しい場合には別の仕事の適性を判断するとともに、労働条件の設定などを行った。
　3年後の1934年12月、全ソ労働組合中央評議会書記局「医療–労働専門家委員会に関する規定」は、委員会の業務をより具体的に規定した。①生理学的、病理学的、そして機能的面から労働者や職員のそれまでの、または他の職への適性/労働条件を認定すること、②労働障害者を3つの障害者等級の一つに認定すること、③労働不能の原因（一般的な病気、もしくは

就労上など）の認定、④労働能力の回復/向上のための方策の認定などである。障害者等級と労働不能の原因認定は、社会保障給付に関係してくるため、給付を希望する者は委員会へ送致された。

委員会へは病院や外来診療所を通じて送致される。手当支給を伴う一時的労働不能の場合の疾病証明は、こうした病院や外来診療所でなされたが、年金の支給を伴う障害者等級の決定、そして当人を相応しい職（職種、労働条件）に斡旋することは、委員会に課せられた任務であった。

❷ 医療-労働専門家委員会の業務をめぐる混乱

どれだけの障害者を就労斡旋するかは、その年ごとに人民委員会議より年度計画が示されていた（たとえば1938年は121,860名[注18]、1939年は130,060名[注19]、1940年は138,784名[注20]）。1939年、人民委員会議の計画を受けて社会保障人民委員部（日本でいう厚生労働省）が出した通達の中には、斡旋の際に注意すべき点がいくつか示されていた。当時は、斡旋される人の労働能力や労働条件などが勘案されて細かな業種などが決められていった。とりわけ重度の障害者は在宅でできる職に斡旋することが重要視される中で、第3級障害者（全等級中、最も軽度）や、ひいては障害者等級の認定がない者を在宅職に斡旋することがないように、と注意が促された[注21]。在宅職は障害者の就労機会の拡大に寄与するとされ、この頃には在宅職（障害者等級1、2級）/工場や企業での就労（第3級）といった棲み分けに近い区分けがあった。だが、第3級障害者や障害者等級がない者が在宅職に、または第1、2級障害者が工場や企業に就労してしまっているというケースも少なくなかった。

1938年1月の時点で、モスクワにおいて在宅職にある障害者は278名おり、同年10月には6,071名と大幅に上昇したが、中には委員会の検査を通していないもの（つまり障害者等級なし）、そして第3級障害者までも含まれており、第2級障害者はわずか496名に過ぎなかったという[注22]。これに似た例は非常に多く、翌1939年6月のモスクワ州のある調査は、第1、2級障害者は脇へ押しやられており、代わりに第3級障害者、そしてまったく健康な者が在宅職に

就いてしまっていることを指摘した。この記事によれば、とある障害者アルテリ（協同組合）にて在宅職に就く女性は、委員会が発行する診断書を何も持っておらず、ただ「在宅で働くことが可能」という医師の診断書のみを持っていたという。また別の女性は、障害者でないにもかかわらず、「障害者協同組合系統で就業可能」という医師の診断書を持っていたという。[注24]

　1938年モスクワ州委員会には1万名以上が訪れていた。その内7,835名に職の斡旋を行い、7,160名がその仕事に就いた。[注25]雑誌『社会保障』上では各地の委員会の活動が紹介されることがままあったが、「委員会は、生産現場や就職斡旋される者の労働条件といったものを、十分に把握していない」[注26]と批判する記事も少なくなかった。同委員会には、委員会の審査結果の見直しを求める抗議が1939年6月から10月にかけて169件あり、うち103件は抗議却下、残り66件は結果の修正が行われた。修正には、新たにより重度の障害者等級を認定するケースがある一方、逆により軽度なものに引き下げられるケースもあった。[注27]

　1940年雑誌『社会保障』は、同年開催されたモスクワ州の委員会が一堂に会する委員会活動家協議会の模様を報じた。あるアルテリで在宅職にある900名中300名が第3等級障害者か等級認定なしであったことについて、アルテリの責任者は「こういう人たち（第3等級障害者や等級認定を受けていない者：筆者）が我々には必要なのだ。彼らは生産計画をこなすが、第1、2等級障害者というのは、我々の蓄えを食いつぶすだけだ」[注28]と述べたという。

　人民委員会議は年度ごとに障害者の就労計画を具体的な数字として挙げたが、それがそのまま工場や企業に受け入れられたわけではなかった。1940年の計画として人民委員会議は、139,000名を掲げたが、同年上半期の成果は地域ごとで大きなばらつきを見せた。ある記事によれば（具体的な地名は挙げられていないが）、36の地方社会保障局では、計画の43.8%しか達成できていないとされた。[注29]

　翌1941年モスクワ市社会保障局で開催された委員会活動家会議は、筆者が知る限り大祖国戦争前に開催された最後の公的な会議であった。この

会議で焦点が当てられたのは、①委員会内の労働規律の問題、そして②委員会への送致をめぐる規準厳格化の2点であった。

①ある委員会に勤務する看護師が勤務時間に18分遅刻した際、委員会議長は彼女を厳しく叱責したが、医師長が同じように遅刻した際には注意をしたのみであったという。医師長も委員会議長も労働規律の見本となるべき立場にあるにもかかわらず、ということから疑問が出された。[注30]

②委員会へ送致するにあたって、医療機関は病人について余すことない情報を委員会に提供し、診断結果と当人の労働能力の喪失程度（専門家たちの診断結果）を伝えなければならないことが指摘された。[注31]医療機関との連携のあり方はかねてより問題視されていたが、議論は大祖国戦争後に持ち越された。

また軍事行為関係で障害者認定をする際には、当然ながら当人が兵役に就いていた事実がなければならないが、「口頭で、戦争で負傷したと言っているから」と書いたり、後にその障害が軍事行為とは何ら関係がなかったことが判明したりするケースが頻繁にあったという。委員会は関係資料を細かく参照し、それを踏まえて当人が戦争、もしくは労働障害者のどちらに該当するかを検討しなければならないとした。[注32]

こうした中で1941年6月22日にバルバロッサ作戦が始まり、ソ連はドイツによる奇襲攻撃を受けた。これに伴い、委員会の活動も大祖国戦争へと飲まれていった。本稿は扱う対象の時期を大祖国戦争前としたが、その後の橋渡しの意味で、簡単に戦時中（～1945年）までの委員会の取り組みについて法整備を中心に触れておく。

● **戦時中の委員会の取り組み**

フィズラーは大祖国戦争で負傷し、その後復員した「大祖国戦争障害者」

を「貧しい勝者」と呼んだ*注33。それは、戦争に勝利はしたものの、年金保障や物的保障（車椅子や義足などの提供）、そして職業訓練において恵まれない彼らの戦後を表現したものだった。

　大祖国戦争をめぐっては非常に多くの先行研究がある。実際の戦闘行為に参加した者でなくとも、多くの市民が甚大な被害に遭った。その被害に関する数字も多く出されており、ある研究者は殺害や負傷を原因とする死者が760万人、負傷した者が2,250万人という数字を挙げている*注34。フィズラーによれば、1945年春にはソ連で約200万人の大祖国戦争障害者がいたが、これに前線から復員した負傷者が加わることで、少なく見積もってもその数は270万人に及ぶという。こうした、フィズラーはじめ、いくつかの先行研究が挙げる大祖国戦争障害者数というのは、おそらく委員会が障害者認定をした者の数なのだろう。裏を返せば、障害者認定を受けることができなかった者も相当数いたに違いない。

　大祖国戦争障害者にどのように対応していくかは、開戦後すぐに問題となっていた。負傷や傷病で除隊した軍人の障害の種類と程度を診断するために、委員会は戦前より多くの業務量を担うこととなった。1941年には140万人、1944年にはその約3倍の460万人が委員会の診断を受け*注35、ロシア共和国では1940年には1,211だった委員会数は、1945年には2,817に倍増した*注36。興味深いのは、ピサレンコI.S.によれば、開戦後に委員会が診断した障害者は戦前の障害者とは異なっていたという。開戦後に診断した障害者は前線の兵士で、主に筋骨格系に病変を持つ若者や中年の病人という新しい集団であったという*注37。またこの大祖国戦争障害者は、戦前に診断していた障害者とは異なり、解剖学的な損傷があっても、健康状態によって禁忌とされるような職はないことに特徴があったようだ*注38。大祖国戦争障害者の障害者等級と斡旋される職との関係を記す統計や資料は見つからないが、つまり、解剖学的な損傷に配慮することで就労に繋がる者が多かったということなのだろう。

　1942年5月6日付ソ連人民委員会決議第640号にて初めて出された「大

祖国戦争障害者」という概念は、決議名「大祖国戦争障害者の雇用について」からして、当初から雇用を強く意識した概念だった。内容としては、主に戦前にしていた仕事への復帰の検討、それが難しい場合には別の仕事を紹介する（労働条件など設定）、そして職業訓練などを行うことが規定されており、これは、先の1934年の「医療−労働専門家委員会に関する規定」でも目指されたことであった。また、この決議をもって追求されたのは、大祖国戦争障害者の労働力の合理的な利用であった。*注39 また足並みを揃えるように、同1942年12月5日ソ連人民委員会議は「医療−労働専門家委員会に関する規定」*注40（全5章22条）を新たに承認、全5章からなるこの規定は、大祖国戦争障害者の職業再訓練について、そして後方病院で働く医師による、負傷兵の職業訓練指導を規定した。

●おわりに

　誰をどの等級の障害者とするか、そしてどのような職を斡旋するかをめぐって、委員会は苦しい立場に置かれた。年度ごとに人民委員会議から就労計画が出されるものの、一方で障害者を受け入れる企業や工場には人員配置、ニーズがあり、その狭間に委員会は置かれたといえる。委員会が障害者等級の診断や労働条件を設定するにせよ、その診断になぞらえて当人を就労させるのは限界があったのだろう。

　大祖国戦争によって委員会が担う業務は増加した。1930年代に指摘された委員会の業務上の不備はそのまま温存されたようだが、大祖国戦争障害者をめぐって、戦後具体的にどのような対応がなされていったのか。また大祖国戦争障害者以外の障害者（生まれながらの、または労働障害者など）との兼ね合いも気になるところである。

　本稿は戦前（一部、戦中）の障害者の社会参加を扱い、それを通じてソ連の障害者の社会参加の一断面をみてきた。戦後、大祖国戦争障害者の処遇が社会問題化する中で、より多くの問題に委員会は直面したのだろう。今後のさらなる調査が必要だが、彼らの社会復帰がよりスムーズとなるべく、委

員会の活動にも改良が重ねられたに違いない。こうした歴史的経験の積み重ねが、2022年以降の「ウクライナ侵攻障害者」の戦後をどのように照らしていくのか、同時代を生きつつ見つめていきたい。

［注］

*01──第二次世界大戦の中でもソ連がナチス・ドイツやその同盟国と行った戦争を指すソ連側の呼称。

*02──ロシア語では色々な表現があるが、戦争障害者、とりわけ大祖国戦争に際しては大祖国戦争障害退役軍人Инвалид Великой Отечественной Войныという表現が一般的である。

*03──本稿は、白村直也 (2011a)「独ソ戦前夜、ソヴィエト福祉政策をめぐる問題：労働能力審査会の活動によせて」スラヴ文化研究、第10号、98-111頁に新たな資料を盛り込み、大幅な加筆修正を加えたものである。今回の侵攻終息後にあらためて現地調査を行うことで戦中、戦後の状況の考察に取り掛かることとする。

*04──ヴァディム・エルリフマン『20世紀の人口損失：ハンドブック』ロシア・パノラマ社、2004年、144-145頁

*05──障害者団体が1920年代半ばに全国に作られ、団体が運営する企業や工場で働く障害者が多くいた。

*06──小崎晃義 (2006)「ロシアの年金制度改革」創価大学外国語学科紀要、第16号、95-96頁。小崎によれば、統一的な年金制度「国家年金法」が制定されたのは1956年のことであった。

*07──ストリピン記念博物館［http://museumreforms.ru/node/13732］

*08──雑誌「社会保障」、1931年12月号、11頁

*09──雑誌「社会保障」、1936年2月号、1頁

*10──ConsultantPlus-ロシア連邦の法律［https://www.consultant.ru/cons/cgi/online.cgi?req=doc&base=ESU&n=45670#9gxCcNTG3vOfRavu］

*11──白村直也 (2011b) を参照されたい。

*12──アーヴィッド・ブローダセン（岡部実夫訳）『ソビエトの労働事情：ソビエト社会体制における労働と政府』日刊労働通信社、1968年、69-78頁

*13──雑誌「社会保障」、1932年2号、社会保障人民委員部、7頁

*14──同上7頁

*15──同上7頁

*16──雑誌「社会保障」、1935年9号、19-20頁

*17──ConsultantPlus-ロシア連邦の法律
［https://www.consultant.ru/cons/cgi/online.cgi?req=doc&base=ESU&n=23357#xh0V2NTY76lRSBQD］

*18──雑誌「社会保障」、1938年6号、41頁

*19──雑誌「社会保障」、1939年7-8号、59頁

*20──雑誌「社会保障」、1939年4-5号、71頁

*21──雑誌「社会保障」、1939年7-8号、64頁

*22──雑誌「社会保障」、1939年2号、31頁

*23──雑誌「社会保障」、1939年6号、31頁

*24──同上

*25──雑誌「社会保障」、1938年10号、23頁

*26──雑誌「社会保障」、1938年8-9号、25頁

*27──雑誌「社会保障」、1940年1号、38頁

*28──雑誌「社会保障」、1940年9号、11頁

*29──雑誌「社会保障」、1940年10号、13頁

*30──雑誌「社会保障」、1941年2号、19頁

*31──同上

*32──同上

*33──当該論文については、インターネットで閲覧可能。ベアテ・フィゼラー『貧しい勝者たち──ソ連における大祖国戦争の障害者たち』[http://magazines.russ.ru/nz/2005/2/fi33.html]

*34──ヴァディム・エルリフマン、17-21頁。

*35──この数字は、コヴァレフA.S.,ヤツェンコM.P.,プファネンシュティル（2022）、129頁にて、チェルヌィシェヴァ N.V.「1941-1945年のキーロフ州における大祖国戦争障害者の医療リハビリテーションと社会保障制度」ソーシャルワーク誌の2016年2巻65号を引用したものである。この論文は、ロシアの学術論文ポータルサイトeLibrary.ru[https://www.elibrary.ru/]に掲載されているが、なぜか閲覧不可であった。

*36──ピサレンコI.S.「大祖国戦争期障害者の雇用に関するソ連の法制」[https://cyberleninka.ru/article/n/sovetskoe-zakonodatelstvo-o-trudoustroystve-invalidov-vo-vremya-velikoy-otechestvennoy-voyny]2頁

*37──同上

*38──同上

*39──ハブリエワL.Ch,ソスラノヴァ Z.V.「大祖国戦争期戦争障害者の社会保障に関する国家政策──ウラジカフカスを例に」、「科学的な対話」学術対話3号、2018年、192頁

*40──ConsultantPlus-ロシア連邦の法律[https://www.consultant.ru/cons/cgi/online.cgi?req=doc&base=ESU&n=20032#PbXV2NT4jaPnBXUK1]

［主要参考文献］

• アーヴィッド・ブローダセン（岡部実夫訳）『ソビエトの労働事情：ソビエト社会体制における労働と政府』日刊労働通信社、1968年

• ヴァディム・エルリフマン『20世紀の人口損失：ハンドブック』ロシア・パノラマ社、2004年

• コヴァレフA.S.,ヤツェンコM.P.,プファネンシュティルI.A.「大祖国戦争期クラスノヤルスク地方における障害者診断」、シベリアの社会経済発展問題、2022年2号、128-135頁

• 小崎晃義（2006）「ロシアの年金制度改革」創価大学外国語学科紀要16、95-110頁

• 雑誌「社会保障」、ロシア・ソビエト連邦社会主義共和国社会保障人民委員部発行

• サラ・D フィリップス「ソ連に障害者はいない!」──新しい障害者史の中の失われたソ連の記述[http://www.dsq-sds.org/article/view/936/1111#]（2022年12月4日閲覧）

• 柴田嘉彦『ソ連社会保障発達史 歴史と現状』文化書房博文社、1981年

• ストルイピン記念博物館（ロシア改革史博物館）[http://museumreforms.ru/]（2022年12月4日閲覧）

• 白村直也（2011a）「独ソ戦前夜、ソヴィエト福祉政策をめぐる問題：労働能力審査会の活動によせて」スラヴ文化研究、第10号、98-111頁

• 白村直也（2011b）「近年のロシアにおける障害者政策をめぐる問題点：医療──社会検査のあり方と当事者からの反応を中心に」スラヴィアーナ、第2号、85-100頁

• ハブリエワL.Ch,ソスラノヴァ Z.V.「大祖国戦争期戦争障害者の社会保障に関する国家政策──ウラジカフカズを例に」、「科学的な対話」学術対話3号、2018年、221-232頁

• ピサレンコI.S.「大祖国戦争期障害者の雇用に関するソ連の法制」[https://cyberleninka.ru/article/n/sovetskoe-zakonodatelstvo-o-trudoustroystve-invalidov-vo-vremya-velikoy-otechestvennoy-voyny]（2022年12月4日閲覧）

• ベアテ・フィゼラー『貧しい勝者たち──ソ連における大祖国戦争の障害者たち』、[http://magazines.russ.

ru/nz/2005/2/fi33.html]（2022年12月4日閲覧）
- 歴史資料［http://mse74.ru/aboutus/Istoricheskaya_sprav］（2022年12月4日閲覧）
- ロドリク・ブレースウェート（川上洸訳）『モスクワ攻防1941 戦時下の都市と住民』白水社、2008年
- ConsultantPlus-ロシア連邦の法律［https://www.consultant.ru/］（2022年12月4日閲覧）

［はくむら・なおや］岐阜県生まれ。
東京外国語大学大学院博士後期課程単位取得満
期退学、博士（学術）
東海国立大学機構 岐阜大学准教授。
代表作『世界の社会福祉年鑑』（旬報社、2022年度
版）各国事情「ロシア」を担当。
2012年人間学研究所所員に。現在、研究員。

総合人間学の授業を終えて

松本　孚 [まつもと・まこと]

1947年北海道で生まれ育つ。
2015年、相模女子大学人間社会学科教授を
退職。(＊詳しくは文末へ)

●多様な角度から人間を丸ごと捉える

　2014年春学期も、間もなく夏休みを迎える頃、私にとって相模女子大学では最後となる総合人間学の授業、科目名「総合人間学演習」を無事終了することができた。

　今思えば、初めて総合人間学という授業を開講したのは、1979年の春、聖隷学園浜松衛生短期大学の自主講座としてであった。この短期大学は、今でいう看護師の卵を育てる学校であり、当然看護学を中心とした教育がなされていた。その頃から、近代医学の目的が病気を治すことを第一に考えられていたのに対し、看護学は、全体としての人間を看取りケア(援助)することが目的とされていたようであった。

　そこで、看護学では、病気のこと以上に人間全体を総合的に学ぶことが必要になるはずであるが、当時まだそれに答えるだけの科目が、十分に提供されているとは言えなかった。私にとって、そこが初めての職場であったこともあり、めくら蛇に怖じずというのか、なんと私は教授会の場で「自主講座総合人間学」の開講を提案し、許可されたのであった。

　この科目の主旨として挙げた、「総合人間学は、人間を部分に切断して病気だけを見るのではなく、全体としての人間を総合的に理解し、全体的な援助を目指す」という考えに対し、何人かの教員が賛同の意を表し、この講座

に参加してくれた。そこには、看護学の教員だけでなく、生物学、物理学、心理学、倫理学、哲学などの教員たちも含まれていた。

その後、この講座は、「総合人間学」から「人間学研究」と名称が変わることはあったものの、1979年から1983年までの5年間続いた。この間、参加した教員や受講した学生たちは、集まって話し合いをすることがほとんどで、その場で反省や展望も出し合うことができた。受講した学生たちの感想には、色々な角度から人間を捉える面白さがあったとか、その一方で自分の中ではまだバラバラである等と言った率直な意見もあった。教員たちにも、自主講座「総合人間学」の試みは、ある程度人間を多様な角度から捉えられるようになったのではないかという共通の思いがあったようである。

そして共通の課題としては、その多様な角度を統合して人間を丸ごと全体として把握できるようになるのか、それとも、バラバラのモザイク状の人間像に留まるのかがあった。一方、学生は学年が進んで専門性を深めるに連れて、1年生の時の新鮮で多様な視点が失われていくのか、などの課題が残された。

●「優しい社会」のイメージとは

時は過ぎて2008年、筆者は相模女子大の正規の授業科目である「総合人間学」を担当することになった。この科目では、まず専門分野の複数の教員が講義を行い、受講生たちは、そこから多様な視点を学んだ。更に、その受講生たちが、それらの講義を統合的に捉えやすいように、教員の一人であった筆者は、共通のテキスト「総合人間学入門ノート」を使い、課題として、「各教員の講義を通して、人間や生きとし生けるものにとって優しい社会とは何か、またその社会をつくる担い手として自分は何をしていこうとするのか、を考えてレポートする。」というテーマを提示した。

その結果、学生のレポートにみる「人間や生きとし生けるものにとっての優しい社会」のイメージは、総合の範囲が各々異なっており、かなりばらつきがあった。例えば、個人の心や身体を中心にまとめた優しい社会、人間関係を重視した優しい社会をイメージした学生がいる一方、社会構造の在り方とか自

然や人工的環境を重視した優しい社会などのイメージも描かれていた。また何人かの学生は、個人の心や身体、人間関係、そしてその周りの社会構造や人工物、自然などの環境を包含した多様な視点を総合的にまとめた優しい社会のイメージを描き報告していた。

　そして、2012年から2014年にかけてチャンスが訪れた。2012年に入学したての初々しい学生達の新鮮で多様な視点を持った頭と、2014年に3年生になって専門科目による専門的視点の影響を受けた学生達の頭とを比較するチャンスである。つまり、「総合人間学Ⅰ」という授業を1年の初めに受講した学生達のうち、更に3年生で「人間学演習」を受講した学生について、その提出された28のレポートを通して、「総合性」というものがどう変化したのかを比較する機会に恵まれたのである。その結果は意外なものであった。その結果を述べる前に、1年時と3年時のレポートをどう比較したのかについて触れておこう。

●1年時と3年時の学生が取り組む二つの課題

　1年時の「総合人間学Ⅰ」の授業では、10人の担当教員が、15回の授業を分担してオムニバス形式で講義を行った。筆者も教員の一人として担当し、前述のテキストを参考に、レポートの課題を受講者に示した。課題の内容は、以下の通りである。

　　課題1:本学科の教育目標の一部である「人間および生きとし生けるものにとっての優しい社会」とは何か？これまでの講義やテキスト及びその他の資料を参考にして、できるだけ色々な視点から広く眺めて自分なりに考察して描いてください（テキスト第4章参照）。図で描いた場合は、その説明の文章も書いてください。
　　課題2:課題1で自分なりに描いた社会を創る担い手として、自分はこれからの大学生活を通して何をしていくかを、具体的に記述してください（テキスト第5章参照）。

3年時の「総合人間学演習」の授業では、15回の授業を筆者が一人で担当した。まず受講した各学生たちに、「総合人間学Ⅰ」で提出したレポートを返却し、それをこの授業の中で参考にしてもらうことを伝えた。そして「総合人間学Ⅰ」の課題1にあった「人間および生きとし生けるものにとっての優しい社会とは何か?」について、この授業では、テキストとグループワークを中心にディスカッションを通して進めていくことを伝えた。授業の大まかなプロセスは以下の通りであった。

①まず教員が、テキストの各単元のテーマである、心、身体、自己、対人関係、家族、サークル、クラス、組織、コミュニティ、社会、文化、人工物、人為的自然、自然環境、スピリチュアリティなどを、12回の授業に分け、順に簡単に講義した。分けられた各小グループは、各回のテーマ（例えば「対人関係」）の現状と問題点及びその対策についてディスカッションし、そのまとめを、クラスで発表し、クラス全体で討論を行った。このように、毎回、講義とグループディスカッション、クラス発表、クラス討論を繰り返し、最後の単元まで一通り進んだところで、次のセッションに入った。

②各受講生は、再び最初の課題であった「人間および生きとし生けるものにとっての優しい社会とは何か?」というテーマに戻って、テキストと「総合人間学Ⅰ」での自分のレポートを参考にして、今までやったことを統合し、各自の全体的イメージを全体像としてA4の白紙に描き、その説明を加えた。

③次に、各受講生は、自分のグループに戻り、グループの中で、各人の描いた全体像とその説明を報告し合った。各グループ内でお互いの意見をよく聞き質疑応答した後で、各グループは、模造紙にグループで一つの全体像を描き説明も加えた。

④各グループは、その模造紙に書いた全体像をクラスに持ち寄りポスターセッション方式で、クラス全体で発表し合い、質疑応答とディスカッショ

ンを行った。

⑤最後に、レポートとして、各受講生は、「総合人間学演習」で創り上げた全体像とその説明及び「総合人間学Ⅰ」で提出したことのあるレポートの両方を提出した。また各グループは、自分たちで模造紙に描いた全体像とその説明文を提出した。

以上のプロセスを通して、最終的に受講生たちは、課題1と2のレポート、各個人の全体像とその説明、各グループの全体像とその説明の3種類のレポートを提出した。

●28のレポートを分析する

次に、集められた28のレポートに、ケースナンバー1から28までの番号を振り、各々の1年時と3年時のレポート内容を読み取り、「総合」的かどうかの内容を、次の五つの項目に分け、その各記述をチェックし分析した。

①課題解決に向け、どのくらい多様な視点、角度、側面、レベル、実例などを用いているか（以下「多様化」と略す）。

②課題遂行のために用いた多様な視点、角度、側面、レベル、実例などを、どのくらい整理や分類しているか（以下「秩序化」と略す）。

③上述の多様な各視点、角度、側面、レベル、実例などの一方向的あるいは相互的関連を、どのくらい記述しているか（以下「関連化」と略す）。

④同様に、それらの関連する多様な要素間の関係を、どのくらい論理的に説明しているか（以下「論理化」と略す）。

⑤多様な視点、角度、側面、レベル、実例などを全体的に統合するような志向性を持った言葉や文章が、レポートの中に記されているか（以下「統一化」と略す）。

以上、調べ方を要約すれば、多様な視点、角度、側面、レベル、実例

等（以下視点等と略す）の「多様化」、「秩序化」、「関連化」、「論理化」、「統一化」の各項目について、28人中、1年時では何人がどんな内容を、3年時では何人がどんな内容を書いているのかをそれぞれ比較したのである。

　さて、お待ちかねの結果はと言うと、数で言えば驚いたことに28人全員が1年時よりも3年時の方が多様な視点等を書いていたのである。しかも、この多様な視点等をバラバラに記録するのではなく、秩序づけたり、関連づけたり、論理的に説明したり、統一的な言葉で表したりすることについても、やはり3年時のほうが1年時に勝るとも劣らなかったのである。ただ興味深いことに、1年時の論理的説明に上乗せする形で論理的説明を組み合わせている3年時の学生は28人中6人しかいなかった。

　これらの意外な結果は、数の上から見た大雑把なものであったが、次に、1年時から3年時へのもう少し詳細な質的変容について、比較的よく記録されていたレポートを選んで紹介していきたい。

●事例にみる総合的傾向の変容について

［ケース3の場合］

　これまで述べてきたように、「総合人間学」の受講生は、1年時においても3年時においても、同じ課題である「人間および生きとし生けるものにとっての優しい社会とは何か」という共通の問いに向かって色々な側面からアプローチをしている。このケースにおいても、課題解決に向け、良い側面や悪い側面を含む様々な項目や事実などを挙げながらアプローチをしている。

❶多様化について

　このケースの場合は、1年時に総合人間学の授業を受講した時のレポートにおいて、各教員のオムニバス形式の講義を、既に、人間の多様な側面として捉えようとしている。例えば、この受講者は、最初の講義を聞いて、人間の本質は「心」であると捉えた。そして次の講義からは「心」と「身体」の繋がりを学び、3番目の授業では、「心」が示す「行動」、更に、4番目と5番目の

講義では、その人と人を繋いでいる対人関係とそれに伴うストレス、「心」や「身体」の病、そして、それに対する心のケアとカウンセリング及び癒しの場を挙げている。6番目の授業では、自他の調和的「つながり」の輪を結んでいく文化と社会習慣としての「贈りもの」について記述している。

しかし、このケースのように、多くの学生が、オムニバス形式の各教員の授業を、人間の多様な視点等として捉えているわけではない。

では、このケースにおいて、3年時のレポートではどうなっているであろうか。1年時のレポートが、人間に限った多様な視点等だったのに対し、3年時のレポートは、人間だけでなく動物、地球、宇宙、霊魂、神と更に幅広い多様な視点等を含んでいた。つまり、この受講者は、生きとし生けるものにとっての優しい社会を目指すという課題において、明らかに1年時よりも3年時の方が、より多様な視点等を持ってアプローチしていたということができよう。

❷ 秩序化及び関連化について

上述のように、このケースは、1年時において人間を多様な視点から捉えているだけにとどまらず、それらの視点等をバラバラに無秩序に記述するのではなく、整理し秩序づけ且つ関連づけて記述している。

例えば、人間の本質を「心」と捉え、その「心」と「身体」との相互関係について述べ、次に「心」が示す「行動」について述べ、人間に共通する「行動」が、人と人とを繋げる鍵になっている側面と関連づけている。更に、その人と人を結びつける「行動」がストレスの増加によって喪失すること、その喪失が「心」と「身体」の病に繋がることも述べている。それへの対応策として、人の「心」をケアするカウンセリングや癒し空間があること、また、自他の調和的「つながり」の輪を広げていく社会習慣や文化としての「贈りもの」があることを関連づけて記述している。

しかし、このケースのように、多くの受講生が1年時において、多様な各視点同士をつないでその関連を記述しているわけではない。

では、このケースの3年時における秩序化と関連化は、どのように展開さ

れているであろうか。3年時においては、多様化のところでも述べたように、「人間」
という項目のほかに、「動物」、「地球」、「宇宙」、「霊魂」や「神」といった大
項目を加え、まず全体で五つの大項目に整理し分類している。更に、この受
講者は、それらが共に支え合う関係であることを前提としている。しかも、こ
れらの大項目の各々について、更に細かいサブ項目による分類がなされている。

　例えば、大項目の一つである「人間」については、色々な下位項目を使って、
次のように述べている。「人間」は、知能や感情が優れているにもかかわらず、「ス
トレス」によって「心的外傷」を受けたり、「自殺」したり、「犯罪」を増加させた
りしてしまう。このストレスなどによる「人間関係」の「崩壊」は、「コミュニケーショ
ンをなくし」、結果として「無縁死」などに至ることもある。また社会的には、「人
間」は、「人口増加」からくる「土地争い」や、「格差社会」などから「権力争い」
を生み、更には、「戦争」に至れば、それによって「難民」を作り出すこともある。
このように「人間」という大項目を中心に、それぞれの下位項目を関連づけて
記述している。

　もう一つの大項目である「動物」については、その下位項目として「食物連鎖」
と「絶滅危惧種」についての記述がある。例えば、「動物」達は、「食物連鎖」
の中で生きてきており、そこで増加していく動物がある一方で、「絶滅危惧種」
となっている動物もあるという問題を、関連づけて記述している。同様に、三
つ目の大項目である「地球」についてはどうであろうか。この「地球」という大
項目は、同じレベルの大項目である「人間」や「動物」を生かしている関係で
あり、同時に下位項目とされている「豊かな自然」、「土壌」、「空気」、「水」、「植
物」、「世界」、「民族」などを共に生かしている存在であることが、記述されて
いる。またその一方で、「地球」は、その下位項目である「自然災害」としての「地
震、洪水」、「大気汚染」と、それらによる「病気発症」をもたらし、生き物が
住めない環境を作ってしまうことと関連しているとも記述されている。

　四つ目の大項目である「宇宙」は、下位項目として、まだ「未知なるもの」
とか「宇宙人」を含んでいる。また物理的にみると、「宇宙」は、「月や太陽の
光や熱」で、われわれの住んでいる「地球」を支えてくれており、時には隕石

やブラックホールなどで、われわれを脅かす存在でもある、と記述されている。

　五つ目の大項目である「霊魂」と「神」は、まず共に抽象的な存在である、と記述されている。「霊魂」の下位項目としては、「霊性（スピリチュアリティ）」が挙げられており、その関連で「オーラ」や「癒し」などの下位項目が挙げられている。その他の下位項目としては、「霊障」があり、「あの世」との関連で「輪廻転生」の記述がある。同様に、「神」の下位項目としては、「宗教」、「悟り」、「超能力」が挙げられており、その「超能力」との関連で「病気の治療」などが挙げられている。また「霊魂」や「神」は、理性的な人には信じられていない面もあるが、一方で逆に過剰に信じられていたり、あるいは「宗教」の押し付けに使われたりする場合もある、と記述されている。従って、こうした宗教概念の押し付けに対しては、恐怖心を抱く者もあるだろう、とも述べている。

　このケースの秩序化と関連化について要約すれば、1年時も3年時も共に多様な視点等を整理分類し、更にそれらの項目間を関連づけていたことになる。ただ前述したように、1年時よりも3年時の方が、多様な大項目を用いて整理分類し関連づけており、1年時の項目は、その多様な大項目の一つに位置づけられていた、と考えられる。

❸論理化について

　次に、上述の各項目間を、どこまで論理的に説明しているか、いわゆる論理化しているか、について見ていくことにする。つまり、項目間の全ての関係を漏れなく論理的に説明しつくしてはいなくても、部分的でも項目間の関係を論理的に説明しようとしている傾向がどの位あるかを見ていくことになる。

　このケースでは、1年時において既に、「人間」の多様な側面である「心」、「身体」、「行動」、「ストレス」、「カウンセリング」、「贈りもの」の各下位項目間の関連を次のように説明している。つまり、「人間」の「心」と「身体」が作り出す「行動」は、人間一般に共通する面があり、従って人と人を繋げる対人関係の鍵でもある。しかし、その対人関係は、「ストレス」を作り出すもとにもなり、この「ストレス」が増加すると、「人間」は「心」や「身体」を病むことにもなる。

こうした「ストレス」や病気に対するケアとして、「カウンセリング」や癒しの場がある。そして、普段から他人と調和することを心掛け、互いの繋がりの輪を広く結んでいく姿勢、社会習慣、文化の例として「贈りもの」がある。

　これらの「人間」に関する項目間の説明に基づき、この受講者は、課題である「人間および生きとし生けるものにとっての優しい社会」を実現するためには、「ストレス」を解消させるためのカウンセラーを増やすこと、文化や社会習慣だけでなく法律も見直すこと、それぞれの社会に生きるものが互いに思いやる「心」を持つことが重要である、という結論に達している。

　一方3年時においては、関連化のところで述べたように、「人間」、「動物」、「地球」、「宇宙」、「霊魂」、「神」の各大項目には、それぞれ長所だけでなく問題点も挙げられていた。しかも、その問題点の原因の多くは、「人間」によるものである、とこの受講者は述べている。「人間」の良いところも悪いところも、各項目の存在に影響を与えており、反対に、「人間」以外の項目の存在も、少なからず「人間」に影響を与えている、と言うのである。つまり、この受講者は、人間および生きとし生けるもの全ては、切っても切れない「共同体」であり、「人間」が生きていく上で最も大切な存在である、と記述している。

　従って、人間および生きとし生けるものが幸せになるためには、「人間」が「欲望」を捨て、全てを尊重しながら共存できる世の中を造るべきだと述べており、そのためには、互いが互いの良いところや悪いところに気づき、共に支え合っていけることが望ましいのではないか、とも記述している。ただ、各大項目について、「人間」のどの「欲望」がどんな問題を生み出しているかについては、具体的な記述がない。例えば、「宇宙」の隕石やブラックホールが人間を脅かすという問題が、人間の欲望と関係があるのか否か、また関係があるとして、どのように関係しているのか。更に、お互いの気づきや支え合いが、どのように問題解決につながるのか、等については論じられていない。

　1年時と3年時の比較を要約すれば、まず共通点としては、課題に対するアプローチが、共に「互いに思い合ったり、支え合ったりする」という方法を中心においている点であろう。一方、相違点としては、1年時においては、

人間の文化、社会、習慣、法律の見直し、カウンセラーの増加といった細かな具体策が挙げられていたのに対し、3年時においては、そこまでの具体策は言及されていなかった。つまり、3年時においては、大項目による視点が増加した分、大項目間や各大項目内の下位項目間関係が、1年時の具体的且つ論理的な説明を取り込んだ上で、更に上乗せする形で論理的に繋げて説明する所までは至っていなかったとも言えよう。

❹ 統一化について

　では次に、このケースにおける「統一化」の傾向はどうであろうか。すなわち、多様な視点等を全体的に統合する志向性を持った言葉や文章が、記されているかどうかである。このケースの場合、まとまりの良さとしての統合だけを見れば、1年時のレポートの方が、3年時のレポートよりも具体的で良くまとまっている。例えば、それは、繰り返しになるが、1年時においては、「人間および生きとし生けるものにとっての優しい社会」という目標に向かって、「人間関係によって生じるストレスが心や身体の病を作りだしている」という現状分析を踏まえ、カウンセラーの増加、法律、文化、社会習慣の見直しといった対応策が、打ち出されている。

　この1年時のまとまりの良さは、「人間」という単一の大項目内の下位項目（例えば、「心」、「身体」、「ストレス」、「文化」等）間の繋がり方を論理的に説明していることによるのではないか。すなわち、これは、焦点を「人間」という大項目に絞ったことでまとまりやすくなったのではないかとも考えられる。しかし、多様な大項目による視点等を全体的に統合する志向性を持ったキーワードやキーセンテンスは、1年時において見いだすことができなかった。

　これに対し3年時では、これまで述べてきたように「人間」以外の大項目（「動物」、「地球」等）による多様な視点が登場しており、しかも、この一見バラバラな大項目どうしを繋げようとする志向性がある。例えば、「人間および生きとし生けるものにとっての優しい社会」とは、「人間」、「動物」、「地球」、「宇宙」、「霊魂」、「神」等のあらゆるものが一体となり共に支え合っていける幸せな

世の中である、という文章にうかがうことができる。また、そのためには、「人間が欲望を捨て、全てのものを尊重し、互いの良いところも悪いところも気付いた上で支え合うことが重要である。」という文章の中にも見出すことができる。

　この受講者は、その理由として、人間の良いところも悪いところも、全ての存在に影響を及ぼしているからである、とも述べている。更に、人間および生きとし生けるもの全ては、人間が生きていく上で最も大切な存在であり、切っても切り離せない「共同体」という言葉（キーワード）までも使って、統一的に捉えようとしている。このように、3年時においては、1年時に比べ各項目間の相互関係について具体的説明が不十分な点は否めないとはいえ、少なくとも、多様な視点を何とか統合し、短い言葉や文章で表現しようとする統一化志向はあったといって良いであろう。

［ケース11の場合］

　このケースの場合、1年時のレポートは、一つの視点と、その具体例だけで構成されていた。これに対し3年時では、複数の項目や視点等とその関係で構成されていた。しかも、3年時の視点等の多様性、秩序性、関連性は、どれにおいても、1年時の視点等を包みこんでいるように読むことができた。具体的に例を挙げて説明しよう。

❺多様化について

　例えば、課題達成に向けた1年時の唯一の視点は、「他人を思いやる気持ちを持ち、困っている人がいたら助ける」という文章である。その具体例として「重い荷物を持った年寄りを手伝う」、「迷子には、一緒にいてあげ、迷子センターに連れていく」という2例だけが挙げられていた。これに対し3年時では、例えば、課題達成に向け、「対人関係を円滑にした社会」という大項目を中心にして、「近所」、「学校」、「会社」、「国際問題」、「異文化交流」、「戦争」、「環境問題」、「動物との関係」と多様な項目や視点等が記述されている。

　そこで、1年時の「他人を思いやる気持ちを持ち、困っている人がいたら助

ける」という視点が、3年時の「対人関係を円滑にした社会」や「みんな仲良し」などの項目に包摂されると考えるならば、ケース3同様、このケースもまた1年時よりも3年時の方が、明らかにより多様な視点から課題解決に向けアプローチしていたということができよう。

❻秩序化と関連化について

　同様に、秩序化と関連化についても、1年時の一視点に二つの具体例というシンプルな構造（秩序）に対し、3年時では、「みんな仲良し」という大項目を中心にして、「近所とのコミュニケーションの活性化」が、下位項目として位置づけられ、関連づけられていた。更にその下位項目として「防災対策」、「犯罪削減」、「孤独死の削減」などが、位置づけられ且つ関連づけられていた。また、「みんな仲良し」を「いじめのない社会」と捉え、「学校でのいじめ」、「モンスターペアレント」、「家族のなかのDV」、「会社での上下関係」などを関連づけ且つ「いじめのない社会」の中に位置づけてもいた。

　更に、この「みんな仲良し」という大項目は、大集団を対象とした分類枠として「異文化交流」、「国際問題の改善」、「戦争の撤廃」などの下位項目を位置付けていた。また「みんな」の概念を更に広げ、人間以外のものとの関係も含め、「動物とも仲良し」、「保健所での犬猫の殺処分防止」、「森林破壊の防止」、「環境問題の対策」までもが、下位項目として位置付けられ且つ関連づけられていた。

　従って、これらの例からもわかるように、1年時よりも3年時の方が、より多様な分類項目をより複雑な整理の仕方で秩序づけ且つ関連づけようとしていたと考えられる。

　しかし、このより多様な分類項目間において、どちらが大項目でどちらが下位項目か、その区別が明確に記述されてない箇所があった。また、同じ大項目の中に含まれる下位項目どうしの関連、例えば「学校でのいじめ」と「モンスターペアレント」との関連が、明確に記述されていない場合があった。これは、次に述べる論理的説明（論理化）の問題にもつながってくる。

❼論理化について

　このケースの場合、1年時の唯一の論理的説明は、「生きとし生けるものにとっての優しい社会」を実現するためには、「他人を思いやる心を持って困っている人を助ける」という対応法を掲げ、その具体策としては、「重い荷物を持った年寄りがいたら助ける」とか「迷子には一緒にいてあげ迷子センターに連れていく」といった行動を実践する、というものである。これに対し3年時では、1年時での単純な論理を包摂したより複雑な論理展開が記述されている。

　例えば、3年時では、「対人関係を円滑にすること」や「対人関係の改善」といった1年時よりも広いキーセンテンスでもある大項目を中心に、論理展開が始められている。まず、このセンテンスの中にある「対人関係」というキーワードに注目し、その対人関係がもたらす問題点が、具体的に挙げられている。それらは、例えば、「セクハラ」、「パワハラ」、「モンスターペアレント」、「いじめ」、「嫌がらせ」などである。

　そして、次に、これらの諸問題を減少させるための対策が、二つに分けて挙げられている。一つ目は、学習会の実施や、授業の中で些細な言動でも人の心身を傷つける場合があることを伝えていくことである。二つ目は、それぞれ自分に合ったストレス発散の方法を見つけ出すことである。この二つの対策が、対人関係の問題を減らし、世界を良い方向に変化させることを可能にするとも述べている。

　更に、良い方向に変化させる具体的な対象として、近所、学校、社会のコミュニケーションの活性化、防火対策、孤独死の削減、日本以外の国々の人ともコミュニケーションをとることによる異文化交流の活性化、等が挙げられている。こうした交流は、戦争の撤廃や国際環境問題の改善につながるとも述べている。また環境の概念をさらに広げるならば、動物への思いやり、保健所での犬猫殺処分の撤廃、絶滅危惧種の保護なども対象になるとも述べている。

　しかし、対人関係を改善しコミュニケーションを円滑にすることが、国際的環境問題をどう改善していくのか、その具体的プロセスまでは、詳しい論理的記述がなかった。同様に、「対人関係改善」の鍵となる二つの対策、「人を傷

つける言動への気づき」と「自分に合った対人ストレス発散法」だけで、戦争撤廃や国際環境問題改善、絶滅危惧種の保護にまで影響を及ぼすことができるのか、その具体的プロセスの詳しい論理展開は記述されていなかった。

❽「統一化」について

前述したように、このケース11では、1年時においては、一つの具体的視点を述べるだけであり、多様な視点等を全体的に統合するような傾向は見られない。しかし、3年時においては、1年時とは比べものにならない多様な視点等が記述されている。しかも、これらの多様な視点や項目を、「対人関係の改善」という単純なキーワードで、全て解決しようと考えているようなのである。すなわち、具体的には、この受講者によって、次のようにまとめられている。

対人関係の問題を減らしていけば、人との関係が円滑になり、そうすると、学校や社会だけでなく近所とのコミュニケーションも活性化され、防犯対策や孤独死の削減に繋がる。また、対日本人だけでなく、他の国籍の方ともコミュニケーションをとることで異文化交流が行われ、戦争撤廃や環境問題などの国際的問題の改善にも繋がる。そして環境問題のことを考えると、人と人との繋がりだけでなく、生きとし生けるものとして、動物のことも思いやることに繋がり、環境問題の対策はもちろん、保健所での犬猫殺処分撤廃や絶滅危惧種の保護にも役立てることができる。このように、「対人関係」を改善するだけで、世界は良い方向へどんどん変化していくことが可能であろう。

これらの記述からわかるように、このケースは、「対人関係の改善」というキーワードが、最もミクロな集団である対人関係からマクロな集団や環境までの多様なレベルに影響を及ぼしていくというプロセスの捉え方をしている点で、特徴的である。このように、一つのキーワードで全体を統合しようとする志向性を見ることができる。その意味では、このケース11もまた、前述のケース3と同様、少なくとも、多様な視点等を全体的に統合しようとする統一化の傾向を持っていたと言えよう。

さて、ケース3と11という二つのケースについて、1年時と3年時のレポートの総合性の質的変化を少し詳しく紹介してきた。その結果、やはり28人全体の傾向同様、両ケースとも1年時よりも3年時の方が多様な視点等を用いて課題を解決していこうとしていた。しかも、両ケースとも3年時の方が1年時より多くの視点等の項目を分類し秩序づけ、更に関連づけてもいた。そして全体を統一する言葉として、例えば、ケース3では「共同体」、ケース11では「対人関係の改善」というキーワードを使ってまとめようとしていた。ただ「論理化」については微妙だった。もちろん両ケースとも、1年時も3年時も論理的説明はしている。しかし、1年時の論理を3年時の論理的説明が明確に包んでいるかというと、そうも言い切れなかった。

　ではなぜこのような結果になってしまったのか。最初の心配を他所に3年時の方がより多様な視点等を用い、それらを秩序づけ、関連づけ、統一化できたのはなぜか。それは、3年時に意外と選択科目の種類や数が多かったのもさることながら、やはり「全体像」を描くため、諸項目を分類したり、線で繋いだり、「全体像」を敷衍的に眺めたりしたのが大きかったと思われる。

　ところが「論理化」の場合は、「統一化」のように全体を直感的にイメージするのではなく、過去に自分が作った論理を現在の自分の論理に組み込み、ちゃんと辻褄を合わせなければならない。これは、ひょっとすると人間にとって、かなり厄介で難しい作業なのではないか。だから自分の思想や政治的立場を転向した場合も、その前後の論理を矛盾なく繋げて説明するのがうまくできにくいのではないだろうか。ひょっとすると将来このような作業は、AIのほうが得意になるのかもしれない。

　さて、色々課題を残しながらも、私の「総合人間学」は、始まったばかりである。

[**まつもと・まこと**]1947年北海道で生まれ育つ。
大学で人間行動学、大学院で看護学、精神衛生学
を学ぶ。2015年、相模女子大学人間社会学科教授
を退職する。
著書に『総合人間学入門ノート―私、社会、世界、
幸せ発見へのアプローチ』(薫風社2008)等がある。
2016年から人間学研究所理事。

小原人間学の陰の立役者
佐竹幸一さん

野本雅央［のもと・まさお］

1962年、東京都生まれ。
編集者、人間学研究所研究員。

　人間学研究所専務理事・事務局長の佐竹幸一さんから、本書への投稿[*注01]のお誘いをいただいた。名前だけの幽霊所員で久しく顔を出していない私などが投稿して良いものかと悩んだが、［人間学研究会（第二次以降）］や人間学研究所、総合人間学研究会そして総合人間学会設立の頃まで、事務局長の佐竹さんを支える事務局メンバーとして微力でしたが関わらせていただいたご縁もあり、当時の記録を残す意味もあると思ったので寄稿させていただくことにした。昔の記憶を引っ張り出し、手元に残る資料とできるだけ照らし合わせた。

●人を魅了する「人間学」

　「人間学」は、いつの時代の人にとっても、とても魅力的な言葉のようだ。インターネットで「人間学」を検索すると「約130,000,000件」（2023年1月15日）と表示される。いまの日本の人口（約124,000,000人）より多い。本当にそれだけあるのかを確かめたわけではないが容易に調べられる数ではない。

　「人間学」が発する問いかけは「人間とは何か」ということに集約される。その探究は実に魅力的で、老若問わず多くの人を惹きつける。大学を出てすぐに［人間学研究会］に関わった私も、惹きつけられた一人だった。

　その当時（1985年）も今も、「人間学」という言葉が人を惹きつけることは変

わっていない。私が在学していた和光大学の人間関係学科は、「人間とは何か」を研究テーマの主軸に置いていた。他の大学でも、同様の学科がいくつかあり、○○の人間学というものが巷に溢れていたが、人間学の範囲があまりにも広く、体系化された学問とは、言い難いものであった。

● ［総合人間学会］の源流にある［人間学研究会］と佐竹さん

　いまでは「人間学」を研究する学会として、［総合人間学会］がある。インターネットで総合人間学会のホームページ（2023年1月15日閲覧）を開くと、冒頭に「総合人間学会は、『人間とは何か──そんな根本の問いに学際的研究で答えを出す』ため、人間の総合的研究を進め、その成果の普及をはかることを目的として、憲法学の小林直樹らにより2006年に結成された学会（前身は2002年結成［総合人間学研究会］）」と記述されている。また、ネット上のフリー百科事典「ウィキペディア（Wikipedia）」（2023年1月15日）で［総合人間学会］を検索すると、総合人間学会のホームページと同内容の文章が掲載されている。

　この記述内容に誤りがあるとは思わないが、［総合人間学研究会］以前についての記述が無く、そこに至るまでの［人間学研究会］についてまったく触れられていないのが気になった。この記述だと、小林先生が人間学の研究をされてきた結果、［総合人間学会］ができたようにも読み取れる。

　私が気になったのは、［総合人間学研究会］に至るまでの［人間学研究会］の長い歴史を知っていたからだ。

　［人間学研究会（第一次）］は、1965年に小原秀雄先生の人間学（以下「小原人間学」）を中心テーマに据えてスタートした。途中2度ほど活動を休止しながら、後述のように、人間学研究所や総合人間学会の設立につながっていった。

　この［人間学研究会］が小林先生の人間学研究のグループと合流したのは、2002年11月30日に行った「総合人間学シンポジウム（総合人間学研究会設立総会）」の準備会からであり、同年5月以降のことであった。

　この［総合人間学研究会］を土台にして、2006年5月に［総合人間学会］の設立総会を開き、今日に至っている。小林先生の周囲の方々から見れば、

［人間学研究会］のグループが合流したとも言える。

　小林先生のグループとの合流が［総合人間学会］の設立に向けて弾みをつけたのは間違いないが、そこに至るまでには、長年にわたり人間学の研究を続けてきた小原先生、岩城正夫先生[注04]、柴田義松先生[注05]のご尽力と、在野の研究者として［人間学研究会］の活動を支え続けてきた佐竹さんの不動の信念と努力、人間学にかける情熱があった。佐竹さんは、自身の研究だけではなく、長年にわたり私財を投じて小原人間学の研究活動の場を提供し、財政的にも支えてきた。その存在無くして［人間学研究会］はあり得なかったし、今日のような総合人間学会の設立は難しかったに違いないと思っている。こうした理由から、佐竹さんを小原人間学の陰の立役者だと思っている。

　なお、いまの佐竹さんは［総合人間学会］からは離れているが、1965年以降半世紀以上も人間学の研究を続けていて、［人間学研究所］の専務理事の傍ら［実用的人間学研究会］の会長として活動している。

　私は［人間学研究会（第二次）］が始まる少し前から［総合人間学会］の設立の頃まで、微力ながら事務局員として関わらせていただいたので、その記録を多少なりとも残すために、記憶の糸をたどった。私がこのような記録を残すのはおこがましいとも感じるが、38年の月日を経て、記憶も記録も失われつつあるので、この機会にと考えたもので、ご容赦いただきたい。

●［人間学研究会（第二次）］の設立を促した岩城正夫先生

　私が［人間学研究会（第二次）］に関わるようになったのは、大学4年時の終わり頃で、在学していた和光大学の恩師である岩城先生から、「小原先生と［人間学研究会］を始めるから、君も事務局員として手伝ってくれないか」と声をかけていただいたのがきっかけだった。

　当時、岩城先生は、「人間どう視るかシリーズ」という、小原先生との対談をまとめた次の2冊を出していた。この対談のきっかけについては、『人間どう視るか①人間学入門』[注06]のはしがきに記されている。要約すると次のようになる。

　岩城先生が女子栄養大学の教員となって「人間学研究室」で小原先生と

机を並べた際に、その人間学的発想のすばらしさに学んだが、それがどれほどすばらしいかは、一般には知られていなかった。その理由は、小原先生が人間学に関する著書を出していなかったからだった。

その後、岩城先生は職場を移り、和光大学の人間関係学科という人間を研究対象とする学科に配属されたことで、人間学への関心がますます高まったが、小原先生が人間学に関する著書を出す気配が感じられなかったことから、人間学的発想についてじっくり語ってもらい、それを本にすることを思いついた、と記している。この「人間学的発想」が小原人間学である。

この小原人間学の中核にあるものが何かを明示したのが、上記対談集の続編『人間どう視るか②自己家畜化論*注07』であった。その「はじめに」で岩城先生は次のように述べている。少し長いが、私が［人間学研究会］に惹かれた理由でもあるので引用する。

　　1969〜70年のいわゆる「大学紛争」以来、若者たちは、科学・技術をその根本から問い直す動きを示してきた。あるものはAT運動へ、またある者は近代科学の全面否定から中世への回帰を、中には原始時代への回帰をすら叫ぶものも現れた。だが、他方、そうした若者たちの疑問をまったく無視し、近現代のテクノロジー全面肯定の上に居直り、それを強引に推進すべきだとする勢力も依然として存在し続けている。
　　思うに、若者たちの反科学・反技術の運動は、どちらかというと心情的傾向が強く、人類の将来への展望に説得力がなかったり、かならずしも明確でなかったりすることがしばしばである。（中略）
　　しかし、このシリーズのために2年半前から小原氏と討論をすすめる中で、小原氏の思想の中に未来への展望を暗示する何ものかを嗅ぎわけることができた。そこで私はそこに焦点をあてて小原氏に食いさがった。度重なる討論の中で、しだいにそれが何であるのか私にも見えてきたように思う。それが小原氏の自己家畜化論である。それがわかったとき私は少なからず興奮した。

とはいえ、小原氏の自己家畜化論は、まだほとんど骨格が示されただけであり、今後の豊富な肉づけが期待されるところの新しい発想なのだと思う。そうした肉づけ作業に私もなんとかお手伝いをしたい。

　岩城先生が［人間学研究会］をスタートさせた動機が、この2冊の本に記されていた。そして、研究のキーワードが人間の「自己家畜化」であることも明確に示されていた。

　この「はじめに」を読んで、当時、水俣病や土呂久鉱毒事件、原子力発電などの社会問題を科学技術や社会の発展の側面から調べていた私は、岩城先生の若者たちの反科学・反技術の運動に対する分析に、身につまされる思いがしたのと同時に、この「未来への展望を暗示する何ものか」に強い興味を持ち、私もお手伝いしたくなり、事務局員になることを快諾した。

　また、［人間学研究会］がスタートした後、岩城先生が［人間学研究会］についてどのように考えていたのかが、『人間どう視るか③自然「知」の探究人間科学から人間学へ^{※注08}』のはしがきから窺えるので引用する。

　　この本の対談での私の一番の印象は、今まさに新しい学問が誕生しつつあるのだという実感を覚えたことであった。

　ここでいう新しい学問とは［人間学］のことで、「未完成の学問」だが「基本的な方向が得られた段階には達している」ので、「その立場から研究を深め、広げるための研究組織である［人間学研究会］も、この五月に発足した」とし、共同研究への参加を呼びかけている。

　この対談は1981年の春に始まり、［人間学研究会（第二次）］は1985年の5月に始まっていた。岩城先生が対談を通して小原先生の思考の中で成長を続けていた小原人間学を引っ張り出し、研究対象としていける見通しを持ったので、共同研究を呼びかけたということになる。

　この3冊の対談集から、小原人間学の中核が自己家畜化論であり、それ

を「日常的思想としての人間学——日常生活の原理や基準を示す思想として」*注09
普及させていくことを［人間学研究会（第2次）］の初期から考えていたことがわ
かる。この対談には続きがあり、柴田先生がレギュラーメンバーに加わり、さ
らに文芸学者の西郷武彦先生、女子栄養大学学長の香川綾先生をゲストに
迎え、続けられた。*注10「人間どう視るかシリーズ」と一連の著作であり、［人間学
研究会］の呼びかけ人となった著者たちの考えの細部が伝わってくる。

●［人間学研究会（第二次）］の準備と佐竹さんとの出会い

　［人間学研究会（第一次）］は、1965年11月に佐竹さんの自宅を会場にして
小原秀雄会長、佐竹幸一事務局長の体制でスタートし、1967年まで続いた。
佐竹さんと小原先生の出会いは、『動物版・人間の条件』*注11や『21世紀の人
類』*注12などの著作を出していた小原先生に、佐竹さんが一通の手紙を出した
ことから始まったという。この研究活動の流れが1970年の女子栄養大学の
人間学研究室となり、［人間学研究会（第二次）］になっていった。このことは、
第二次の「人間学研究会設立の宣言」*注13にも記されている。なお、佐竹さん
自身は、1963年12月に関東生物科学生懇談会に人間学分科会を作り、研
究活動を始めていた。

　私が佐竹さんに初めて会ったのは、［人間学研究会（第二次）］が始まる前
の1985年3月15日であった。岩城先生に連れられて、学士会館を訪れた。
そこには、小原先生や柴田先生とともに佐竹さんもいて、5人で［人間学研
究会（第二次）］の打ち合わせを行った。

　この時、岩城先生が「人間学研究会について」「人間学研究会の運営に
関して」「会の運営について」などの文書を用意され、その内容を確認しながら、
研究会の中心を小原人間学の理解とその普及に置くこととし、手始めに小原
人間学への理解を深めるために、小原先生の新刊『人〔ヒト〕に成る』*注14の学習
会をしていくことを確認した。翌月の打ち合わせでは「人間学研究会設立の
宣言」が用意された。この中に、［人間学研究会］の経緯と目指すものが格
調高く示されているので、全文を掲載する。

［人間学研究会設立の宣言］

　現代を視る人間にとって、世紀末ともいうべき諸々の事態が、新たな質的変化を加えつつ、進行していることは自明であろう。意識されるか否かは別として、それは人間にまたさまざまな作用を及ぼしていることであろう。そのような歴史的な人間の営みの一つとして、人間を見究めようとする動きが生じた。それが人間学研究会の誕生の契機、あるいは歴史（人類史）における意味というものかもしれない。

　1963年に学生を主体とした研究会の流れが、70年に入って女子栄養大学の人間学研究室と成り、85年に至って社会的な場への研究会の産声となった。思えば、既に四分の一世紀を超えた知的発酵があった。それ故に、はかない短期的な時流に乗ったものではない。この発展もその時点に立ってみれば、「自然な」ものであった。この「自然な」と「自己」といった特徴は、目指す人間学の一つの基礎的概念が関わっている。

　現代の危機も、その現実の全てもが、人間が創り出したものである。人間は、物質財貨を生産しつつ社会を構成して、人間の世界を、その歴史を歩んで自己自身をも創ってきた。人間学でいうところの人間は、このような自己発展する「人間」である。

　「人間」のありかたとは、それ故に、学問や観念、思想などの精神活動、そして芸術を含み、創り出した社会、社会化し人間化した自然と、その歴史をも含めた全体的な人間の世界のことである。したがって人間学は、境界領域といったものではない。生活と生命はもちろん、宗教や幻想をも視野に収め、かつその全てに位置を定め問い直すことである。人間学は、そのディテールにおいて、全ての学問成果と絶えることなき相互関係を保ちつつ、また人間学の実践である教育や生活による成果との絶えざる相互作用によって不断に成長する。人間学は開かれた、しかしながら不可知なのではない、学問の体系である。また、実践の成果を通して誰もが参加できる民衆的アカデミズムでもある。

　人間学の基本的な概括的性質と、その研究方法とが我々なりに明らかになっ

たので、研究会の設立を宣言する。ここに共感する人々への参加を呼びかけるものである。

1985年4月15日

小原秀雄・岩城正夫・柴田義松

事務局　佐竹幸一

●佐竹事務局長体制で［人間学研究会（第二次）］がスタート

　1985年5月13日、［人間学研究会（第二次）］の第1回の例会が開かれた。

　会場は佐竹さんの経営する会社の2階の会議室で、新大久保駅を出て2分ほどの繁華街にあった。当時の新宿・歌舞伎町ではディスコが全盛で、そのすぐ隣で人間学の研究をしようというのは、実に奇妙な取り合わせだった。

　当日は、呼びかけ人のほかに、小原先生や岩城先生と親しい和光大学教授の浦本昌紀先生と、小原先生や岩城先生の教え子の女子栄養大学や和光大学の学生、院生や社会人らが集まり、総勢15名でのスタートとなった。

　研究会の運営は、呼びかけ人の3先生が中心になり、主に岩城先生が運営についての具体的なアイデアを出し、それを受けて事務局長の佐竹さんをはじめ事務局員が実務を担った。事務局員は和光大学や女子栄養大学の学生や卒業生であった。会の当初は、例会（当初は小原人間学の学習会）と自由研究会（会員の興味があるテーマでの学習会）の2本立てで、毎月開催した。例会は『人〔ヒト〕に成る』の学習会を6回にわたって行い、その後は小原先生や会員の知り合いの方を講師に招いての学習会となった。

　また、公開シンポジウム「"何故いま人間学か"——新しい人間像のために」を1986年1月12日に東京大学教育学部（本郷キャンパス）で開催した。

　シンポジストと問題提起の内容は次の通りで、91名が参加し、会場の教室がほぼ満席となった。これがきっかけで新たに22名が会員になった。

　　　小原秀雄「人間（ヒト）にとって自然なあり方を考える」

　　　柴田義松「人間学習の提言」

　　　岩城正夫「道具、機械と人間」

さらに、小原先生を講師として1986年10月から10回にわたり公開連続セミナー「人間学とはなにか──新しい人間像のために──」を開催し、小原人間学を徹底的に聞き出そうという試みがなされた。この運営の中心を担ったのは、小原先生の教え子たちであった。

　当時の佐竹さんは、東京ガス百人町サービス店を経営する会社の専務であり、小原先生や柴田先生、岩城先生を人間学の師として慕う在野の研究者でもあった。経営者としての風格を持ちながらも物腰は穏やかで、研究会に集まった若手の私たちにも偉ぶることなく丁寧な言葉遣いで参加しやすいように気遣っていた。そのおかげで、教壇に立っている先生が並ぶ研究会に、変にかしこまることなく参加できた。また、研究会の後は、佐竹さんの案内で新大久保の飲食店で2次会となった。当時も新大久保はエスニック料理のお店が多く、韓国料理やミャンマー料理、時にはなまず料理の店などにも入った。そこで、佐竹さんから人間学概論や個別人間学、応用人間学、人間学史について教えていただき、その中で名著として紹介されたカレルの『人間この未知なるもの』*注15やカントの『人間学』*注16が特に印象に残っている。後年の人間学研究所の構想も、この時から持たれていたのかもしれない。

　この時の私の心境が当時の「人間学ニュース」*注17に残っている。「何かとてつもない大きなものに、何も知らないまま突き進んでいくような心境です。」私と同じように参加した若手の多くは、同じ心境だったに違いない。

●佐竹さんの社長就任と［人間学研究会（第二次）］の解散

　1985年5月、事務局長として［人間学研究会（第二次）］を支えてきた佐竹さんが、経営している会社の専務から社長となり、経営トップとしての仕事で多忙を極めるようになっていった。

　私も、1985年4月から翌年3月まで、小原先生が研究代表者となっている「財団法人世界野生生物基金日本委員会　南西諸島保護対策研究チーム」のアシスタントをしていたため、小原先生とコミュニケーションを取りやすい立場にいたが、1986年4月に勤務先が変わり、勤務時間の関係で定例会に参加す

るのが精一杯となった。そのため、会の事務局員として人間学研究会の運営に関わる時間も激減した。

　こうした中、［人間学研究会（第二次）］では、若手の会員を中心とした自由研究会とは別に、新たに「人間学研究ゼミ」、「『人間どう視るか』学習会」などができて活動の幅が広がっていく一方で、「小原人間学」を深め、普及させようという当初の目論見とは離れた活動も目立つようになっていった。

　そうした中、1987年4月号の会報（3月31日発行）で「会員総会」の提案がなされた。佐竹さんが事務局長を辞めることに加え、会長、副会長の人事についての議案があるのを見て、私は目を疑った。そもそもこの研究会は、「小原人間学」を深め、普及させることを目的に設立していたので、準備段階から参加していた私には、研究会の性格を根本から変えようという提案に思えたからだ。それとともに、設立当初からの事務局員として、会員に会の設立の意図が十分に伝わっていなかった責任を感じ、深く反省したが、時すでに遅かった。

　4月の例会では、会場を佐竹さんの会社から東京大学の山上会館に移し、岩城先生が講師となり、和光大学の講義をもとに「『人間研究史』をどう教えたか──実質的な人間学の教育実践1」というテーマで話をした。人間をどう捉えたらよいのか、その探究過程を提示したもので、今後の研究会の進め方を示唆する内容であった。さらに、副会長の岩城先生が事務局長の佐竹さんの補佐役を兼務して支えることで立て直しを図ろうと考えていたが、すでに小原先生は解散を考えていた。5月18日に研究会の発起人のメンバーが集まって今後の研究会の進め方について話し合い、［人間学研究会（第二次）］を解散することを決めた。この直後の例会で、会長の小原先生より研究会の解散が伝えられた。これで［人間学研究会（第二次）］は解散となり、最後の「人間学ニュース」（No.25 1987年6月号）の冒頭に「人間学研究会解散宣言」を掲載した。しかし、小原先生は個々での研究活動をやめたわけではなく、解散宣言の末尾でも「再々起を目指す」と宣言していた。

［人間学研究会解散宣言］人間学研究会会長　小原秀雄

　人間学研究会の解散を宣言する。この宣言は、1985年4月15日に行った人間学研究会の設立宣言と対応したものである。

　人間学研究会の運営をこれ以上続けることが、会の設立宣言の趣旨に反することになるかに思われるためである。

　設立宣言の内容は今もそのまま私の心を捉えている。呼びかけに応じて、集まった人もほとんど呼びかけらしい呼びかけをしないのにしては、それなりに集まった。この間の2年間の会をめぐってのありかたも、人間の諸相が見出され、現代社会の実態の一部、それに研究会活動の現実を反映してもいる。

　設立宣言の中で鋭く感得している民衆のアカデミズムとしての人間学への要望は、この間にも増大こそすれ、顕在潜在を含めて絶えないことは確信する。

　迫り来る新しい破局の到来は、その姿を見せないながら重く垂れこめている。

　自然を、そして人間を破壊し収奪してやまぬ物質生産主導の現代社会は、いよいよ精神や思想をその大きな流れにまきこんできつつある。人間はその中で、全存在を規定される。人間が作り出した全てとの矛盾という、未だかつて無かった時代である。それが自己家畜化論で指摘した自己発展の中にあり、その途を人間主体の人間的に自然な方向にとり得るか、作り出す「もの」の側主体に探るのかが問われる。こうした問いに人間主体に生きようとする方向の理論的主柱の一つに我々の人間学が成り得るのは、ほとんど確かだと思われる。労働組合などをはじめ、既存の組織的運動や価値・思想などが、現実の前に次々と具体的展開を限られてしまっているとき、孤独で徒手空拳の民衆が確かに依れるものは、自己自身を含めた人間の、人間的な能力なのではあるまいか。

　このような理論において、その理論や思想が現実的な力を持ち得るのは、民衆による具体的な実践以外にはない。人間観は、人間の具体的な存在形態と絶えざる切り結びなしには、そのエネルギーも、また確かさをも失ない、硬直化し仇花となる。それ故にこそ、世に問うことが必要なのである。これこそが、新しい研究でもある。しかし、会は本格的に問うことなく、全体的な

力量とエネルギーの徒らな消費が続く時を過ごしてしまった。エネルギーを充足する現実の実践する人々との切り結びの場は、結局設定され得なかった。世に問うべき価値ある内容にふさわしい場を形成する社会的実践の力量が、不足していたのである。それ故に、達しなかった呼びかけは、今後再び時を得て、多くの人々に現実に達するようにするには、それなりの時を要するのである。ここに1985年に再開された人間学研究会は解散し、再々起を目指すことを宣言したい。

　この会の設立宣言と、会報で明らかにしたように民衆のアカデミズムで論じた新しい学問のありかたとから、試みた学問の場の設定は早計であった。失われた「場」が回復されることはないとしても、人間学の学習と研究とは、絶えることなく続けられるであろう。

　［付記］事務局を担当された佐竹幸一氏には、突然の事務局依頼に対して多大のご迷惑をおかけした点で、深くお詫びと感謝を捧げたい。

1987年5月27日

［解散宣言に思う］

　この度、人間学研究会を解散することになったが、そうすることが、かえって人間学の今後にとって良いように思われる。その点で、私達は、小原会長と意見が一致し、小原会長の解散宣言に全面的に賛成するものである。

（1987.5.31記す。柴田義松、岩城正夫）

　［人間学研究会（第二次）］は2年ほどで解散したが、「人間学研究会設立の宣言」や「人間学研究会解散宣言」、「人間学ニュース」、例会等での小原先生の文章や発言から、「人間どう視るかシリーズ」から読み取った「小原人間学」の輪郭が、私の中では以前よりはっきりするようになった。

　小原人間学の学習会では、「自己家畜化」「社会化された自然」「自己人為淘汰」「人間にとっての自然なあり方」などがキーワードとなった。かなり大雑把に言えば、人間は道具を使い、自然を社会化し、社会化された自然の中で、

自らの形質さえも変え、自己家畜化していった。そうした人間にとって自然なあり方とは何か。人間の生き方にもつながるテーマである。もちろん、この間には言語の獲得や社会や文化の形成、科学の発展や技術の蓄積、宗教や思想といった観念的世界などもある。また、自己家畜化の先にある人間の未来は、どうなるのか。興味は尽きない。人類はどういう方向に進めば良いのか、個としての人間は何を指針に生きていけば良いのか。

小原先生は人間学が目指すところを「民衆のアカデミズム」[*注13・18〜22]とし、岩城先生はそれを「日常的思想としての人間学」[*注09]として、研究を深め、普及しようと考えていた。

●佐竹さんの人間学研究所準備室の開設から総合人間学研究会まで

1991年4月、佐竹さんは、経営する会社が新社屋を建てた際、その2階の会議室に人間学研究所準備室を設けた。部屋の中は周りに本棚が並び、7000冊を超える人間学関係の書物がびっしりと詰められていた。部屋に入っただけで研究所の雰囲気が伝わってきた。そこで、佐竹さんが中心になって［実用的人間学研究会］を始めた。小原先生もこの部屋を会合などによく使っていた。

人間学研究所準備室の設置とともに［人間学研究会（第三次）］が発足し、会長には小原先生、副会長に柴田先生と佐竹さん、事務局長に岩城先生が就いた。この研究会は、1993年10月、参加者が気楽に集まれるようにと「人間サロン」に改称した。参加メンバーが重複するため、たびたび［実用的人間学研究会］と合同で研究会を行っていた。

1998年5月、「人間サロン」は、人間学会の設立を目指して［人間学研究会（第三次）］に名前を戻した。そして、「人間学会準備を兼ねた懇話会」の呼びかけの準備を始めた。この時に、小原先生が起草し、柴田先生が手を入れ、岩城先生が最後にまとめられた「人間学会準備を兼ねた懇話会の設立について」[*注22]という呼びかけ文が手元に残っている。未公表だが、人間学の学会について、3人の先生がどのように考えていたのかがわかるので、本稿に

掲載した。この時に用意された「考えるべきテーマについて――人間学懇談会の話題の一例として」という呼びかけ文の添付文書には、「宗教や教育、軍隊、民族紛争、戦争、廃棄物、環境汚染、環境ホルモン、インターネットの普及やロボット産業の拡大、労働や消費生活、エネルギー、食糧、病気と医療、人間の老齢化、野生動物保全、地球温暖化、人口爆発」などのさまざまな社会問題が世界的な視野で取り上げられ、末尾が「理想的な生活や社会とは?」で締めくくられ、現在にもつながる社会問題が網羅されていた。

　結局、この呼びかけ文は発送せず、呼びかけ自体を時期尚早として見送ることになった。この時、呼びかけ文の発送のために小原先生から預かった「人間学懇話会賛同依頼名簿」の中には、すでに小林先生の名前もあった。

　1998年10月の第3回人間科分科会から岩田好宏先生[*注23]が参加され、以降、総合人間学会に至るまで、その活動の中心メンバーの一人となった。

　1999年4月1日、人間学研究所が設立された。所長・理事長に柴田先生、名誉所長・理事に小原先生、副所長・理事に岩田先生、事務局長・専務理事には佐竹さんが就いた。4月24日には成蹊大学で開所記念講演会を開き、「教育人間学部会」と「実用的人間学部会」の2つの研究部会を置いてスタートした。同年6月には人間学研究所通信「HUMANOLOGY」第1号を発行し、2000年12月には「人間学研究所年誌2000」を発行した。人間学の英訳を「Anthropology」ではなく「HUMANOLOGY」としたのもこの時であった。

　2000年6月30日の教育人間学部会では、次の学習指導要領の改訂に向けて、「人間科」という新たな教科の確立を目指し、学習プログラムをまとめた書籍と具体的活動に使える小冊子の作成についての提案が柴田先生からなされた。これはのちに、監修に柴田先生・小原先生・北原先生、編集は人間学研究所教育的人間学部会として、3冊の書籍になった。[注24～26]

　2002年4月18日、小林先生と小原先生が会談し、そのすぐ後に人間学研究所を訪れ、佐竹さんを交えて話し合った。小林先生は[人間学研究会]に興味を持たれて、新しい研究会を立ち上げようということになった。5月7日、

小林先生と小原先生、柴田先生、佐竹さんらが集まり、11月に人間学会の設立も考慮に入れたシンポジウムの開催を決めた。*注27

　6月8日、第1回人間学シンポジウム準備会が開かれ、これが［人間学研究会］と小林先生の研究グループとの最初の合同研究会となった。当日の講演者は次の通りである。「開会の挨拶」:柴田先生 /「自然的立場から人間を考える」:小原先生 /「総合的人間学へ向けて　人間この奇妙な存在」:小林先生

　この会で、人間学シンポジウムに向けて合同で勉強会を進めていくことが決まり、実質的な［総合人間学研究会］のスタートとなった。会の名の「総合的」は長いので「総合」にしたのは、小林先生の提案だったと記憶している。

　7月25日、第2回人間学シンポジウム準備会（総合人間学研究会）が開催され、講師は、小原先生と親交が深い生物学者の長野敬先生だった。

　2002年8月31日、10月6日、11月17日にシンポジウム準備会を開き、2002年11月30日、「総合人間学シンポジウム──総合人間学研究会の設立総会──」が、明治大学リバティタワー16階1166教室で開催された。テーマは「『人間を考える』総合人間学へのいざない」で約150名が参加した。

　シンポジウムの内容は、次の通りであった。

　　基調講演　趣旨説明と進行:柴田義松

　　総合人間学を目指して:小林直樹

　　総合人間学──自然学的見地から:小原秀雄

　　地球化学的分野から　総合人間学への問題提起:半谷高久

　　生命科学的分野から　生物学から見た人間:長野敬

　　生活学的分野から　食をめぐって:足立巳幸

　　教育学的分野から　総合的人間学としての教育学の可能性:堀尾輝久

　　哲学的人間学から　「人間学」とは何か──総合人間学への招き:井上英治

総合討議後に、総合人間学研究会設立総会が開かれ、小林先生、小原先生、柴田先生が代表幹事として選出され、幹事には各分野を代表する研究者と佐竹さんが選出された。また、事務局体制も確立され、岩田事務局長、佐竹次長、それに加え私も事務局員になった。

　この後、シンポジウム年2回（1回は関西で）と随時定例会が開催され、会報も2003年2月号から2005年11月号まで10号が出された。

　そして、2006年5月27日、総合人間学会設立総会及び記念講演会、シンポジウムが明治大学のリバティータワーで開催され、約300名が参加した。学会の設立が決まり、学会事務局は大学に移った。私は総合人間学会の会員となり現在まで幽霊会員を続けているが、事務に関与することは無くなった。佐竹さんは引き続き理事、運営委員、事務局次長となったが、後に全ての役員を退任した。この経緯を直接は知らないが「人間学研究所年誌2008」に詳しい。 ＊注28

　2018年10月に柴田先生が亡くなられ、2022年5月には小原先生も亡くなられた。小原先生と最後にお会いしたのは、2015年6月6日の総合人間学会第10回大会の時だった。大会案内で名前を見つけ会場の津田塾大学に駆けつけたが、壇上の小原先生は体調を崩されていてほとんど言葉を発せられなかった。降壇後、楽屋でお会いしたのが最後になってしまった。認知機能が衰え、ご自分では歩けない状態にも拘わらず、声をかけると私のことを思い出してくださり、手を出されて私の顔を掴まれたのを今も覚えている。若手の研究者も数多く集まり、小原先生が望まれていた研究活動が学会として行われるようになったことに満足されていたのではないかと思っている。

　ここに至るまでには、小原先生の研究仲間の岩城先生、柴田先生と、小原人間学の陰の立役者である佐竹さんのご尽力があったことを、わずかでも記録に残したいと思い、筆を執った。

　なお、[人間学研究会]に関わり、そこで得たことは、私自身の日常生活における思考の原理となっていて、物事を判断していく際に活用している。

［注］

*01──佐竹幸一（1943-）実用的人間学、人間学研究所専務理事・事務局長

*02──小林直樹（1921-2020）憲法学・法哲学、東京大学名誉教授

*03──小原秀雄（1927-2022）哺乳動物学・人間学、女子栄養大学名誉教授

*04──岩城正夫（1930-）原始技術史・技術論、和光大学名誉教授

*05──柴田義松（1930-2018）教育内容・教育方法論、東京大学名誉教授

*06──小原秀雄・岩城正夫/1982『人間どう視るか① 人間学入門』群羊社/東京

*07──小原秀雄・岩城正夫/1984『人間どう視るか② 自己家畜化論』群羊社/東京

*08──小原秀雄・岩城正夫/1986『人間どう視るか③ 自然「知」の探究 人間科学から人間学へ』群羊社
/東京

*09──岩城正夫/1986「日常的思想としての人間学──日常生活の原理や基準を示す思想として──」/人
間学ニュースNo.9/1月号/1

*10──以下の3冊。
西郷武彦・柴田義松・小原秀雄・岩城正夫/1984『人間・ヒトにとって美とは何か──芸術人間学の
試み』群羊社/東京
柴田義松・小原秀雄・岩城正夫/1985『人間・ヒトにとって教育とは何か──教育人間学の試み』群
羊社/東京/柴田義松・小原秀雄・岩城正夫/1986『暮らしに内なる自然を──生活人間学の試み』
群羊社/東京

*11──小原秀雄1961『動物版・人間の条件 人間の生物学的考察』三一書房/東京

*12──小原秀雄1963『21世紀の人類：人間ホモ・サピエンスはどこへ行く』講談社/東京

*13──小原秀雄・岩城正夫・柴田義松/1985「人間学研究会設立の宣言」

*14──小原秀雄1985『人〔ヒト〕に成る』大月書店/東京

*15──アレキシス・カレル/1980『人間この未知なるもの』三笠書房/東京、原著は1935

*16──エマニエル・カント/1952『人間学』岩波文庫、岩波書店/東京、原著は1797

*17──野本雅央/1985 人間学ニュースNo.2

*18──小原秀雄/1985「民衆のアカデミズムとしての人間学」人間学ニュースNo.13/5月号/1

*19──小原秀雄/1986「民衆のアカデミズムを考える（1）」人間学ニュースNo.18/10月号/1-2

*20──小原秀雄/1986「民衆のアカデミズムを考える（2）」人間学ニュースNo.19/11月号/1-3

*21──小原秀雄/1987「民衆のアカデミズムを考える（3）」人間学ニュースNo.20/12.1月号/1-4

*22──小原秀雄・柴田義松・岩城正夫/1999「人間学会準備を兼ねた懇話会の設立について」（手紙文、
7月にまとめた）
前略 知的荒野の中でみなさん如何お過ごしでしょうか。
さて、私たちがなんらかの形で知遇を得ました方々に、以下の「呼びかけ文」をお送りし、賛同を得た
方々にご協力をいただければと思います。
別紙にて次のものを同封致します。
①発起人の研究会の歴史、②お願いした方々のお名前の一覧、③テーマ例
賛否を同封のハガキにてお答えくださるようにお願い致します。

記
『人間学会準備を兼ねた懇話会の設立について』
現在、私たちは各大学において定年を迎えたり、あるいは迎えつつあります。
そのような時に当たり、次代の志ある学究への知的歴史の継承と、今日の余りにも分化し過ぎた専
門領域間の相互交流を目指す懇談の場を設けたいと考えました。その基本的な課題は、自然科学
系と社会科学系の視点の統合による人間（ヒト）に関わる諸現象の理論的分析です。最近の知的

状況や社会・文化のあり方の中で、主体である人間の問題を構造的に捉えることを、全力で行いたいと考えます。

今日の社会においては、出版は常にマスを想定せざるを得ず、大学においても学生と知的対話を力をこめて行うといった営為がなかなか実現されにくい状況にあります。また学会でも、制限された時間ワクやページワクでの発表しか行われず、次第にフィロソフィや理念を語る機会が失われつつあります。

こうした事態を打開する運動は、確たる主体の形成が基礎的前提となります。

そのためには、各領域においても深く新しい人間像や人間観の探求が必要であり、その実現のための関わりによる、お互いの総合的な発展を期待するのが懇話会のねらいです。懇話会と表現したのは、ゆったりとした根源的な掘り下げを伴う知的交流を期待したからです。しかしながら、懇話会の発展として、ユニークな学会を樹立したいとの要望が強まりました場合には、趣旨の継承の形式の一つとしてその実現に向かいたいと考えます。

まずは、懇話会設立の呼びかけ等にご賛同願えませんでしょうか。

〈付記〉

1982年から人間学シリーズの刊行を群羊社で行い、それと共に1985年4月15日私たちは人間学研究会の設立宣言を行なった。しかしその後の研究会活動は、私たちがそれぞれの領域で多様な活動をせざるを得ない状況におかれて、きわめて限られたものでしかなかった。

当初の呼びかけでは、小原秀雄が民衆のアカデミズムの建設を主張し、その実践は非専門家を中心に人間学の普及を目的としたので、研究活動は限られた範囲でしかなかった。

私たちは85年までに、人間（ヒト）という人間存在の基本的な構造は、道具とその派生物とを媒介にして、社会的文化的存在としての側面と、生物的自然的存在としての側面との統合的な存在様式を成しており、さらに人間（ヒト）の具体的な形質は「自己家畜化」が規定しているとみなして、その視点から人間存在の見方を展開してきた。その後10年たった現在、上記のような統合的人間像・人間観を一層深めたいと強く希求している。

知の崩壊状況は、この10年余の間に著しく深刻化した。今や人間の知的存在形態の再構築が必要であり、現代の基本課題の一つは新しい知の具体的展開であるように思う。

*23——岩田好宏（1936-）教育・人間学・植物生態学、千葉県立高校教師を定年退職、子どもと自然学会会長、総合人間学会事務局長などを歴任

*24——笠井守・吉野久子・生源寺孝浩・笠井万代/2004『人間を学ぶ総合的学習の勧め——道具と人間　中学年プログラム』明治図書出版・東京

*25——大森亨・岸康裕・浅倉昇/2004『人間を学ぶ総合的学習の勧め——道具と人間　高学年プログラム』明治図書出版・東京

*26——柴田義松・森田久子・佐竹幸一・永井治・小原由美子・岩田好宏/2004『人間を学ぶ総合的学習の勧め——道具と人間　中学校プログラム』明治図書出版・東京

*27——佐竹幸一/2008「人間学研究会のあゆみ（一）」人間学研究所年誌2007/p88-104人間学研究所・東京

*28——佐竹幸一/2009「人間学研究会のあゆみ（二）」人間学研究所年誌2008/p81-92人間学研究所・東京

柴田先生の思い出

木村廣子 [きむら・ひろこ]

2003年、女子栄養大学教授から名誉教授に
（栄養学）。人間学研究所理事。

　柴田義松先生が女子栄養大（以下、「栄養大」と略称）着任の日から、お一人で永遠に旅立たれるまでの、数えれば60年の歳月、走馬灯のようにめぐる情景（記憶）は、到底文章では表せ尽くせませんが……。

　先生が生涯通された姿勢は「ぶれない」人間的教育にあったのでしょう。但し、時代を横断した時「ぶれない」ための苦悩（ソ連の社会主義崩壊の時など）に、別人格になった時もあったようです。親しくしていただいた柴田先生の最初の12年、最後の12年を断片的にメモします。

●栄養大時代：異文化を携えて現る

　1960年の春、栄養大が4年制大学としてスタートした日──日本の社会情勢は不穏であったし、栄養大のハード面は整備されていなかったけれど──柴田先生はさわやかな風と共に異文化を持って現れました。前年のスプートニック・ショックや生化学部門でのオパーリン博士の来日などもあり、ロシア語が上昇気流に乗った時期とあって、当時の学部長が私に「新しく東大からロシア語の先生が着任したのだから、貴女は一番若いんだから教わって、文献を読んでよ」という業務命令を下しました。そして柴田先生の研究室（図書館の一隅ですが）に連れて行かれました。

　その日の夕方、私は柴田先生にナウカ書店に連れられ、辞書、文法書、

ロシアの小学校の教科書4種類を求め、何と再び栄養大に戻りました。柴田先生は、辞書の引き方等入門的知識を教えてくださり、「発音は女性のネイティブに教わってください」「小学校の教科書を訳して持ってきてください」と言われました。ロシア語についてはこれでオシマイ。

柴田先生は矢つぎ早に、機構改革に着手されました。1.学内新聞、2.研究紀要、3.学内の研究費の公平配分等、それは栄養大の研究機構の黎明期のことでした。

さて、これから3年ほどでロシア語の進捗著しく、ロシアで教育改革があったことから新しい教科書『自然地理』『自然科』（共に翻訳されて明治図書から刊行）を共著に、スミルノフ『心理学』、ヴィゴツキー『思考と言語』の索引づくりを手がけるほどになりました。栄養大にはなかったがナウカ書店にはあった露文タイプライターを、私が清水の舞台から飛び降りる思いで買い求め、子どもが寝静まった後、夜な夜なタイプ打ちをしたことも、懐かしい思い出です。またこれが縁で1963年に未だ一般ビザの発行されないときに、柴田先生より先に、ソ連に行く幸運にも恵まれました。

●総合ゼミ「人間学」をカリキュラムに

柴田先生の栄養大での特筆すべき業績は、当時としては斬新なカリキュラム作りでしょう。小原秀雄先生（動物学）、岩城先生（科学史）、西郷武彦講師（文学）、根津先生（数学）を迎え、1968年にはおそらく全国初の「人間学」という名称の総合ゼミをカリキュラムに組み入れました。他は学園紛争のさなかでした。学長、学部長の信任も絶大で、このカリキュラムの下絵ができあがった日は、校門前の学長宅に押しかけ、深夜まで祝宴の「酒盛り」の挙句、柴田先生だけが酔いつぶれ、学長宅に泊まっていただく結果になりました。学長曰く「私は、男性を泊めることなどないんだよ」と、うれし気に許されました。

その他のこととしては、きわめて能弁、雄弁であること、健脚であることが挙げられます。温泉のある山へはよく行きましたね。スポーツ好きで、卓球は学内隋一、ゴルフはShibatatakyとか、信じられますか？

●老人ホームでのベストライフの日々

　喜寿の頃からアルツハイマー性認知症が始まり、自分自身を制御できない時もあったようですが、2014年（84歳）ころには、過去の事、方向（地理）感覚、時間等の見当識障害が出たものの、むしろ感情は安定してきました。「わたしには過去がない、未来あるのみ」という名言も飛び出すほどでした。毎週水曜日の卓球は、昨年の2017年11月まで続け、場所は成蹊大学卓球場から武蔵野市体育館へ移し、武蔵野市卓球大会シニア大会には、成蹊大学卓球部部長から贈られた「長寿村」というチーム名入りユニホームを勝負服として着用、満面の笑みで参加されていました。このユニホームは、格別のお気に入りで、毎日着ていました。

　ユーラシア協会も敬意をもって接してくれ、名古屋総会へは参加を熱望されるので私も同行し、ホテルに着くと、突如戦災で焼けた自宅の町名、菩提寺名が文字ではわからずも声に出て、協会の若者にインターネットで調べてもらい、ご両親の眠る平和公園へお参りすることができました。このことは今年（2018年）の8月15日に懐かしく思い出しました。

　このように、旅立たれる10日ほど前から痛みもなく、「ナウカ」へお連れして、「真鶴へ行こう」「ウシンスキー研究はこれからも盛んになるかね」「人間学研究の灯は消えない」「モスクワ郊外の夕べを歌おう」「スパシーバ、スパシーバ」と穏やかに旅立たれました。

　若い時も黄昏ても、日の出の好きな人でした。

［注］
この文章は『HUMANOLOGY（人間学研究所通信）No.83』2018年12月25日発行の「特集　柴田義松先生（前人間学研究所所長）のご逝去を悼む」からの抜粋です。
この特集号には、10名の方が追悼文を載せられています。柴田先生は1965年の人間学研究会の頃から、中心メンバーとして参加されています。そして、1999年の人間学研究所の設立からずっと所長としてご活躍されていました。参考資料として『人間学研究所年誌2018』に「柴田先生の思い出と人間学研究所のこれから」佐竹幸一があります。（佐竹幸一・記）

第 **II** 部

実用的人間学研究会
（1993年設立）

●第Ⅱ部のはじめに

当グループの特徴は、専門の研究者の方々が所属する「人間学研究所」と、専門の研究者ではない方々が所属する「実用的人間学研究会」から成り立っていることです。

この第Ⅱ部では、諸企業の方々から家庭の主婦まで幅広い方々で成り立つ実用的人間学研究会の方々にも執筆していただきました。

私は、学生時代に「人間学分科会」を立ち上げ、その後、生物学者の小原秀雄氏と出会い、「人間学研究会」を発足しました。カントの『実用的見地の人間学』を読んだ経験から、人間学にはカントのように、専門の研究者とともに様々な立場の方々の知識をとりいれていく必要性があると感じていた私は、学者、専門家の人間学研究会と多くの人間の各側面を代表する方々がともに集い、研究を進め、時には楽しい懇親会を開いていこうと思いました。

私は企業の経営者であることを活かして、ビルの1室を「人間学研究所」としました。そこで毎月、各部会2回の例会を開きました。人間学研究所の専務理事兼事務局長である私は、実用的人間学研究会では会長として両研究会の橋渡し役を果たしています。この第2部の前半部では、主にこの人間学研究所の活動を中心に紹介させていただきます。

振り返ってみると、2013年には脳出血に見舞われ、また、新型コロナウイルスの流行で例会の開催も途絶えてしまうという困難にも見舞われました。しかし会のみなさんのおかげもあり、今日まで研究所を運営してきています。コロナ禍も収束してきた今日、例会も再開することができました。その軌跡の一端を紹介させていただきます。

また、私が2009年9月から書きはじめた、「こういちの人間学ブログ」は14年目でちょうどアクセス累計200万を超えています。いずれも半世紀、私が考えてきた事々の一端です。『人間学研究所年誌』の記事や、このブログの紹介を兼ねたいわば索引集のような働きができればということから、これらの記事やブログの記事を紹介する形で、内容を7つに分け、私が関心をいだいてきたトピックについてお話しさせていただきます。さらに詳しくは『人間学研究所年誌』や「こういちの人間学ブログ」をぜひとも読んでいただきますよう、お願いいたします。

佐竹幸一

ロシアと私、そして
実用的人間学研究会の思い出

杉山靖夫 [すぎやま・やすお]

1940年、鹿児島県生まれ。杉山会計事務所所長、1994年には実用的人間学研究会に入会し、副会長となる。

　物心ついたころ、ロシアが現れ、人生終わりにさしかかったころ、また、ロシアが現れた。

　ウクライナの現状をみると幼少の頃、終戦直後の満州で過ごした1年半の多難だったこと、ロシア兵に追いまくられ、残留孤児となった同輩の人々のことを思う。他国に入り込んだ日本にも問題があるだろう。

●私は5歳のころ済州島にいた

　両親と妹の4人暮らしで、穏やかな日々を過ごしていたが、昭和20年5月のある日、「日本の軍艦がアメリカ軍に沈められたので、傷ついた兵隊さんを見舞いに行く」とのことで、近所の婦人会の皆さんと2歳の妹と母に連れられ出かけた。

　広い木造校舎の板の間に、毛布を被った兵隊さんが横並びに寝かされていた。大勢いたと思う。

　婦人会のあるおばちゃんが兵隊さんの一人に「何かしてあげられることはないでしょうか」と尋ねたところ「サツマイモが食べたい」と返事があったが、「サツマイモはありませんね」と期待に添わない返事をしていた。済州島にはサツマイモはなかったと思う。私も食べたことがなかった。「サツマイモが食べたい」の声が、今でも耳に残っている。何のために慰問に行ったのか？ 子供の心

に残った。

　地元の初老の男が野菜などを売りに来ていて、時々、朝鮮漬（キムチ）も持って来ていた。子供ながら、おいしく感じた。母は他にも朝鮮料理を習っていたようだ。

　自宅の北側は大きな畑で空き地になっていた。そこに兵舎が並んで建てられた。負傷兵を慰問に行って間もないころだったと思う。

　多数の兵隊が駐屯してきた。後で聞いた話だが、アメリカ軍が上陸してくるので、兵隊が補充されたとのことだった。自宅を出て、右側に行くと兵舎の門があり、門番の兵隊が銃剣をさした鉄砲を持って立っていた。その前を通るたびにその姿に怖い思いをした。

　道路を隔てた向かい側に、「てっちゃん」と言う同じぐらいの年の男の子が住んでいて、よく遊びに行ったり来たりしていた。多分、3、4月ごろだと思う。てっちゃんは、時計が読めるそうで、てっちゃんのおかあさんに時間の読み方を教わった。意味は十分理解してはいなかったが、1から12までの数字を覚えた。

　兵舎が完成してから、てっちゃんの家に行ったところ、てっちゃんの家族は引っ越して居なくなっていた。

　てっちゃんが居なくなったその家に遊びに行くと将校だと思うが、身なりの良い制服の兵士がいて、手品をして遊んでくれた。子供ながら、兵舎にいる兵隊と身なりふるまいが違うなと思った。帰り際に何時も朝鮮飴と乾パンの袋を持たせてくれた。乾パンの袋には金平糖が数個入っていた。数日して、また、朝鮮飴がほしいので、その家を訪ねたが、留守番の上品なおばあさんがいて、あの方は引っ越しされましたと5歳の子供に丁寧に挨拶してくれた。

　私は5月生まれなので、両親が誕生日でお兄さんになること、6歳になったら、学校に行くことになる等、よく話をしていたので、5月頃のことをよく記憶している。

　ところで、てっちゃんのことだが、一家は日本に帰る門釜連絡船（門司と釜山）に乗っていて、アメリカの潜水艦の魚雷により沈められたと、大人たちが話をしていたのを聞いた。

昭和19年6月ごろ、父方の祖父が亡くなり、鹿児島に帰国したときは、門釜連絡船で無事往復できた。記憶にあるのはいつの間にかカーペット敷の上にいる自分が不思議で、船に乗っているのかと父に聞いたところ、船の中いるのだとの返事をしてくれたことを覚えている。

●一家で満州に渡る

済州島が米軍の攻撃を受けるとのことで、昭和20年6月某日、突然、夜中に起こされ慌ただしく、ポンポン船に乗せられた。確か数家族が一緒だったと思う。木浦という港に何とかたどり着いた。大人たちが魚雷を回避したことを喜んでいた。

後年、済州島に大勢の兵隊が駐屯していた理由が分かった。木浦は朝鮮半島の南の端にある港で、そこから一路、満州の新京（現在の長春）へ向かった。

京城（現在のソウル）でホテルに一泊したが、確か全て上級の席だったように思う。当時、日本人は特別扱いだったのだろう。母が身重だったので、一泊したのだと後で聞いた。

昭和20年6月某日、新京（長春）に着いたら、叔母（母の姉）家族が迎えに来ていた。マーチョ（馬車）に乗りコウキガイ（光揮街）にある叔母宅にたどり着き、叔母の一家に昭和21年10日ごろまで、お世話になった。

戦場から回避の疎開であったが、後にこのことが大変なことになるのである。

お世話になった叔母の家族構成は叔父（叔母の夫）、叔父の母（おばあちゃん）、叔父の弟（当時20歳）、伯父の妹（当時18歳）、従姉（当時9歳）その一家に私たち家族が押しかけたのであるから、昔は一族を大事にしたのだと思う。

特に、叔父、叔母は地元の人達（満州人）と日本人同様の付き合いをして、大切にしていたようだ。

家はコンクリート造りの2階建てで、ベランダからはるか遠くに満映（森繁久彌、山口淑子所属）の建物があり、毎朝、拡声器から音楽が聞こえていた。家の右側に各家庭に給湯する冬の暖房用ボイラーの高い煙突が立っていて、石炭の燃えカスのコークスが積まれていた。

家の前に公園があり、子供たちの遊び場と遊具があった。子供たちの仲間に入ることになるのだが、そこで、初のカルチャーショックを受けた。全く、言葉が分からないのである。初日は何が何だか分からないまま、帰宅した。

　叔母があの子たちはボイラーマン（満州人）の子供だと説明してくれた。

　しかし、数日のうちに私も満語（現地語）を話すようになり、意思の疎通ができるようになっていた。多少の単語は覚えているが、ほとんど忘れてしまった。

　昭和20年7月某日、弟が生まれ、家族でお祝いをした。

　もう一つお祝いがあり、叔父の弟が兵役（現地徴集）に就くことになり、近所の挨拶回りに付いて回った。終戦後、帰らぬ人になったと叔父が話していた。なぜ、お祝いをしたのか不思議であった。叔父も現地徴集兵の二等兵だったそうです。

●ロシアの侵攻により疎開

　8月になるとロシア（ソ連）が攻めて来ると言うので、一家は近所の家族と満州の国境沿いにある北朝鮮のシャレンカン（新義州）にある小学校に避難することになった。往路は特別列車の特等席であったが、終戦後、元の家に戻るときは屋根のない貨物列車（無蓋車）だった。天と地の差はこう言うことかと後年、思った。

　シャレンカンで終戦をむかえたのだが、小学校の講堂に集合し敗戦を聞いた。壇に立つ男性がメガネを外し泣きながら、説明をしたようだが、両親にどうして泣いているのか尋ねたところ、日本が戦争に負けたのだとのこと。意味がよく分からなかった。

　覚えているのは、いつもお腹がすいていたこと、時々、特別配給として、おこげを食べたこと、そのおこげがとても美味しかった。

　敗戦時以降、ロシア侵攻により、新京の町は一変していた。

　疎開先のシャレンカンから元の家に帰ると叔父が先に戻っていて、皆を迎えてくれた。叔父と父の雑談を傍でよく聞いていた。特に、ロシア兵士の略奪、暴行、日本兵や民間人への虐待等の話だった。

父には大人の話に首を突っ込むのではないと、よく叱られたが、会話の内容にどうして？何故？と疑問が湧いていた。叔父は丁寧に説明をしてくれた。

　叔父は新京の防衛にあたっていたが、「強力な武器は関東軍が持ち去り、貧弱な軍隊だった。終戦と同時に隊は解散となり、隊の皆と一緒にいたら、危険だと考え、友人と二人で別行動したおかげで、先に家に帰っていた」と話していた。その後、他の隊員達はロシア兵に連行され、シベリア送りになったそうだ。叔父はロシア兵のことをロスケと呼んでいた。また、最強の軍隊と言われた関東軍は南に移動し、自分たちのような訓練を受けていない者たちで、新京の防衛に充てられた等々。

　その後、「民間人は棄民となり、満州に置き去りにされた」と叔父は話していた。

　疎開先から新京の家に戻ったが、周りはロシア兵であふれていた。ある日、夕食後、円卓を囲んで団欒をしているところに、玄関をたたく音で、父がドアを開けると、ロシア兵が5、6人土足で廊下に上がって来た。

　叔父の妹、おばあちゃん、従姉3人はロシア兵が入ってくる前にベランダに逃げ隠れた。

　私が一番廊下側に、右側に母が弟を抱いて、隣に妹、次に叔母そして父の順序で正座していた。

　先頭は身なりのいい（多分将校）赤ら顔で、磨かれたこげ茶色の長靴をはいたロシア兵が腰をかがめ片膝立てて、私の目の前に迫ってきた。

　親指を立て、アジン、アジンと言っていたが誰も意味が分からなかった。

　丁度、その時、叔父が帰宅し、ロシア兵と何か会話をしたら、全員、引き上げて行った。

　略奪、暴行等何もなくて幸いだった。

　あとで、聞いた話だが、叔父は20歳前後にハルビンの白系ロシア人宅で生活をしていたおかげで、ロシア語が上手であったことが幸いした。

　その後、しばらく、巷はロシア兵に荒らされ、私も近くの市場でビン入りの飲み物を略奪してジープで逃げるロシア兵を見て恐ろしく感じた。そこは満人の店だった。暫く、怖くて外出しなくなった。

近所の日本人の高官がロシアに連れていかれた話など山ほどある。それ以来、ロシアは怖いと思った。

　誰に教えてもらったか分からないし、正しいかも分からないが、アジン、ドヴァ、チャチィル、ピアチ、ドラスティー、ハラショー、……などなどが耳に残っている。

　地域（奥地の開拓団）によっては相当な被害にあったと、後年、知ることになる。

　昭和20年10月某日、弟が亡くなった。短い命だった。母がおも湯を飲ませていたら、目を白黒させ、呼吸をしなくなった。母に「死んだの、死んだの」と尋ねた。母はうなずいていたが、私は大泣きをした。初めて人の死を目の当たりにしたのである。泣く母に声をかけた。「代わりに親孝行する」と。今になって、したかどうかは分からない。

　遺体は小さな木箱に収め、野原から摘んできた花を添えて、叔父が木箱のふたを閉めた。

　私も母も泣きながら、石で釘を打った。父の顔を見る余裕はなかった。爪と頭髪を切り紙で包み遺骨代わりにして、木箱は近くのお寺のような場所に埋葬した。

　10数年前、母とワイフが中国旅行（長春）した時、埋葬場所を探そうとしたが、母は場所が分からないと言っていたそうだ。

　昭和20年11月某日、近くのやや狭い家に引っ越すことになった。その建物は鉄筋と煉瓦作りで、外壁は厚い2階建てで1棟を4区分した形式になっていた。その引越しの手伝いに来たお兄さん達（15、16歳の青年開拓団の団員）は、日本に帰る日を待っている人達だと聞いた。その建物には薬剤師、看護師、医者の見習い等の家族がそれぞれ住んでいた。

　満州の冬は寒く、二重の窓ガラスには花のような綺麗な氷が張っていた。

　家の近くの凍る小さな坂道で、毎日、日本人の子供たちとスケートをして遊んだ。

●八路軍の進駐

　そのほか記憶に残っているのは、ロシア兵が去った後、八路軍（パーロ）が進駐してきたことだった。八路軍に協力するため、医療関係者は徴集された。

それぞれの家族で見送った。その中に友達になった人のお父さんもいた。その人たちは数年遅れて、日本に帰ってきたと聞いた。

　八路軍の兵士が私の家にも侵入してきて、家探しをしたが、何も取らずに去った。大人たちはうろたえていた。後で聞いた話だが、毛沢東は占領地での略奪を禁止していたそうだ。

　父は飛行機の燃料（アルコールを原料とする）を作る技術者であったが、そのことを隠すため、母が専門書を全部燃やした。

　この頃、従姉が毎月カレンダー（暦）を書いていて、13〜31までの数字を覚えた。年を越し、温かくなったころ、国府軍が進駐してきた。家の前や建物の外壁に小銃の弾丸が埋まっていて、近所の子供たちと薬きょう集めをした。

　父に叱られ、泣く泣く薬きょうを捨てた。

　この間、八路軍と国府軍の内戦の最中で、家の前の道路を八路軍の兵士や国府軍の兵士の行き交うのが見えた。私たち日本人は巻き添えに合うことはなかった。

　まだ寒いころ、市場で私と同年齢位の男の子を連れた女の人が泣き泣きお金を受け取り、その男の子を満人に渡しているところを見た。その男の子は満人の手に引かれ去っていった。一緒にいた従姉が、「あの男の子は売られたのよ、親が育てられなくなったのよ。」と言っていた。

　そのころ、道端で、「電柱に茶色いセータを着た男の子を探す張り紙がある」と母から聞かさされた。人さらいがあることは従姉から聞いていて、怖くなった。その子が迷子になったか、さらわれたかは不明。

　中国残留孤児となった原因の一つではないだろうか。

　5、6月ごろだろうと思うが、近くの町の広場に円を描くように座っている兵士たちがいた。済州島で見た服と同じ格好だった。兵士の一人がお札を取り出し、「このお金は使えますか?」と聞いているのを見た。聞かれた人は「そのお金は使えませんね」と答えていた。八路軍のお札だったのではと思った。

　私は、道端で、五圓のお札を拾った。母に渡すと「使えると思うよ」と言って、後日、お菓子を買ってくれた。まだ流通していた満州国の貨幣だったの

かも知れない。

　従姉に町であった日本兵の話をすると「捕虜で、八路軍との戦いで、最前線に回されるのよ」と言っていた。と言うことは、国府軍が新京にいることになる。

　このころ町は安定していて、臨時の小学校が開かれることになった。

　母が就学年齢には1年早いが、勉強できるうちに入学したほうがいいとのことで、入学させられた。教室には机も椅子もなかった。先生の話は分かったが、隣の席の女の子は先生の教えにしっかり対応しているのに驚いた。

　背も高かっので、2歳ぐらい年上だったのでは。

●帰国（引揚者）

　夏が過ぎて、秋になったころ、日本に帰ることになり、両親は携帯用の乾パンのような食べ物を作った。私はその食べ物を手作りのリュックに入れ背負った。前かがみにならないと歩けないくらい重たく感じた。

　いよいよ、新京を後にすることになったが、貨物列車（無蓋車）での帰国であった。

　貨物列車（無蓋車）の中では特に、排便、排尿に気を使った。大人はもっと大変だったと思う。

　新京駅から葫蘆島という港町まで、何日かかったか記憶にないが、葫蘆島から博多港まで船旅で、船底の深い船だった。多分、米軍の上陸用舟艇ではなかったか？ 船の中での食事はまずかった。毎日、お腹がすいて、たまらなかったが、ともかく、まずかった。

　博多港についてから、船中でコレラの疑いがあると言うことで、しばらく、上陸が出来なかった。朝起きると船の方向が違っているのに驚いた。錨を中心に干満で回っているのだと聞かされた。

　上陸ができて、その夕方、白米のおにぎりが配給された。とても美味しかったことが忘れられない。内地の人は、毎日、白米を食べているのかと思った。満州ではコウリャンばかり食べていた。当日、母が焼きサツマイモを手に入れたと食べさせてくれた。これも美味しくてたまらなかった。

　博多から父の郷里の鹿児島まで、汽車に乗り1日はかかったと思うが、客

車でホッとした。鹿児島駅の周りは焼け野原だった。

　鹿児島の父の実家に着くと数家族が一軒の家に住んでいて、子供たちも数人いたが、彼らの話す言葉が全く分からなかった。いわゆる、鹿児島弁である。（現在、アクセントはおかしいが標準語、当時は外国語のようだった。）満州でのカルチャーショックと同じように感じた。しかし、数日するうちに仲間に溶け込んでいた。祖母（父の母）は死ぬまで標準語を話すことはできなかった。父は早くに鹿児島を離れていたこと、母は東京生まれの東京育ちで、我が家は済州島でも満州でも標準語で話していた。

　昭和21年の年は暮れ、冬は寒かったが満州の冬に比べれば比較にならない。

　昭和22年4月に小学生となった。カタカナ（前年までの教科書）の文字で勉強していたが、もらった教科書はひらがなとなっていた。それ以来、日本は平和な時代が続いている、しかし、今、ウクライナではロシアの侵攻で苦しんでいる。

　叔父の言葉が忘れられない。「ロシアは帝政時代から侵略民族だ」

　6歳前後の自分宛への書……。

●叔父のこと

　叔父のことを少し話しておこう。叔父には男児がなく、子供のように可愛がられ、多くの教えを受けた。叔父の父親は、新田次郎著作の『八甲田山死の彷徨』に登場する弘前歩兵第31聯隊の見習士官として従軍した人物だが、著作では実名で記載されていない。雪中訓練は帝政ロシア南下の防衛訓練であったという。事件は極秘扱いとされ、多くは語られなかった。叔父の父親は後年、熊本歩兵連隊長の要職に就いた。

　俳優の宝田明や作詞家のなかにし礼が敗戦後のこと、満州から帰国する過程や、ロシアの進行後、苦労したこと等を語っていた。

●実用的人間学の思い出

　人間学研究所及び実用的人間学研究会にお世話になって、20数年になり

ます。お世話になった当初、研究会は第2サタケビルにありました。その後、実用的人間学研究会が誕生し、私はもっぱらこちらの方に参加することが楽しみでした。その後、研究所は第1サタケビルに移転しました。

　思い出の数コマを紹介します。

［河野善紀　武道家の実技と講話］

　第1サタケビルの大久保道路を挟んだ向かい側に銀行がありました。その二階で、大勢の会員が集まる中での講演で、対する相手方の力を利用し、その相手方を崩すというものですが、印象に残っているのは桑田真澄野球選手を指導したことを話題にしたものでした。テレビでもよく見かけた武道家だった。

［平尾大輔　早稲田大学（院）教授の講話］

　映像機器を利用して、アーカイブの研究発表だったが、特に印象に残ったのは、ポンペイの壁画の修復工事をしていた経験話等、興味を持った。

［昇幹夫医師の講話］

　専門は産科医師、笑いをもって健康維持する話であった。人が感動を受けると延命できるとの説。昇幹夫医師が末期に近いがん患者に随行し、モンブランに行った後、患者の命が伸びたのに驚き人に感動を与えることを生涯の仕事にしたとのこと。

　昇幹夫医師に同行し、人間学研究会に参加したのが、「課長島耕作」の作者の弘兼憲史であった。同氏から島耕作の似顔絵入りのサインをもらった。昇幹夫医師が高校の後輩であった関係から、後日、CD発行のための公開録音があり、佐竹所長と出かけた。以降、高校の同窓生として、交流を続けた。

［女子栄養大学の松柏軒での宴会］

　河村信弘女子栄養大学の先生のお世話で、テーブルマナーや忘年会等数回食事会をした思い出。その頃は、人間学研究所と実用的人間学研究会の

メンバーが大勢集まりにぎやかだった。その後、分校の食中毒の関係から中止になったのは残念。

[**佐竹会長の講話**]

　佐竹会長の講話は特に実用的の題名のとおり、あらゆる分野にわたる講話を興味深く聞いた。レジュメも豊富で、今でも保存してある。月1回の研究会後の懇親会も楽しみで、新大久保駅近辺（会長手製のエスニックマップ）の食べ歩きやカラオケ云々など元気のいい時代を過ごした。

　また、一泊旅行で千葉や福島の原発の見学にも行きました。汚染地帯をバスで通り抜け、海岸から被災した福島原発の建屋がはるかに見たのが印象に残っている。

　佐竹会長が大病され、一時休会の時もありましたが、締めくくりにこのような出版に、つたない文章ですが参加でき、有難く思っています。

　数字と法律（特に税法）という無味乾燥な日常を過ごす中で、月一と言え潤いのあったことは幸いでした。

●佐竹会長の講話から、縄文系、弥生系、自分ははて？

　父方は弥生系？　で、母方と伯父を見ると縄文系？

　韓国旅行中、ホテルのロビーで子連れの女性に語りかけられ言葉が分からず、返事に困った。翌日、観光バスのガイドに話したところ、「お父さんみたいな人は田舎に行くと沢山いる」とあっさり言われた。

　台湾旅行をした時も台北から台中に行く車中で、隣席の老人に日本語がわかるかなー？と声をかけたところ、会話が弾み、彼は私が日本人とは気づかず、外省人（大陸から台湾に渡ってきた人）かと思っていたようで、私より3、4歳上の人で内省人（元来の台湾人）は終戦まで小学校は日本語で教育を受けた経験があり、家庭で日本語を使っていた人が多かった、と聞いた。

　と言うことは、私は弥生系か？　面白い話である。実用的人間学の講話から。

「たん焼 忍」に至るまで

上杉徳治郎 ［うえすぎ・とくじろう］

1943年2月20日、新宿歌舞伎町に生れる。都立小石川工業高校建設科卒。有限会社「たん焼 忍」代表取締役、2011年より実用的人間学研究会に参加。

● レストランでの見習い修行

昭和32年、中学卒業のとき、母親から「これからの時代は手に職を付けないとダメ」ということで漠然と近くの都立小石川工業高校建設課に入学した。

入ってすぐアメーバ赤痢に罹り、2か月間入院。勉強についていけなくなり、いつも成績はビリの方、それでも同じクラスで落第生も出るなか何とか卒業できた。同級生は皆就職、自分は大学で勉強し直そうと早稲田予備校へ。何回か模擬試験を受けるが、各科目50点も取れない。高校では専門科目が半分以上でこれでは勝負にならんと大学を諦め、飲食業界に就職をすれば、くいっぱぐれはなかろうと考えた。

父の友人の今村さんが、六本木でレストラン「ロジェ」をやっていた。当時の六本木には雑木林があり薄暗く、店のチーフに丸の内の外人記者クラブ（現外国特派員協会）を紹介してもらう。最初は鍋洗い、玉葱むき、芋むき等、ランチタイムは戦争状態で、オーブンから出したばかりの熱々の鍋やフライパンがどんどん飛んでくる。それをすぐ洗って元の場所に戻す。火傷や切り傷が絶えなかった。

3年半、たいした事も覚えないのに、今思えば何を考えていたのか、無謀にも自分で店を出そうと退職した。自分で出来そうな規模の店を探して、給料はいりませんから半年働かせてくださいとお願いし、浜松町、恵比寿、新

宿と三軒の店を渡り歩いた。それでも、どの店も最低限の給料はくれた。

●新所沢そして歌舞伎町で洋食レストラン

昭和41年、いざなぎ景気の始まり。

父が隠居したら住もうと買っておいた新所沢駅前は、団地があるだけで回りはタヌキやイタチが出るような雑木林だった。その頃、郊外レストランがぼつぼつと出来始め、そんな場所でもなんとかなりそうだと思い、山小屋やロッヂを得意としていた佐藤秀工務店に就職していた学友の小滝君に頼み、二面ガラス張り・飾り窓・三角屋根等（今、銀座や新宿にあっても素敵だなと思える）素晴らしい店を作ってもらう。カウンター8席、4人席テーブル5卓。

昭和41年9月、23歳でレストラン「ニューグリーン」をオープン。オープンに夢中で天気予報も全く見ていず、翌日の台風により、駅近くの新築の家の屋根が何軒も吹っ飛び、我が店も水浸し、お祝いの花も全部無くなり、散々なオープンだった。

最初は自分ひとり、父にも店番を手伝ってもらい、その年の暮れには兄夫婦も来てくれて、なんとか店らしくなる。

メニューは鉄板ハンバーグ、ピザ、スパゲッティ等、まわりに洒落た店が無かったせいか、1年目から駐車場に入れないほど車の行列が出来、大変な繁盛ぶりだった。

3年半ぐらいして、この新所沢の店は兄夫婦にまかせ、父が歌舞伎町でやっていたバーを建て直し、2件目のレストランを開業、20坪の敷地に地下1階を全部厨房、1階と2階を客席、3階を住居にした。1階の前面はガラス張り、中にピザ窯を置き、一寸洒落た店にした。

オープン当初からまあまあ繁盛していたのだが、当時レストランはマヨネーズ、ドレッシング、カレールー、デミグラスソース等ほとんどが手作りで手間のかかる仕事、従業員が沢山いないと出来ない。人件費がかさみ利益が薄い。ワイン、ビール、酒等を置いてはいたが、レストランではほとんど酒類は出ず、売上も周りの店に比べ一桁少ない数字だった。家賃がかからないので何とかやって

はいけたが酒類が出る店をと考え、焼鳥屋や鍋・刺身・海老焼等を出す居酒屋等あれこれ考えていた。西武新宿駅からJR新宿駅に行く地下道が開通して人の流れが変わり、徐々にお客さまも減ってゆき日々頭を悩ませる毎日だった。

●牛タン店、オープンの準備

　昭和48年、横浜銀行歌舞伎町支店の窓口に居た佐々木忍と結婚。昭和50年2月に娘の佳奈世誕生。その頃周りに暴力バーが増え、歌舞伎町に全く家族連れが来なくなり、これではと思い切って方向転換することにした。

　当時本店が仙台にある徳陽相互銀行歌舞伎町支店と取引があり、当店担当の千葉さんから仙台で流行っている牛タン屋の支店が後楽園近くの春日町にあるからと教えてもらった。商店街でもない、通りからも少し奥まった住宅街にポツンとある。夜は周りに店もなく真っ暗で、その店は普通の古い住宅を改装した程度でメニューはタン焼とテイルスープ、麦飯、ビール、酒、ジュースだけ。テーブルは杉板を2枚合わせた屋外に置いてあるような長テーブル、椅子も杉板の長椅子だが、いつも7、8分のお客様が居る。焼鳥は串に刺すのも焼くのも時間がかかり、鍋や刺身は手間や無駄が多い。それと比べて牛タンは切って塩胡椒、厚みもないので焼くのも早い。自分であれば他にもタン料理なら色々作れる。何よりも一人で短時間に大量にさばけると即決め、それからはレストランの厨房でタン料理を作り皆で試食。これならなんとかなりそうだという所で店を出す場所を探し始めた。

　手にカウンターを持ち、浜松町・水道橋・飯田橋・市ヶ谷・神田・四谷と毎日のように空いた時間を使い、サラリーマンがどのくらい居るかカウントした。

　新宿から近いと云うこともあり四谷に決め、駅近とか表通りは家賃が高いので駅から離れた裏通りへ、タン料理の居酒屋というマニアックな店を開くことにした。春日町のタン屋の例もあり、駅から離れていても少しはお客様が来るだろう、なんとか家族が食っていければと、そんな感じで決める。

　徳陽相互銀行から歌舞伎町の土地を担保に2,300万円、利子は8%を借り、どんな店作りをするか、新所沢の店で一緒に働いてくれた友達の岡野さ

んの妹婿坂口さん（武蔵工大建築写真科卒）に相談し、自分が作りたい雰囲気の店をあちこち連れて行った。坂口さんも賛同してくれてお互いに思っている事が大体一致して、2,000万円を坂口さんに預け、後はまかせる。

●「たん焼 忍」のオープンへ

　それから坂口さんは毎日のように、古民家が解体される情報を得ては現場に行き、使える廃材を買いに奔走したが、一軒で使える廃材はせいぜい2、3本。そんなこんなでいろいろなところから無垢の太い材木をかき集めた。普通の工務店の大工さんでは扱えないので、秋田から大工さんを呼び、店造りをする。自分は何も出来ないけれど皆で丸太を持ち上げたり、運んだり程度の手伝いをしながら2か月位で完成。出来た当時は、周りの不動産屋さん達がいつまで持つかと噂しきりだったらしい。

　歌舞伎町のレストランは閉めるつもりだったが、マネージャーの光廣君が僕だったら店を立て直せるからやらせてほしいと云う事でまかせたが、結局2年間で500万円の赤字となり閉店して父の友人の林さんに安く貸す。

　店の名前を決めるのに四国の占い師に尋ね、色々な候補の中からカミさんの名前「忍」がいいと云う事で決定。住まいも近くに借り、昭和54年5月6日「たん焼 忍」オープン。オープン当初は自分とカミさんと井手さん（うち担当の保険屋さんのおばちゃん）と3人で、お昼のランチもやるつもりだったが、人出も足りず、とりあえず夕方から営業し、昼は駅前でビラ配り。最初の頃は知人や友達等何人かは来てくれて、全くのお客様ゼロという日は無かった。

　レストランでは経費が掛かりすぎたので（メニュー、名入り皿やテーブルナプキン、白いテーブルクロス等々）忍ではただで貰えるビールグラスはビール会社の名入り、徳利・お猪口なども酒造会社の名入りの物を使い、安く上げた。光熱水道代や1本のお絞りまで、兎に角徹底的にお金をかけない工夫をした。夕方、カミさんが娘佳奈世（3歳）をなだめて店へ来るのだが、2、3時間もすると人の気配がないのを察し、マンションの内扉の鍵を開け、鼻水じょろじょろ垂らしながら大泣きで店の窓にせいいっぱい背伸びし覗く、そんな事が何回も続き、

これではいけないと東村山に住んでいる母に来てもらい、10時ぐらいまで居てもらった。最初の頃はよかったが、母が帰り誰もいないとわかるとまた泣いて店へ。小学校に上がる頃にカミさんの家族に頼み、近くのアパートを借り一緒に住むことに。

●新聞社などの取材が続き、お店も順調に

　店も駅から遠いし、寂しい所だから、今日はたまたまお客さんが来てくれたけど、明日はどうかわからない。そんな不安な最初の2年間で、3年目に入りやっと安心して仕事が出来るようになる。

　ラッキーだったのは1年目に日本経済新聞のコラムを担当していた桑原才介さんが四谷駅前に取材に来て、その帰りに遠くから「忍」のオレンジ色の看板を見てくれたことだった。あんな所に牛丼屋みたいな店があると、四谷の駅から離れた所の牛タン屋をコラムに載せてくれた。そのコラムを見た月刊「居酒屋」とか「近代食堂」他の雑誌社の人が取材に訪れ、写真入りで何ページか割いて載せてくれた。その後は夕刊フジや他の新聞も取り上げてくれて、テレビ取材もあった。おかげさまで順調にお客様の数も増えていった。3年目あたりから名刺がたまり、年賀状・五月のオープン記念・暑中見舞いの年3回、最初は200枚くらい出すことにした。今では6500枚ほどを年2回、家族で手分けし全てに一言の添え書きをして出している。7年目に銀行の借り入れも無事返済。歌舞伎町の土地の担保も消え、カミさんと二人で乾杯、本当にホッとした。バンザイ！

　「忍」を始めた当初、お客様は中年の男性ばかりだったが、8年目あたりからテレビ取材が増え始め、女性のお客様も多数来てくれるようになった。昼の番組で山田邦子さんが「忍」を紹介してくれた時は放映中から電話が鳴りっぱなし、その日の夕方からお客様の行列、そんな日が半年以上続いた。タモリさん、みのもんたさんの番組等にも取り上げられ、多くのラッキーに恵まれた。

●狂牛病騒ぎ

　平成13年、狂牛病騒ぎでアメリカから牛タンが入荷しなくなり大いに困る。翌年3月アサヒビールの山口君が牛タンを扱う仙台の商社カメイを紹介してくれた。頼んで牛タンを集めてもらう。牛タンが無いと商売が出来ないので、値段には目をつぶる。大体5倍位の金額で1年先くらいまでの量を確保してもらうつもりで注文。金額4,500万、お客様にはゆでタンはお一人様2枚まで、焼タンは一人前までと、なんとか少しでも営業できる日を先延ばししようと必死だった。値段もほんの少しだけ上げただけでずっと赤字が続いたが、貯えが少しあったので給料も遅配することなく続けることができた。

　しかし翌年、銀行の預金はスッカラカンになり牛タンも底をつき始めた。カミさんも心労で血圧が上がり入院した。

　2月頃には牛タンも少しずつ入荷するようになり、値段も元に戻った。

●「忍」感謝の集い

　平成元年10周年は東中野「日本閣」で森川正太さんの司会により500名位のパーティ。20周年は「京王プラザホテル」、東京ボーイズさんの司会で700名位のパーティ。30周年は家族の不幸が続き中止に。

　40周年は「パレスホテル」にて、奇しくもデビュー40周年を迎えた山田邦子さんの司会でスタッフ含め850名位のパーティ。コロナ禍が始まる前年の夏に大勢のお客様に祝って貰えて本当に良かった。

　高校で勉強した事と大分ずれたが、母が言っていた「手に職を」ということが分かったような。また父は、自分のする事は何も言わず黙ってハンコを押してくれて本当に感謝している。娘の佳奈世は成長期にも両親が目の前の借金返済に夢中で、見守ってやれなかったことが悔やまれる。そして何よりも「たん焼 忍」が長く続けてこられたのは、カミさんである忍がお客様の顔を覚える記憶力と接客の良さが最大の要因であると思う。

　それに多くの幸運に恵まれたおかげと思う。

　人生成り行き。

私が建築士の道に進んだわけ

檀上 新[だんじょう・あらた]

1973年生まれ。檀上新建築アトリエ（株）社長。2013年頃、実用的人間学研究会に入会。（＊詳しくは文末へ）

建築の道に進むのを意識した日がありました。

それは、小学生の高学年の時でした。

●子供時代はアニメに夢中

私の父は大学時代の友人と設計事務所を営んでおり、実家の設計も父によるものでした。少し変わった家で、居間には吹抜けがあり、その吹抜けには内側にバルコニーがあり、そのバルコニーに"縄ばしご"が掛かっていて、その"縄ばしご"をブランコ代わりに遊んだり、と遊び心をみたすもの満載の家でした。

そのような環境で育てば、建築の道に進むのは当然だと思いますが、意外にもそれが小学生当時の自分には当たり前の環境であったため、特に意識はしませんでした。

そんなある日、明確に建築の道に進みたいと思った出来事がありました。

当時の私は、とにかくアニメが大好きで、特にロボットアニメ「ガンダム」が大好きでした。アニメの情報誌や設定資料集を貯めたお小遣いで買うのが愉しみでした。設定資料集というのは、アニメの世界観を表現するために、そのアニメに登場するロボットの構造や街や建物、登場人物の設定画など、アニメを製作する上で必要な詳細な設定をまとめた本です。設定資料集を読ん

で空想して楽しんでいました。

　そんなある日、父が私のアニメの設定資料集をパラパラとめくりながら、この本を2週間程度貸して欲しいと言うのです。父がアニメに興味がある訳でもなく、理由は現在設計中の建物の参考にするということでした。

　それは、衝撃でした。

　自分の好きなアニメは子供もので、大人になったら自然と興味を失い、卒業するものだと思っていたのですが、父は参考にするというのです。私は心の中で何かが閃きました。自分の好きなアニメが建築という世界になんらかの形で繋がっている事実を目の当たりにしたのです。それをきっかけに建築はきっと自分が進んでもいい「何か」だと確信したのです。

　今にして思えば、実家の設計が変わっているので、建築に興味をもつのは必然だったかもしれませんが、私が小学生高学年の時に明確にインパクトを持ったのは、紛れもなく、「アニメの設定資料集を父が借りる事件」でした。

●中学から高校、そして大学の建築学科へ

　中学2年生の終わりの頃、親の勧めで北海道に国内留学をすることとなりました。あまり深い事は考えない性格でしたので、友達と別れることが寂しかったのですが、好奇心の方が優っており即決しました。

　当初は中学3年生の1年間の予定でしたが、北海道の広々とした感じと空気が自分の肌にあっていたのか、もう少し北海道に居たいと思い。北海道の高校に通う事としました。中学までは寮生活でしたが、高校からは学校近くの下宿で生活することとなりました。

　ある日、親から送られてくる衣類やお菓子の中にカレンダーが入っていました。そのカレンダーには建築をモチーフとした絵が描かれており、絵の下には「ARATA ISOZAKI」と文字が書かれていました。私と同じ名前の「ARATA」と書かれていることが気に入り、部屋に飾っていました。

　下宿に遊びに来た友人は、「ARATA」と書かれたカレンダーを不思議そうに何故同じ名前なのかよく聞いてきました。メモ書きにあった「磯崎新」氏は

日本を代表する建築家と答えていました。

　進路を決めるため、高校2年生の冬休みに実家に帰った時に親に相談しました。自分は設計の道に進みたいと希望しましたが、父は反対したのを覚えています。おそらく大変な道だから心配をしたのでしょう。ただ、自分の中には小学生の時に覚えた思いが忘れられず、絶対進みたい道となっていました。

　そして、東京の建築学科のある大学に進むこととなりました。

　建築系の大学では、3年生の時に進みたい研究室を選択します。ジャンルとしては大きく分けて意匠、構造、環境に分別されます。自分は、意匠系の研究室を選択しました。意匠とは、建築の総合的な計画やデザインを取りまとめる分野です。大学を卒業したあと、更にデザインの勉強がしたく夜間のデザインの専門学校に通いました。

●設計事務所勤務の時代

　昼間は設計事務所で設計の仕事をしたく、学校のアルバイト募集の掲示板で設計事務所を探しました。掲示板のアルバイト募集欄に建築だけでなくランドスケープデザインもやっている設計事務所があり、そこでアルバイトをすることとなりました。ランドスケープデザインとは、都市計画や建築の外構の設計のことをいいます。

　建築は大きく捉えると、都市計画から家具の設計までとマクロとミクロの世界が存在するのが面白いです。デザインの専門学校を卒業したあとも、その事務所設計の進め方に興味があり、そのままアルバイトしていた設計事務所に就職しました。そこの設計事務所では「まちづくり」を設計プロセスに組み込んでおり、小学校建て替えの設計時には、住民会議を行って地域に必要な小学校とは「何か」を住民と教育委員会、学校の先生や生徒と話し合い、「みんなの学校」として設計を進めました。最終的には、建築地が雪の多い地域であったため、全天候型のドームに包まれた木造校舎となり、冬でもドーム内で走り回れ、地域住民も利用出来る「温室」や「お風呂」、「囲炉裏の場」もありと地域に開かれた小学校が出来ました。建築とは様々な可能性を秘め

ているものと感じました。

●設計事務所を設立

　そして幾つかの設計事務所を経て、18年前の32歳の時に独立をし、今に至ります。幼い頃に感じたことがきっかけで迷いもなく建築の道に進みました。今やライフワークとなっています。

　建築の仕事は、長いスパンで建築がどうあるべきかを考えます。住宅でいえば、現状のことだけでなく、将来家族構成が変わった時にどうするかなども考えることが重要です。

　また、建築は多くの人と関わります。お施主様だけでなく、実際に設計・建築する建設会社の方、職人さん達です。私は、人と会うのが好きです。メールや電話のやり取りだけでなく、会って話す方が伝わりやすく、本当に必要としていることもニュアンスや表情で判断出来るからです。学生時代に国内留学をしていたおかげで、「他人の飯を食う」経験ができたことが、この仕事に役立っているかもしれません。

　建築士の仕事は、技術職である一方、カウンセリングをする側面が強いです。お施主様がなにを望んでいるか、どうあるべきなのかを考え知る必要があるからです。常に勉強が必要で、とても大義があり夢のある仕事です。この仕事につけて幸せなのだと思います。

［だんじょう・あらた］1973年生まれ。
1995年、工学院大学工学部建築学科卒業。
1997年、桑沢デザイン研究所卒業。
2005年に檀上新建築アトリエを設立。
2019年には株式会社檀上新建築アトリエ法人化、建築雑誌に投稿多数。
2013年頃、実用的人間学研究会に入会。
現在、檀上新建築アトリエ(株)社長。

実用的人間学との歩み
人間学研究所と「こういちの人間学ブログ」

佐竹幸一 [さたけ・こういち]

1943年、東京に生れる。東京教育大学動物学
専攻卒。人間学研究所専務理事、実用的人間
学研究会会長（＊詳しくは文末へ）

［1］人間学
人間学研究所と実用的人間学研究会

●「人間学」とはなにか、その歴史

　まずは、人、人間、ヒト、人間学の名称について考えます。

　『万葉集』や『古事記』などでは、漢字の「人」という文字にジンとかヒトとかいう言葉をあてはめて使っていました。これはいわゆる人間を意味する言葉として、また、他人やさらには世の中という意味にも使われていました。中国語でも「人間」（renjian）は、人の世、世間という意味です。『枕草子』には「人間」という言葉が使われ始めていましたが、古くはジンカン、その後ニンゲンと呼ばれるようになったのです（『枕草子』157段、新潮国語辞典）。

　「人間」とは、仏教用語でいう六道「地獄、餓鬼、畜生、修羅、人間、天上」の一つを表し、「人類」という言葉も「畜類」などに対比する仏教で使われた言葉でした。「人間」という言葉が、人（ヒト）と同じ意味で使われるようになったのは、室町時代の末期以降で、一般的になったのは明治以降のことです。

　小原秀雄は『人（ヒト）に成る』（大月書店、1985）において、人間を生物的存在でありながら、独特な文化社会を持つ存在として「ヒト」という言葉を強調しています。*注01

さて「人間学」という名称は実に多様な使われ方をしています。日本におい
て最初に「人間学」という言葉を使ったのは、西周（にし・あまね）でした。西は
『百一新論』において、アンスロポロジーを「人性学」と訳し、「ソシオロジー」
を「人間学」と訳しています（1874）。また1897年には、大月隆が『人間学』
を出版しました（国立国会図書館、「『人間学』の初め」で検索）。

　「人間」はギリシャ語でanthropos、ラテン語でhomoe、英語man、ド
イツ語mensch、フランス語hommとなっています。アンソロポロジーは
Anthroposとlogosの合成語としての色彩が強い名称です。マグヌス・フントの
『アントロポロギウム』（1501）あたりが人間を論じた最初の本ではないかとい
われます。人間学という言葉は、もともと解剖学など自然人類学的なもので
した。イギリスにおけるアンソロポロジーについての著作は、ハッドンハツに
よれば1655年の匿名の『アンソロポロジー摘要』が初めてであろうといわれて
います（茅野良男『哲学的人間学』塙新書、1969）。

　Anthropology（英）は日本では「人類学」とも「人間学」とも訳されます。
だいたい自然科学的なものを人類学、哲学的なものを人間学としている傾向
があります。しかし、厳密には分けられず、翻訳の場合、訳者の好みによっ
ているといってよいでしょう。Human Scienceも「人間科学」とも、「人間学」
とも訳されています。その境界はあいまいです。インターネットでの翻訳機能
によれば、人間学研究所はInstitute of Anthropologyです。＊注02

　わが人間学研究所は、Anthropologyに対して、当時の副所長の岩田氏
と相談して"Humanology"を用い、「The Institute of Humanology」としま
した。Humanologyは、まだ用語として完全には認められていません。＊注03 この
言葉を使い始めた2000年ころは少なかったのですが、今ではだいぶ使われ
るようになっています。

●カントの「実用的見地の人間学」と「自然地理学」

　大学の1年の時、いろいろな本を読みあさっていました。その中に、イマヌ
エル・カントの『実用的見地の人間学』（坂田徳男訳、岩波文庫1952）がありまし

た。本書から大変な衝撃をうけた私は、カントの「実用的人間学」と同じ方向に進もうと決心したのです。しかしこの「人間学」という学問は理科系・文科系にまたがるもので、当時の日本の学問体系の中には皆無でありました。

　カントは「人間学」の冒頭で「人間学は生理学的な見地からのものか、実用的な見地のものかの類型が可能である。自分の人間学は『実用的見地の人間学』である」としています。

　引き続き読んだカント『人間学』（岩波書店1938）、『人間学』（理想社1966）、『人間学』（玉川大学出版部1959）、『人間学』他（河出書房新社、世界の大思想1983）、『カント全集15 人間学』渋谷治美、高橋克也：訳（岩波書店2003）と、多くの本の訳の比較もしました。渋谷治美氏の訳が最も優れていると感じました。岩波書店刊『カント全集15 実用的見地における人間学』（2003）です。渋谷治美氏は埼玉大学の教授で一時、総合人間学会に入っておられましたが、私も学会をやめ、渋谷氏もやめられたので、お会いすることはできませんでした。

　カントによる大学での『人間学』の講義は20年以上続き、晩年まで続いたそうです。そして最晩年にカントの手になる、最後の出版物として発行されました。その内容を次に上げます。

　　［第1部］　　人間学的な教訓論
　　　　　　　　─人間の内面及び外面を認識する方法について─
　　［第2部］　　第1篇　認識能力について
　　　　　　　　第2篇　快と不快の感情について

［注］
＊01──群羊社の「人間どう視るか」シリーズ／小原秀雄、岩城正夫
　　　　①『人間学入門』1982年発行
　　　　②『自己家畜化論』1984年発行
　　　　③『自然「知」の探究』1986年発行
＊02──これらの用語については、茅野良男「概説・哲学的人間学とは何か」（『現代のエスプリ─特集「人間学とは何か」』No.82、至文堂、1974）が興味深い。
＊03──筆者の学生時代（生懇）の例会記録は手書きの記録でした。それ以後の人間学研究会からさまざまな時代の人間学研究所・実用的人間学研究会、さらには総合人間学研究会の資料まですべてそろっています。

第3篇　欲求能力について
［第3部］　　人間学的性格論

となっています。特に第3部では、個人の性格というところに、人間の気質、性格に関して、人相術についての記述が興味深いです。また男女の性格、国民性、人種の性格、人類の性格、と続きます。

最後にカントは次のように言っています。

「人間の使命として、人間として技術と科学によって自分を洗練化、文明化（市民化）し、道徳化するように使命づけられている。したがって人間は善に向かって教育されなければならない。しかし、それには困難が伴うが、その方法について考察してゆかなければならない」

カントの『自然地理学』について、中島義道『晩年のカント』（講談社現代新書2021）によると、『自然地理学』は『人間学』と同じ早い時期からカントの晩年まで、カントによって講義されたものでした。大学の午前中の講義は大学の学生向きの講義で、午後は一般市民相手の通俗講義になっていました。多くの人々がこの講義（人間学や自然地理学）を受けたといいます。女性も大いに受講したそうです。

カントは晩年に自宅を持ってからは、様々な世俗的な能力を持つ人々を食事に招待したそうです。同業の哲学者は招待されず、哲学以外の膨大な知識を収集したのだと。『晩年のカント』の第7章で、中島氏は、カントの地上のあらゆるものへの興味 ──『人間学』『自然地理学』を記しているのですが、この『自然地理学』の範囲の広さに驚かせられます。

カントは従来の不当に軽視されてきた地理学を、最初に大学の講義科目の中に導きいれた大学の教師でした（『自然地理学』の解説から）。内容は、第1部が河川や大気圏、第2部「陸地に含むもの」で、その第1篇は「人間について」です。第2篇は、動物界で、当時わかりうるすべての動物が掲載さ

れています。第3篇は植物界、4篇は鉱物界、第3部はすべての地方の自然の特徴、アジアから日本まで書かれています。世界中の各国、各地方について書かれています。各科学がまだ未分化の状態であったのですが、カントはそれぞれ膨大な分野について包括的に述べています。

●人間学研究所のこと
小原秀雄氏死去／5月岩田氏、名誉所長に／2022年9月「人間学と人間科学の現状／2017年9月「こういちの人間学ブログ」より

　最も人間学研究会関係で古いのは、私（佐竹）が東京教育大学の動物学専攻に所属していた時の会（1965）ではないかと思っています。

　その後、1985年に2年と少しとなる短期間の第2次人間学研究会ができました。この時に女子栄養大に柴田義松氏、小原秀雄氏、岩城正夫氏がおられました。

　1991年4月に第2佐竹ビルが作られ、そこの2階の1室に「人間学研究所準備室」が作られ、それがさらに「人間学研究会」になりました。

　1993年5月に佐竹は「実用的人間学研究会」（第1次）をつくりました。そこで月に2回の例会が開かれるようになりました。そして「実用的人間学ニュース」を発行し始めました。私はそこで月1回講師となっていろいろな話をしました。ちなみに第2回例会には、「信長、秀吉、家康の人間学」をテーマに話しました。第2佐竹ビルには12,000冊の本があり、その本を使っていろいろな話をしました。これは大変良い勉強になりました。

　1993年9月には、岩城正夫先生や野本雅央氏が中心となり「人間サロン」が作られました。そして、両方にまたがる「人間学ニュース」は60号まで発行されました。このころ、新屋重彦氏、志村紀夫氏、尾関周二氏（前総合人間学会長）が参加され、小説家の北原眞一氏、現・実用的人間学研究会副会長の杉山靖夫氏なども参加されました。当時は実用的人間学研究会と人間サロン、人間学研究会が並立していました。

　1999年4月に「人間学研究所」ができました。それ以後から現在まで、続

いています。途中から小林直樹氏が参加し、2002年6月には総合人間学研究会準備室がつくられました。11月には総合人間学研究会となりました。2004年には新教育人間学部会。2006年5月、総合人間学会が作られました。2008年4月には実用的人間学研究会（2次）となりました。人間学研究所では『人間学研究所年誌』を2000から2021（2022年3月発行19号）まで発行し、『人間学研究所通信』、「Humanology」を91号まで発行しています（2020年12月現在）。

● 人間学ブームについて

『年誌2002』の記事として「人間学を取り巻く状況」という記事を書きました（2002）。その第2章に「人間学ブーム」というものについて書きました。ブームとは以下のようなものです。

私は、国立国会図書館で、人間学という名前の付いた本が何冊あるかを数えてみました。そうしたところ、あきらかに出版部数の多い年の山が見られたのでした。その動きをグラフ化したりして、分析してみました。以下、私なりの「人間学ブーム」を定義してみたいと思います。

第1次人間学ブーム：1927年に三木清の『人間学のマルクス的形態』が書かれ、1928年にはマックス・シェーラーやプレスナーの哲学的人間学の著作、1935年のカレルの『人間この未知なるもの』、1938年の『人間学講座』（理想社、全5巻）に至る時期であり、桑木厳翼が「今はやりの人間学」と言った時代。

第2次人間学ブーム：1960年に学術会議に「人間科学総合研究所」案が出され、それにこたえて1961年に東京工大に「人間科学研究所」が設立されたころからである。全集『現代人間学』全4巻が発行された。1963年には雑誌『人間の科学』、関東生物科学生懇談会に「人間学」の分科会ができたころであった。このころ人間を学際的総合的に見ようというものと、あくまでも哲学的人間学の立場を維持しようとする者とがあった。

第3次人間学ブーム：日本でバブル景気がはじける寸前、環境問題が認識

され始め、ソビエト連邦崩壊のころの騒然とした時代だった。世の中は人手不足で、私が「経営人間学」と名付けた本（例として山本七平『経営人間学——資本主義の精神の先駆者たち』日本経済新聞出版、1988）などが多く出された時代。大学には○○人間学部、人間科学科などが多数新設された。

　と、このような人間学ブームが見て取れました。いかがでしょう。しかし、これ以後は、人間学でブームと呼べるようなものはなくなったと思います。

●人間学研究所の例会

　人間学研究所の例会は原則、月2回。教育人間学部会と実用的人間学部会とが行われていました。人間学研究所の例会は、はじめ新築の自社ビルの第2佐竹ビルの2階にある人間学研究所で行われました。人間学研究所では私の主催する、実用的人間学部会はいわゆる学者ではない人、税理士、建築会社、設計会社社長、元銀行支店長、元大学事務長、商店店主、家庭の主婦などの多彩な人、趣味を持った人がそろっていました。両部会員は自由に興味がある部会に参加できました。当時、佐竹は東京ガスの委託店（エネスタ百人町）を経営し、佐竹ビルと第2佐竹ビルと、駐車場と倉庫を所有していました。

　その後第2佐竹ビルはテナントに貸し出すことになり、5階に自宅として住んでいる佐竹ビルの3階を人間学研究所等の場所としました。部屋が狭くなったために、蔵書は第2佐竹ビルから、佐竹ビル3階に変えたときに、12,000冊から2,000冊を処分しました。

　その後2013年に私が外出先で脳出血をおこし、右半身マヒとなって、車いす生活となり、エレベーターの無い佐竹ビルには上がれなくなりました。例会の場所を今借りているマンションの集会室に変えました。月2回の例会は難しくなり、月1回となりました。その後佐竹ビル3階も人間学研究所では使えなくなりました。本も転居先のマンションに持ってきた3000冊以外の7000冊の一部は古書店へ、他は廃棄しました。

『人間学と名の付く書物』2000年から2012年（2020一部修正）
「人間学」と名の付く書物を、国立国会図書館から調査

	2012年1月	2009年7月	2000年8月
一、総合人間学			
人間学概論など	49	42	23
二、個別人間学			
1.哲学的人間学			
哲学的人間学	122	110	89
唯物論的	10	10	7
宗教的人間学	52	47	35
2.科学的人間学			
①生物学、医学、工学、看護系			70
医学系	52	50	
生物学系	15	15	
看護・福祉系	22	19	
物理学・工学系	8	8	
②心理学・教育学系			
心理学系	32	32	37
教育学系	89	73	42
③社会科学、生活学、文学系			
社会学経済	31	30	45
生活人間学	18	16	20
文学・言語、芸術	18	18	
三、応用人間学			
1.歴史人間学			
歴史人間学（日本）	55	52	51
歴史人間学（中国）	110	106	89
2.一般経営人間学			
経営・リーダーシップ	90	83	71
生き方、自己啓発	38	37	57
社会、職場の現状	15	15	27
3.その他の人間学			
個人の伝記	13	13	8
人生人間学	18	15	
趣味娯楽 スポーツ	22	21	
神秘主義・占い等	45	44	38
その他の人間学	71	69	
合計	991	925	792
人間学研究所所蔵数	444	432	411
国立国会図書館検索数	1,413	1,317	791

- 国立国会図書館検索数は本の中に人間学の項目があるものを含む
- 人間学研究所所蔵数についての上記の表は本のタイトルとサブタイトルにある本に限定しています。〈数が少なくなります〉
- 2000年の資料は他と分類法がことなるので参考程度です。

検索語『人間学』、『人間科学』の国立国会図書館での検索数

	人間学	人間科学
2000年3月22日	769件	149件
2005年10月	1,136件	151件
2012年1月8日	1,413件	
〈2012年1月新表示法〉	2,812件	1,326件
2020年1月24日	7,879件	

● 新表示法では雑誌も含むようになりました。

　私も2023年2月には80歳を迎えます。会のメンバーも高齢化が進んでいますので、減少が続いています。

　そこに加えて、新型コロナウイルスの蔓延が2020年の2月から始まりました。メールアドレスのある方には、一斉メールで連絡、後の方は郵送で連絡しています。お互いに会う機会も減ってしまい、会のメンバーも23名と少なくなりました。そこで一つの交流の手段として人間学研究所および実用的人間学研究会で本（本書）を出そうということになりました。しかしメールだけの連絡では意思の疎通が難しいことが痛感されます。

　2023年5月には、新型コロナウイルスも5類となり、いよいよ本格的な活動が再開されます。

● **総合人間学会**について

　小原秀雄氏の紹介で人間学研究所に東大法学部名誉教授の小林直樹氏が参加されました。その後新しいメンバーも増加していきました。

［**総合人間学研究会**］

　2002年6月、「総合人間学研究会準備室」が第2佐竹ビルに作られました。2、3か月に1度例会を開きました。2004年12月の名簿を見ると、会員は157名。代表幹事は小林直樹、小原秀雄、柴田義松氏で、会員は各分野のそうそうたる方々でした。佐竹は幹事・事務局員となっております。総合人間学の活動が活発となると、人間学研究所の例会は減り気味となりました。

年に1回、関西例会が開かれ、大谷大学や龍谷大学などで例会が開催されました。例会のあとの懇親会は大変楽しみでした。またついでに京都の小旅行にも出かけました。

［総合人間学会］

　2006年5月に設立総会が開かれ、「総合人間学会」が作られました。明治大学の大講堂で満員の盛況でした。この時、岩田氏が事務局長、私は運営委員、事務局次長でした。

　その後、総会で講演をしたこともあります。最後の講演で2つの分科会が1つになり、たいへん多くの方が参加され、持って行った『人間学研究所年誌』も売り切れ、2人の方が人間学研究所に入会されました。

　私はその総会で会計監査に指名されました。

　その後しばらく在籍していましたが2018年2月に総合人間学会を退会しました。学会誌の出版元は学文社からハーベスト社へ、そして今では本の泉社に変わっています。総合人間学会の4代目の会長の尾関周二氏（東京農工大学名誉教授）は、以前からの知り合いで学会誌に総合人間学会の初めのころには佐竹が一定の役割を果たしていたと書いてありました。現在は5代目の会長古沢広祐氏になっています。

● 『人間学研究所年誌』

（BULLETIN OF THE INSTITUTE OF HUMANOLOGY）

　『人間学研究所年誌2000』は、2000年12月1日に第1号が発行されました。ページ数は166ページの厚みのある本でした。著者は小原秀雄、柴田義松、北原眞一、永井 治、岩田好宏、佐竹幸一などでした。編集は岩田好宏氏が一貫して行ってくださいました。この時は教育出版に勤めていた広瀬氏にも大事な役割を果たしていただきました。

　"HUMANOLOLOGY"の名前も副所長の岩田氏と佐竹で相談して決めました。はじめは2000年1号、2002年2号、2003年3号、2006年4号と

楽しかった人間学研の旅行 様々な懇親会

　人間学研（実用研も）で、最も楽しかったのは、2013年に1泊2日の泊りがけで、千葉県の白浜海岸へ研修旅行に行った思い出です。交通手段は筆者の車6人乗りの日産エルグランドと中学の同級生である上杉君の運転する5人乗りの車でした。柴田所長、森岡副所長、杉山実用的人間研副会長、白村さん、女性は木村さん、藤原さんなど4名でした。私は事前に下見をしていました。2日間は素晴らしい天気に恵まれました。

　行く途中の保田の番屋で豪華な昼食を取り、水中透視船で保田の島の周りを廻りました。その後、海際のホテル白浜ライズリゾートで泊まりました。大きな部屋を3つ借りましたので、ゆったりと泊まれました。海に面した外の景色が見づらいのが難点でした。

　研修会と銘打っても研修はなしでした。宴会では飲み放題付き、カラオケ付きコースでした。ともかくよく飲みみんなで歌い、大騒ぎで楽しいひとときを過ごしました。柴田先生もカラオケでたくさん歌われました。仲居さんもカラオケで盛り上がり2次会にも参加されました。その様子は筆者のビデオカメラで撮影してあります。

　翌日は野島崎灯台に上りました。『こうい

ちの人間学ブログ』にはみんなを撮った画像が掲載されています。昨日と今日と素晴らしい天気に恵まれました。帰りはカーフェリーで浜金谷から横須賀まで行きました。そして横浜経由で帰りました。楽しい2日間でした。

［人間学研究会後のさまざまな懇親会］

　さまざまな研究会の例会と組み合わせて、いろいろな楽しい催しで、懇親を深めるのが常でした。例会の行われる新大久保には様々なお店がいっぱいです。日本料理店もあるし、韓国料理店は各種料理店があり、その他ベトナム料理、ネパール料理店があります。日本のなかでも珍しい多国籍料理の地域です。残念ながら途中で筆者は脳出血の後遺症で多くのお店へは車椅子ではいけなくなりましたが、車椅子でも行けるお店で楽しんでいます。

発行が乱れました。

『人間学研究所年誌2012、No.10』は、中間の最盛期といえましょう。119ページ、著者は13名でした。2013年の3月で「人間学研究所」に在籍32名、「実用的人間学研究会」会員が31名でした。

ところが2013年11月、私は旅先で、脳出血（視床出血）を起こしてしまいました。『年誌2013』では佐竹は「短報」、「視床出血からの回復に向けて」で、その状況を書いています。

人間学研究所の例会は従来どおり、佐竹ビルの3階で行われ、エレベーターの無い佐竹ビルの5階に戻れなくなった佐竹は、佐竹が話をする時だけ、転居先のマンションである西戸山タワーホームズの集会室で行いました。その後佐竹ビルの3階は使えなくなり、集会室で常時行われるようになりました。

2020年2月から、新型コロナウイルスのまん延により例会もほとんど開かれなくなってしまいました。『人間学研究所年誌2020』は投稿者5人で58ページ、初めて佐竹も大腸がんの手術などで投稿できませんでした。『人間学研究所年誌2021』の投稿者は3人だけで、51ページでした。

なお詳しい『人間学研究所年誌』の内容は、別資料①『人間学研究所年誌』をご覧ください。

［2］人間とは何か
人類学・古代史を中心として多面的に

●いろいろな人類と、現生人類のネオテニー化

チップ・ウォルター『人類進化700万年の物語』（青土社2014）所収、「私たちだけがなぜ生き残れたのか」"Last Ape Standing"によると、はじめに、この180年の間に私たちは偶然に見つけて発掘した証拠によって、27種類の人類を明らかにしてきた。（中略）その中の26種類は、環境要因、捕食動物、病気、あるいは不運にもDNAの欠陥によって絶滅してしまった。唯一の生き残りは、直立して歩く類人猿で、自身のことをホモ・サピエンス・サピエンス（中

「こういちの人間学ブログ」について
アクセスと記事の変化

2009年7月22日	ブログ書き始める「こういちの面白人間学」
2011年4月	記事 275件 アクセス 5万件
2012年2月	記事 400件 アクセス16万件 5月20万件
2013年5月	50万件 記事500件 3月記事「肉を食べて老化」
このころ1日1000件アクセス「唾液健康法」について
2013年11月	こういち 旅先で脳出血右半身麻痺〈4か月入院〉
以後ブログでの地域の紹介は近場のみになる
2014年7月	87万件 10月 記事600件
2015年2月	100万件 記事 690件
2016年2月	120万件 5月 秋山氏「不食という生き方」
2017年2月	記事 865件 1日500～600件アクセス
2017年7月	アクセス累計150万件
2023年6月	200万件 記事1250件 コメント1419件
カテゴリー30 一部略

［こういちの人間学ブログ］

▶政治と社会の現状	▶人間とは何か―― 人類学
▶経済・政治・国際	▶人間と社会・歴史
▶占いと神秘主義批判	▶人間と教育
▶地球温暖化論批判	▶人体と健康法
▶原発・エネルギー問題	▶精神医学・心理学など
▶顔の人間学	▶人間学について
▶大久保の街紹介	▶小説・芸術。人生論
▶各地の紹介・レストラン	▶宗教と死
▶旅行地域	▶マルクス・エンゲルス人間論
▶日記……つぶやき	▶自然と歴史
▶人間学研究所の例会	▶中国と韓国の歴史とドラマ……

略）と呼んでいるが（中略）あなたや私という呼び方をしている。(p.011)

　この本はまさに、人類の起源から、現生の唯一の人類すべてを概括していてわかりやすく、面白い本でした。

　訳者あとがきにも述べられていますが、現生人類が生き残ったのは「幼少時代の延長」ネオテニー特性というものが、気候変動のタイミングにあったことも幸いして、われわれの種に味方したということだ、というのです。また、われわれの道徳性の起源についても述べられています。

　この本の冒頭に16頁にわたって、カラー写真が掲載されています。その中で顔の比較の写真が出ています。それは、第7章の「野獣の中の美女たち」の項での写真です。11、12頁の写真で比べてみると、ひとは異性の若々しく子どもっぽい顔つきに魅力を感じることが示され、そこでは私たちが類人猿の赤ん坊に似ている理由のひとつ、と書かれています。心理学者のテストで、幼児は魅力的な養育者をそうでない養育者よりも好むことが分かりました。それは幼少期を延長するネオテニー現象を私たちが好む傾向があるということです。しかし反面、擁護者として男性のたくましさも魅力的にみる面もあります。

●ネアンデルタール人などと私たち人類

　現生人類であるわれわれ、ホモ・サピエンスは、様々な人類と共存していました。

　地球が寒冷化・乾燥化した時代にヨーロッパではネアンデルタール人、アフリカにホモ・サピエンスが生まれました。最後の氷河期は厳しかったのですが、アフリカはヨーロッパより暖かく、アフリカに生まれたホモ・サピエンスは恵まれていました。しかしインドネシアのトバ火山の爆発時には、ホモ・サピエンスも10,000人以上から2,000人位まで減少したといいます。現生人類が生き残ったのは、能力と運のおかげであったそうです。現生人と同時にネアンデルタール人とともにデニソワ人、赤鹿人、フローレス人、未知の人類が生存していた可能性があるのです。

　ネアンデルタール人ははじめ毛むくじゃらの野蛮人という復元図でしたが、DNA解析によると、寒冷地に適応して肌が白く、髪が赤く、現代の西欧人

に近いイメージに変わりました。特に女性の復元図を見ると、西欧人そのもので
でした。

『ネアンデルタール人は私たちと交配した』(文芸春秋 2015) は、スウェーデン
人でマックス・プランク研究所のペーボの自伝的な書物です。ペーボは2009
年「ネアンデルタール人のゲノムは、非アフリカ人の方が、常に2%多く一致し
たこと」を発見しました。非アフリカ人はネアンデルタール人から、特に寒冷地
で生き残るのに有効な遺伝子(白い肌とそれとつきものの赤い髪。この地域の病気に
対する耐性など)を取り込みました。ネアンデルタール人と現代人の全ゲノムを比
較すると99.5%が一致しています。しかし10万個の違いがあるということです。
ペーボはデニソワ人のゲノムも調べネアンデルタール人に近いことも明らかにし
ました。

『こういちの人間学ブログ』には、「ネアンデルタール人とわれわれ人類」の、
リンク集があります。2015年半ばだけで、多数のブログ記事があります。特
に、「ネアンデルタール人について 図像の変化 赤い髪 白い肌 イメージが大
きく変わる」(2015年6月10日) は、多くのアクセスがありました。ここには、多く
の画像があります。ぜひご覧ください。

●ペーボのノーベル賞と、「ネアンデルタール人の図像の変化」

ちょうどこの本の原稿を書いているときに、スヴァンテ・ペーボの2022年のノー
ベル生理学・医学賞受賞の報が入ってきました。人類学部門での受賞は少
なく、快挙です。以前、ペーボのこの研究発表の時にこれはノーベル賞級の
成果だなと思っていました。それとともに私のブログ、「ネアンデルタール人図
像の変化について。赤い髪白い肌のイメージ、大きく変わる」2015年8月10
日のアクセスが急増しました。このブログにはいろいろな資料が載せられてい
ます。2015年10月の人間学研究所の例会でもこの話をしました。ブログには、
ネアンデルタール人関係の図像が32枚、出されています。この当時手に入る
ネアンデルタール人の図像は全て載せました。

ネアンデルタール人の初期段階の画像はひどいものです。原始的な野蛮人

そのものです。その後しだいに現生人類に近いものになってきます。決定的なのが、ペーボがネアンデルタール人のゲノム解析により、白い肌、赤い髪（おそらく青い目）の、ヨーロッパ人に近い姿をしていたことがわかったのです。特にネオテニー化（幼児化）しやすい女性はよけい北欧のヨーロッパ人に近い姿なので、白人の女性の映像をそのまま使っています。逆に当時のホモ・サピエンスの男性はいわゆる黒人で、エチオピア人位のイメージです。

　当時のホモ・サピエンスの人たちと、ネアンデルタール人を比べると、集団の大きさが違ったらしいのです。ホモ・サピエンスは集団が50人から大きくなると100人位にまでなったそうです。さらに投げ槍の発明、さらに遠くに飛ばす技術などを発明しました。それに対してクロマニヨン人は大型獣に手槍でぶつかっていき、けがを負うことが多かったといいます。また女性も狩りに行き、けがで死亡しました。また寒冷化により、獲物が少なくなることなどと重なり次第に数を減らしていきました。

　ネアンデルタール人はスペインの南端の洞くつが最後の生存の場となってしまいました。しかし現生人はアフリカ人を除き寒冷地で生き抜くための3〜5%の遺伝子を交配により引き継いだのです。

●縄文人と弥生人

　縄文時代は1万3,000年前ごろから紀元前5世紀ごろまでの長い時代です。氷河時代が終わり、地球が温暖化していった時代（完新世）です。東日本は、コナラ、クリを主とする暖温帯落葉広葉樹林となり、食糧に恵まれるようになりました。縄文人は縄文土器や土偶など独特の文化を作りました。

　西日本に農耕社会が始まった紀元前5世紀ごろからが弥生時代とされていますが、近年水稲栽培は紀元前1000年前頃から始まったといわれています。

　はじめ中国江南地方に住んでいたのは縄文人でしたが、中国で戦乱があるたびに、大陸の人々が、沖縄諸島や朝鮮半島を経由して日本にやってきました。古くは春秋戦国時代、越の人々が逃れてきました。さらに秦の始皇帝時代に中国の南方系の徐福が来たという伝説があります。そして次々に戦乱

があるたびに沖縄経由や朝鮮半島経由で日本にやってきました。

　3世紀には邪馬台国が中国の歴史書（魏志倭人伝）に載るようになります。その後、気候が寒冷化し、北方系のツングース族が南下してきました。扶余、高句麗や百済などの諸族です。日本の当時の人々は韓国南部で同じ前方後円墳をつくる同じ種族である首露王の子孫、金官伽耶の人たちでした。530年に3つの伽耶国が滅ぼされると、百済の王と伽耶の元の王、そして倭国の王が相談したといいます。

　3世後半から4世紀には奈良県（大和）に古墳が集中し、4世紀末から5世紀に巨大古墳ができてきました。さらに百済滅亡など大陸の戦乱があるたびに日本へ多くの人々がやってきて、日本はいろいろな人々のいわばふきだまり状態になっていきました。日本人のルーツについて、篠田謙一氏の『新版 日本人になった祖先たち』（NHKブックス2019）によれば、母系のミトコンドリアDNAハプログループを見ると、人類の系統関係がわかるといいます。日本人の持つミトコンドリアDNAの割合を見てみると、最も多いのがDグループ、東アジアの最大集団。Bグループ、環太平洋に広がる移住の波。M7グループ、日本の基層集団（縄文人）。Aグループ、北東アジアに展開するマンモスハンター。Gグループ、北方に特化する地域集団。Fグループ、東南アジアの最大集団。以下N9、M8a、C、最後のZグループはアジアとヨーロッパを結ぶ人々でした。

● 卑弥呼は九州説が有力

　邪馬台国については、以前から九州説と大和説とで争われています。はじめは邪馬台国の名が大和に近いということと、天皇家が万世一系ということからも卑弥呼とは、天照大神ではないかと思われました。それで大和説が有力と思われていたのですが、最近は九州説の方が有力となってきました。

　一つには『魏志倭人伝』です。『日本古代史を科学する』（中田力、PHP新書2012）によれば、倭人伝では、いろいろな小国を経過して邪馬台国に到達するわけですが、邪馬台国＝大和説によると、距離や方角が合わなくなってしまいます。当時の科学・技術の低さから間違えたというわけです。ちなみに、

2022年のビッグコミックオリジナルの連載漫画『卑弥呼ヒミコ』(リチャード・ウー作、中村真理子画)も邪馬台国九州宮崎説をとっています。

　中田氏はこのように『魏志倭人伝』を解析しています。中国古代には、距離の単位に長里と短里があります。現在の中国は長里を用い、1里が500mです。しかし、はじめの壱岐島の計算などからも、『魏志倭人伝』では、短里が用いられており、1里は60mと推測すべきなのです。そしてその計算値を用いての到達地である邪馬台国は、宮崎平野、日向灘の地にピタリと当たったのです。

　大和の箸墓古墳が卑弥呼の墓であるという説がありますが、間違いでしょう。もともと卑弥呼は九州説が有力なうえ、箸墓古墳は前方後円墳ですが卑弥呼の墓は円墳であろうと推測されています。卑弥呼の墓には多くの副葬者がいたようですが箸墓古墳には副葬者がいないようです(天皇古墳と見られ、掘り出してはいませんが)。

　近畿説では伊都国以降の方位は南と書いていますが、東の誤りであると解釈します。しかしそれでは距離もまったく合わなくなります。当時の魏の国の科学水準は、そんなに大きな間違いをおこさないほど技術水準は高かったように思われます。

　中国の歴史書によれば、卑弥呼は242年から248年の間に死んだということです。そして百人余りがともに墓に埋葬されました。墓は90mほどの円墳であるといいます。

　『日本古代史を科学する』の著者の中田氏は日米で活躍する有名な医師であり、自然科学の眼で、日本古代のなぞ解きに挑んでいます。

● 『魏略』に見る 邪馬台国と大和朝廷

　『魏志』(倭人伝)は晋の時代の陳寿によって書かれました。それに対し『魏略』は少し早い魏の末から晋の初めに書かれました。邪馬台国に関する記述は多く、『魏略』(3世紀末、作者は魚かん)では、呉国が越に敗れた後、王族や重臣は民を従えて黒潮に乗り、一方では薩摩に流れ着き隼人となり、筑紫や

肥前に流れ着いたものは邪馬台国を建てたというのです。

　そして記紀の記載も事実であると私は考えます。卑弥呼が活躍したのは3世紀なかば、南方には狗奴国（隼人）があり、出雲の国には大国主命の国がありました。

　安部龍太郎氏の日経新聞での連載小説、『ふりさけ見れば』を私はとても愛読したのですが、その小説の中では邪馬台国や日本の国々について、『魏略』には次の内容が記されていたと出てきます。

　倭人の初めは呉国の太伯に始まるという。戦国時代、呉国が滅びた時、船団を組んで海上に逃れた。そして一部は薩摩につき、一部は筑紫（有明海）についた。そして周辺の未開の民（縄文人?）を支配下に置き筑紫や肥前に住んだものは邪馬台国を立て、薩摩に住んだものは隼人の国の中心となった。九州南部の火山の大爆発で隼人は北上を始め、邪馬台国に住んでいた同族に救いを求めたが、かなわなかった。そこでやむなく瀬戸内海から東に向い紀伊の国から大和の国、飛鳥の地に国を建てた。そして同族をよび集め、邪馬台国に匹敵する大国となった、と。「ゆえに邪馬台国と大和は今も犬猿の仲であり、天災や飢饉が起きるたびに相手の国の人間が入り込んでいるからだと言い、人改めをするほどだ」と小説では描かれています。邪馬台国の卑弥呼の系統は大和朝廷の系統とは別で、見つかっていない卑弥呼の陵墓は天皇陵墓にはならないわけです。また邪馬台国はいずれにしても九州説が有力なようです。

　世界の寒冷化によりバイカル湖周辺の人々が南下、朝鮮半島でも南下、高句麗、百済、新羅の人々の移住もありました。ところで、佃収『新「日本の古代史」』（星雲社2014）によれば、朝鮮南部（任那）で同じ前方後円墳を作っていた人々は倭の人々と同じ人々であり、実質初代天皇である崇神天皇は任那がふるさとであった、とのことです。そして万系一世の天皇となるのは、継体天皇からだとされています。

●古代発火法の岩城正夫氏のこと

　「古代発火法の岩城正夫氏が朝日新聞で紹介されました。岩城氏は元気で長生きの見本となる方です。」(2019年3月26日)「こういちの人間学ブログ」でご紹介していますが、あらためてご紹介しましょう。

　岩城先生は東京教育大学の先輩です。大学を卒業後、様々な仕事をされた後、柴田先生から、女子栄養大の講師に呼ばれました。岩城先生は独自の分野を開拓しようと、古代のいろいろな道具を現代に再現する「実験考古学」を始められました。すでに私たちと一緒に人間学研究会を始められていた岩城先生は、人間学の例会で「火起こし」を始め、いろいろなものを見せてくださいました。「紙巻きたばこ機」「電気パン焼き機」「石器」はじめ古代の道具を再現されました。和光大学の教授になられてからは、実験考古学をさらに進められます。中国古代の武器である、弩(おおゆみ)の再現まで行われました。そしてずっと取り組まれてきたのは、古代の火起こし法の再現です。はじめはなかなかうまくいかなかったそうですが、木の端に溝を作り、火起こしをする方法を見つけ、火の付きやすい木などを見つけ、最後にはきりもみ式により、たった7秒で火をつけるという世界新記録を作られました。そして2001年に古代発火法検定協会を立ち上げました。この検定はずっと続けられ2022年11月で70回の検定試験となります。ちなみに火起こしには、きりもみ式、ひもぎり式、弓矢式とがあります。きりもみ式1級は45秒以内に発火できると合格だそうです。

　岩城先生はなんでもチャレンジされるのには、びっくりですが、いろいろなこけしを作られました。それをわが家にお見舞いに来られるたびにお持ちいただいたのです。最初はちいさい"ねこのこけし"です。ついで"お地蔵様こけし"をいただきました。そして最後に一番大きな"観音様こけし"をいただきました。わが家では、ちょうど釈迦三尊のように3つのこけしを、亡き母の写真などの置いてあるところにおかせてもらっています。少しの地震では倒れないほどに安定が良いのです。

　岩城先生の生き方はとても勉強になります。いい方にめぐり合ったなと心から感謝しております。

●誰よりも親しみをもち尊敬する人、エンゲルス

エンゲルスは、マルクス、エンゲルスと並び称されながら、自分自身でいうように第2バイオリンを弾く立場に徹しました。そればかりではなく、マルクスはいいのだけれど、エンゲルスがマルクス（主義）をゆがめたとまで言われます。

エンゲルスはドイツのエルメン・エンゲルス商会の経営者の息子として生まれます。はじめヘーゲル左派の立場にいましたが、マルクスと出会いその思想的立場をかためます。

エンゲルスの伝記はいろいろありますが、イギリスの歴史家のトリストラム・ハントの書いた『エンゲルス』（邦訳、筑摩書房2016）がすぐれています。それ以前にもエンゲルスの伝記をいくつか読んで、マルクスよりも親しみを持っていたのです。1840年代のマンチェスターの労働者街の悲惨なありさまを書いたのが、『イギリスにおける労働者階級の状態』で、これは1845年にドイツで出版されました。

その後ドイツ農民戦争では、プロイセン政府に対して闘い、エンゲルスは革命軍の副官となりました。エンゲルスの率いる軍は強かったそうですが、しかし革命軍は敗れてしまいました。イギリスにもどり、父親の経営する会社、エルメン・エンゲルス商会に戻りました。エンゲルスはマルクスの生活を支えるために経営者を続けました。なかなか素晴らしい経営の才があり、会社は繁盛していました。しかし会社の経営を離れるときには、心から喜んだそうです。

私は、研究者になりたかったのですが、人間学研究所を維持するためにも、株式会社サタケの社長を続けました。はじめ第2サタケビルの2階に、次に佐竹ビルの3階に人間学研究所を作ったのです。

マルクスはもっぱら『資本論』の出版に力を注ぎましたが、エンゲルスは『サルが人間になるにあたり、労働のはたした役割』、や『自然の弁証法』などで、人間について多方面に唯物論の立場から解析をすすめました。しかし、マルクスはいいのだけれど、弁証法的唯物論を確立したエンゲルスが、マルクス主義をゆがめ、レーニン、スターリンの説につながったという説があります。とんでもない言いがかりです。

●山本宣治の『無産者生物学』と実用的人間学研究会

　山本宣治のことを小説にした『山宣』(西口克己、青木文庫1965)が出版されて早速読んだのは、ちょうど、私が大学を卒業する時でした。このときには「生懇」という学生組織から、ささやかな民間研究組織、人間学研究会を作ったころでした。

　山本宣治は宇治の料亭の息子として生まれました。1907年カナダのバンクーバーにわたりアメリカで仕事を転々とした後、大学なども変わり、1920年東京帝国大学の動物学科に入学しました。このとき『共産党宣言』や「進化論」などの影響を受けたといわれています。その後、京都帝国大学大学院生になる傍ら同志社大学の講師となりました。1922年に産児制限活動家のマーガレット・サンガーと出会い、その重要性を知りました。同志社大学では「人生生物学」や「産児制限」を教えました。

　私は自身が動物学科卒であるため、山本宣治に親しみを持ちました。山本は、1924年大阪労働学校の講師、さらには京都労働学校の校長となりました。その後はじめての無産者党の代議士となりましたが、1929年3月5日右翼により暗殺されました。

　古書店で『山本宣治全集』(ロゴス書院)を見つけた時は本当にうれしかったのです。全集は7巻で、第1巻2巻にはドイツのニコライの書いた『戦争の生物学』(上下)が収録され、他巻には、『性教育』『性と社会』『現代の両性問題』『産児調節論』『無産者生物学』『政治論文集』が収録されています。戦後出版された選集の『恋愛革命論』もあります。『無産者生物学』の解説に「労働者農民の政府を通して労働者農民の科学へ」として、「在来の科学が永遠の真理というがごとき美名の陰に隠れて、実は徒に資本主義社会の奴隷となっていた。(山本宣治こそは、)日本における無産者自然科学の創始者であり、自然科学と社会科学を融合した最初の人である。私たちは本書によって明白に2つの科学の接触点を認識する」とあります。

　自然科学と社会科学とを融合し、1人で総合化する人物も必要だ、というところが私と小原氏との大きな違いでした。小原氏はそんなことは不可能だ

といいます。しかし私は山本宣治のように、私個人の中で融合することを目指したのです。

［3］人体と健康法

●不老長生には歯が大事（唾液健康法　その1）

　私の所蔵している図書の中から、「不老長生」に関する内容を書き出してみましたが、ざっと100以上あり、内容としては全く正反対のものもありました。例えば、ある本では、肉を食べるなといい、ある本では肉をすすめています。しかしだいたい共通しているのは「不老長生に歯が大事」ということです。それに関連して少しマイナーなのですが「唾液健康法」というものを紹介したいと思います。

　この「唾液健康法」を、私は2023年現在まで、40年以上続けています。方法はとても簡単で、意識的に唾液を出して飲み込むだけです。普通、歳を取ってくると、唾液が出なくなり、人により食べものを、飲み込むのも、しゃべるのも困難になってきたりします。それはとても苦しいことのようです。しかし私はこの健康法のおかげで唾液が泉のように湧いてきていて、口内はいつも潤っています。現在80歳なのですが、髪は豊かでまだ黒く、歯はほとんど残っています。歯を大事にするということはもちろん歯科医が勧めています。「8020」運動というものがあります。80歳で20本の歯を残そうというのですが、私は前に書いたように、ちょうど80歳ですが、30本、歯があります。昔、虫歯で、1本の第3臼歯だけ抜けました。歯科医からは80歳前に表彰をしていただきました。

　中国の清の皇帝で88歳まで生きた乾隆帝は10の健康法をあげていますが、第1番が歯をたたく（歯を丈夫にする）であり、2番目が常に唾液を飲み込む「咽津法」（いんしんほう）です。丈夫な歯で、よく噛んで唾液を出すということです。咽津法はものを食べるときだけでなく普段から唾液を出して飲み込むというこ

とです。年を取ると自然に唾液が出なくなります。赤ちゃんの時は余ってよだれが出るのに。でも意識的に唾液を出して飲み込むと、80歳くらいでも唾液があふれるのです。年をとると嚥下困難になります。老人施設では食事前にパタカラ体操などをします。唾液のなかにはいろいろな成分があり、それを飲み続けることは、とても健康を維持する効果があります。

●唾液健康法（咽津法―インシンホウ　唾液の成分　その2）

　2013年6月1日の「こういちの人間学ブログ」では「唾液健康法」についてまとめて書いています。「唾液健康法」（咽津法）を試してみませんか。（ブログ「唾液健康法」修正版「驚くべき唾液の効用。唾液は長寿の元。日テレ世界一受けたい授業から」/「不老長生〈仙人となる〉の秘訣－古典に書かれた仙人になる咽津法」より）

唾液の成分や効能について、代表的な内容一覧

	作用	成分	機能	欠乏
口腔	中和作用	水　99.5％	中和作用	虫歯など
	洗浄作用	水　PH7.0	歯の汚れ落とし他	歯周病など
	消化作用	アミラーゼ リパーゼ マルターゼ カタラーゼ	でんぷん等を消化	胃に負担 便秘
	歯を丈夫に	カルシューム スタテテンなど	歯に沈着 アパタイト化	歯が薄くなる 虫歯になりやすい
外分泌	抗ガン化	Iga（免疫グロブリン） ラクトペルオキシダーゼ	がん細胞 発がん物質の抑制	がんの発生 同上
	殺菌作用	リゾチーム ラクトフェリン	細菌に抵抗 細菌発育抑制	細菌に 感染しやすくなる
	味覚	ガステン（酵素）	亜鉛と結合	味覚障害
	飲み込みやすく	ムチン アルブミン	粘りの成分 口の中をなめらかに	飲み込み障害
内分泌	EGF	上皮成長因子	上皮系組織の増殖	
	NGF	神経成長因子	神経系組織の増殖	
	パロチン	唾液腺ホルモン	骨や歯の石灰化	変形性関節炎
	ステロイド	DHEA	性ホルモン前駆体	老化が進む
その他含め、100以上の成分と未知の物質が唾液には含まれる				

出典：高齢者のドライマウス　坂井丘芳　医師薬出版（株）他

●唾液健康法（その3　古典から）

　以下、古典にみられる唾液健康法で、代表的なものをあげてみます。

　『医心方』養生編（丹波康則・平安時代）：本書に咽津法が登場します。この『医心方』の著者は、平安時代の丹波康則。映画俳優の丹波哲郎はその子孫。丹波哲郎は、私の出た新宿区百人町の戸山小学校の先輩です。

　『元陽経』：常に鼻から気を入れて、口にその気を含み、気で口をすすぐ。舌で唇や歯をなでて「気」を飲み込む。1昼夜に千回飲めれば大いによろしい。とあります。

　『尹子内解』（老子）：唾液は集まって「醴泉」のように湧き、集まって玉のような液となり（中略）華池という。とあります。

　『葛氏方』：仙人になるには、口を舌で上下の歯をなでるようにして、唾液の分泌を促し、これらを飲む。1日に360回飲むことができればよい。そのうち千回できるようになれば自然に飢えなくなる。15日までは、疲の極に達するが、これを繰り返すと次第に身が軽くなり強くなってくる。とあります。晋の抱朴子の書。

　『劉京道人』：毎朝必ず玉泉（唾液）を飲むこと。とあります。

　『養生訓』（貝原益軒・江戸時代）：唾液を大事にし、飲み込むこと。とあります。

　『養生内解』：人が一日中唾を吐かずに口に含んで飲んで、気を大切にしていると津液（体液）を生じる、これは肝心なことである。とあります。

　『抱朴子』（葛洪・中国の晋の時代）：養生の第1に「唾はため、よだれはたらさぬこと」と書いてあります。

　鬼に唾液の力。夜にであった鬼に自分は新米の鬼なんだけれども、鬼が一番怖いものは何かと聞いた。それは唾液だというので、その鬼に唾液をつけて退治しました。

　俵の藤太の大ムカデ退治伝説によると、藤原秀郷（俵の藤太）は人々に害をなす大ムカデの退治を頼まれました。ムカデを射た1本、2本目の矢までは、効果がなかったが、3本目は矢尻に、唾をつけて見事倒しました。これは唾

液の霊力によるものです。

●「体にいい食物はなぜコロコロと変わるのか」
誤った健康法で早死に（2014年7月3日、「こういちの人間学」より）

　「美空ひばりが52歳の若さで亡くなりました。その大きな原因の一つが、極端に食を制限した健康法に従ったのである」と、『体にいい食べ物はなぜコロコロと変わるのか』（畑中三応子、KKベスト新書2014）はいいます。「巷に氾濫する健康情報はいやになるほど移り気だ。お米が主体の食生活は健康的だと思っていたら、最近、ついに炭水化物は、人間にとって最悪という説まで現れた。私たちはモノを食べるとき、一緒にアタマで情報も食べている。日本の食の情報化が世界でも突出して、体にいい食べ物のブームが頻繁に起こっている。この健康欲を軸に、体にいい食べ物と悪い食べ物はどのように生まれ、変わり、メディアはどのように扱ってきたのか、その興亡を跡づける。」（カバーより）

　何が体にいいのか、ということで、間違った考え方の恐ろしさの例です。日本の陸軍では1日6合、白米を腹いっぱい食べられるのが魅力でした。脚気伝染病説をとる陸軍では、日清戦争では戦傷者453人に対し、脚気患者48,000人、死者2,410人。日露戦争では25万人が罹患、28,000人が脚気で死亡しました。ところが海軍では洋食、麦飯で、脚気患者はでませんでした。

　美空ひばりは1989年に52歳で亡くなりました。病気治療のために高たんぱく質食が必要なのに、ゴルフボール大の玄米おにぎり2個とセンナ茶（下剤）の食事をしてからだが衰え、特発性間質性肺炎で亡くなりました。高峰三枝子は1年で15キロ減量したのはいいが、脳梗塞をおこし、低たんぱく食が原因で急な血圧低下で死亡しました。2人とも芳村真理が紹介した、ハワード・ヤングという韓国系アメリカ人の減量法に従ったそうです。600人もの患者名簿には有名人の名が多かったそうです。ハワード・ヤングは薬事法違反で逮捕されました。直接の死因でないにしても、体にはよくなかったのでしょう。

　「ちびまる子ちゃん」の作者のさくらももこさんは、2011年に乳がんを発症しましたが、標準治療を受けませんでした。自宅には山のようにスピリチュアル

の本が置いてあったそうですが、53歳の若さで死去しました。

●「若杉友子氏　長生きしたけりゃ肉を食べるな　肉を食べずに老化」と「南雲吉則氏　1日1食健康法について」

　2013年6月1日のブログには、続いて「長生きしたけりゃ肉を食べるな　南雲吉則氏と同じ危険が」という文書を記しました。この記事は「こういちの人間学ブログ」に2013年に初めて書いてから、秋山氏の「不食のブログ」とともに常にアクセス上位を占めていました。ここでは南雲氏に関するブログとともに紹介いたします。

　若杉さんの記事に関しては、30のコメントが付き、アクセスの上位で、人々の関心をよび続けている記事です。若杉さんの健康法はマクロビオティックという方法です。洋食はやめて日本古来の1汁1菜式の食事がいいというのです。それを記した本が山積みで売り出されているときに、皮肉にも隣に『肉を食べる人は長生きする』という柴田博氏の本も山積みで売られていました。若杉さんは見たところ、年相応なおばあちゃんです。特に若々しく見えません。それに髪の毛が黒いということですが、むしろ30回以上よく噛むことを勧めているので、私の言う「唾液健康法」のせいで、髪の毛が黒いのではないかとおもいますが、いかがでしょうか。やはり、年齢にかかわらずバランスの取れた食事をとった方が良いと思います。

　南雲吉則氏は夕食のみの「1日1食健康法」を勧めています。2013年3月24日のこういちの人間学ブログに若杉さんのこととほぼ同時に取り上げました。このブログで取り上げた時、南雲氏は52歳、2022年の時は61歳になっています。それから今は「ごぼう茶」などの宣伝などによく顔写真が載っています。ともかく見た目の若さは「1日1食健康法」と「ごぼう茶」のせいだといいます。それに歩くときは歩幅をできるだけ長くして歩くのだそうです。

　南雲さんは医師ですが若い時は眼鏡をかけて、肥っていて、老けて見えたということです。昔の写真と対比して若々しさを強調しています。でも、南雲さんも80、90になったときにはどうなのでしょうか。100歳以上の長生きの

方はよく食べる人が多いのです。今回の本の編集者の森岡修一氏の御父上の森岡數栄氏は学校の校長をされた後も、地域の発展に貢献され、109歳という長寿を全うされ永眠されました。さぞなんでもよく食べられたことと思います。

●晩年運は顎と歯で決まる 信長、秀吉、家康の比較
2012年12月22日「こういちの人間学」より

　信長、秀吉、家康の肖像画を比べてみると、3人の顎の形が、極端に違うことに気が付きます。信長、秀吉の顎は細くとがっています。ところが家康の顎は大きくがっしりしています。家康が生まれつきがっしりした顎をしているかというと、若い時の家康の顎はむしろ細いのです。若き家康が三方ヶ原の戦いで武田信玄に完膚なきほどに叩きのめされたときに、それを教訓として肖像画を描かせました。その顔を見ると体はやせ衰え、顎は細くとがっているのです。

　人相術では顔を3分割して、額の部分を上停といい、若い時の運勢を見、真ん中の鼻の部分を中停とし中年時代を見る、そして顎の部分を下停と言い、晩年運を見ます。織田信長も豊臣秀吉も上停、中停は立派です。しかし2人とも顎の部分は貧弱です。晩年運がよくないことを暗示しています。秀吉は柔らかい、のりがゆのような食べ物が好きで、そのために歯周病がすすみ、どんどん歯が抜けてしまいました。歯が抜けてしまうと、体も衰えて、判断力が衰え、老人ボケとなります。それに反して、徳川家康は固いものをよく噛んで食べました。家康は晩年でも麦飯を食べていました。天下の将軍様が麦飯では申し訳ないと、表面だけ麦にして下を白米にしたら、家康にひどく叱られたそうです。その結果家康の顎はがっしりとなりました。その人の生活態度で、顔が大きく変わり、人相も、運勢も大きく変わるということです。

晩年運は顎と歯で決まる。織田信長、豊臣秀吉、徳川家康の比較。

皆さんも、歯をしっかり治し、硬いものもよく噛んで食べるようにし、自分の歯を残すように努力してください。よく噛んで、バランスよく食べ、適度の運動で体を鍛えれば、100歳越えも十分可能です。

●岩城正夫氏、元気で長生きの見本、息子さんは岩明均氏

岩城先生は2023年で93歳となられます。2023年2月で80歳の私は、本来93歳の岩城先生のお見舞いに行く立場なのでしょうが、特に車いす生活をしている私のところへ逆に何度もお見舞いに来てくださり、先日はギターの演奏を聴かせていただきました。今も毎日元のお住まいのスタジオに通われ、毎月、相模大野南公民館を借りて「古代技術を学ぶ会」を開催し、火起こし、口琴づくり、草のバスケットづくりなどを行っておられます。また、火起こし検定協会の理事長として活動しておられます。2022年の11月13日には、なんと第70回目の火起こし検定が行われました。

いろいろなことにいつまでも興味をもって取り組まれること、階段は2段おきに上がることなど、鍛錬を欠かさないことが、お元気なことの秘訣ではないかと思います。先日お会いした時も顔つきもお元気で、90代とはとても見えないお顔でした。

岩城先生の素晴らしさは子どもさんの育て方にも表れています。岩城先生のお子さんは、1960年生まれの、著名な漫画家、岩明均（本名岩城均）氏です。『寄生獣』の漫画で爆発的な人気をかち得ました。息子さんの学生時代に岩城先生が著書の挿絵を頼み、その才能を見出されたそうです。その後、均氏は、アシスタントを経て漫画家になりました。ともかく『寄生獣』は発想が大変面白いマンガです。その後いろいろな分野の漫画を描かれていますが、岩城先生からいただいた『レイリ』を見ると、城の図面が異常と思われるほど詳しく、凝って描いているのに驚きました。今は2003年から描かれている、マケドニアのアレクサンダー大王の書記官エウメネスを主人公にした漫画『ヒストリエ』が大変興味深いのですが、2019年7月に11巻が出た後、なかなか12巻が発行されません（2022年現在）。漫画家は売れっ子になるとアシスタン

トを大量に雇って大量生産的に描くようですが、均氏はその正反対なのです。

●車いすと電動車いすの生活 2級障害者、大腸手術
「年誌2013 NO.11」「視床出血からの回復に向けて」より

　2013年11月に彦根城をドライブで見物した後、私は脳出血（右視床出血、脳室穿破）をおこし、そのまま大津の赤十字病院に入院しました。入院してしばらくは、ほとんど動けず、幻覚が見え、意識はもうろうとしていました。視床部は脳の中心で手術等がしようがないのです。その後、しだいに様態が落ち着き車いすに乗れるようになりました。右マヒなので、左手と左足で車いすを動かします。また一時、失語症にもなりました。妻が何度も東京から大津まできてくれました。そして私は新幹線の特別室（多目的室）を利用して東京に帰りました。

　11月21日代々木病院に転院しました。途中からリハビリができるようになってから、リハビリ病棟へ変わりました。代々木病院はリハビリの設備と要員がそろっているのです。

　リハビリをしてくれる方は理学療法士さん、作業療法士さんと言語聴覚療法士さんです。身体だけではなく、言語障害も起きていたのです。はじめ携帯電話の操作がなかなか思い出せませんでした。日曜日もリハビリがあり、厳しいリハビリの毎日でした。代々木病院は3か月で退院となりました。その後、月に2回、近くの大久保・戸山診療所で往診に来てもらい、歯科医の方にも月1回来ていただきました。

　その後体調が悪くなりはじめ、2020年に代々木病院に検査入院しました。いろいろ検査をした結果、大腸に500円玉くらいのポリープがあるというので、精密検査をするために慶應病院を紹介してもらいました。2021年に2度検査入院をし、その結果切除手術をすることになりました。

　2021年1月3日に慶應病院に入院し、1月5日に手術を受けました。大腸がんでS字状結腸を切除する手術です。手術後、身体にいろいろな管が付いたまま、右半身麻痺の身体でトイレに行くのは大変でした。そして1月14日

に退院しました。いまでも3か月に1回検査で慶應病院に行きます。その後も右顔面の痛みで神経科に行ったり、痔で肛門科へ行ったり、眼科へ行ったりで薬がだんだん増えてきていますが、今は体調が安定しています。

● タバコと肺がんについて　身内の男性を見て

「早すぎる義理の弟の死　タバコはやはりやめたほうがいいです」、2011年9月18日「こういちの人間学」より

　昔はほとんどの男性がタバコを吸っていました。仕事のあいまにちょっと一服と言って、タバコを吸うための時間が当然のように公認されていました。私のようにタバコを吸わない人間は何となく手持無沙汰となりました。私も試しにタバコを吸ってみたことがあります。恰好をつけて当時一番高級で高いピース（Peace）を吸ってみました。当時はフィルター付きのタバコなどなく、思いっきり吸うと頭がくらくらしました。これはいけないと感じ、ひと月もたたずにやめました。フィルター付きの弱いタバコから始めていれば、病みつきになったかもしれません。

　私の身の周りの男性はほとんどがヘビースモーカーで、ほとんどが命を縮めました。まずおじいさんです。おじいさんはタバコだけでなく、熱燗が好きで毎日飲んでいたのと、タバコが組み合わさって80代半ばで食道がんとなりました。父親は途中で胃がんとなり胃のほとんどを切除しました。その後再発はなく、自宅で転倒して頭を打ち92歳で脳内出血でなくなりました。なくなる寸前までタバコを吸っていて自分は肺が真っ黒だろうと言っていました。でも胃がんは完治したようで、転倒しなければもっと長生きしたでしょう。

　私の妹のつれあいは60歳で定年になって、3年ぐらいで、肺がんで死去しました。義理のおじさんも肺がんで亡くなりました。義理のおばさんの弟で、うちの会社で部長として働いていた人も肺がんで早く亡くなりました。みんなすごいヘビースモーカーでした。社員もタバコの害に気づいたし、会社では禁煙した人には禁煙手当を出したので、だいぶ多くの人がタバコをやめました。

　［新大久保の店の前の道路の吸い殻調査］（参考）

　（2012年6月26日「こういちの人間学」）

道路には多国籍の人のタバコの吸い殻（外国たばこ）がたくさんあり、このころ景気の悪化のせいかフィルター近くまでタバコを吸っていました。その後吸い殻調査はしておりません。

［4］非科学的な思考批判

●占いのいろいろと、神秘主義、反科学主義批判

　昔は人知を超えた天意を聞くために、占いなどの方法を使いました。日本では、くじがよく使われ、古代の中国や日本では亀の甲羅や鹿の骨をつかった占いが、国の運命を決めるときにまで使われました。

　占いには実に様々なものがありますが、基本的に、命（四柱推命など、誕生日などで、その人の運命を占う方法など）、卜（おみくじや易などで占うもの）、相（人相、手相など体に現れる変化を見る）があります。

　私は後述するように、人相には顔の科学につながる妥当性があり、手相もある程度の妥当性があると思っています。おみくじにも民俗学的な興味を持っています。誕生日占いや占星術にはあまり妥当性がなく、興味を持っていません。

　最終章に書いてある、水野南北の観相学は中国からの渡来の人相術ではなく、徹底的に日本人の人体と運勢を調べつくした結果、「だまってすれば、ぴたりと当たる」と言われるまでになったのです。これはある種の統計学的研究と言える、と私は思っています。

［神秘主義や反科学主義］

　世の中には科学的な見方をする者はむしろ少なく、いろいろな反科学的な見方をする人のほうが多いように感じます。この章の第7番目の、「ひとはなぜ似非科学に騙されるのか」における、カール・セーガンの言葉がよく表しています。

　「人は科学的な知識の本などを買わず、非科学的な知識のほうをもとめや

民衆の学ぶ場としての「実用的人間学」とその盛衰

2022年10月13日にNHK BSプレミアムの、「コズミックフロント」という番組で、「アマチュア天文学の父」という番組が放送されていました(7月14日初放送)。主人公は1889年生まれで、京都大学の天文学に初めて入った学生でした。天文学にとって、多くのアマチュアが大切なことを示していました。

さて、私の主張する「民衆の学ぶ場としての実用的人間学」という言葉はほかでは使われていません。『人間学研究所年誌2000』No.1には、実用的人間学部会の例会の内容が書かれています。1999年5月に「実用的人間学、第1回例会」が人間学研究所で開かれました。そして2000年7月までの例会記録が年誌に記録されています。いろいろな方にお話しいただきました。一方「教育人間学部会」も同時に行われて、記録されています。

人間学の研究会が以前は「実用的人間学研究会」だけの時がありました。また長い間は、月にそれぞれ1回「実用的人間学」の例会と、「人間学研究会」がありました。しかし、2015年の5月の例会で、「実用的人間学研究会」74回例会として、倉田眞氏が「貧困問題1」として話をされ、5月29日に「新教育的人間学部会」114回例

会として白村直也氏が「震災と学校教育のあり方をめぐって」を話をされてから、すべて合同例会になってしまいました。2022年の11月の例会は165回合同例会です。

人間学研究所の組織は初めのころは、役員、研究員、事務局員が14名で、名誉所友が4名、所友42名、連絡している人10名、合計70名でした。2011年3月の「年誌2010」では人間学研究所29名。実用的人間学研究会29名でした。2013年3月の「年誌2012」のころが一つの最盛期を迎えていました。新教育人間学部会が12回、実用的人間学部会が11回でした。「年誌2012」にも13名の方が投稿されました。しかし2013年11月に佐竹が旅先で脳出血をおこし人間学研究所のビルに戻れなくなりました。このため例会にも参加できなくなり、実用的人間学の例会は急速に少なくなり、合同例会ばかりとなってしまいました。

すい」からでしょう。ある宗教にのめりこんで先祖の供養をするためと信じ込んで、高い壺や印鑑を買って、自分の身内の人々や子どもたちを塗炭の苦しみに貶めたりするのです。非科学的な知識と信念に基づいた考えを持つ人は、自分の考えに確信を持つためにますますそのような知識を求めるのです。

●怪奇現象とテレビ放映

世の中にはいろいろな怪奇現象が好きな人がたくさんいます。

テレビではだいぶ昔に、そういう番組を盛んに放送していました。2011年から2013年頃にかけてですから、今から10年くらい前のことです。

2013年3月からNHKで「幻解! 超常ファイル ダークサイドミステリー」という番組を放送し始めました。ナビゲーターに栗山千明を採用し、様々な怪奇現象を暴いていきました。はじめのころは「こういちの人間学ブログ」でもいろいろ取り上げました。

2013年7月12日のNHK放送では「怪奇現象、魔女裁判、超能力などに関して」、8月15日には「宇宙人のミイラなど」、2013年9月26日には「人はなぜだまされるのか、金縛りの原理、宇宙人…」などとブログで画像とともに取り上げました。ずいぶんと放送を重ねてきましたが、2022年には不定期放送となっています。ネタ切れで打ち切りか、とも言われています。

一方、民法テレビでは、こういう番組を放送すると、視聴率が上がるのでしょう。しばしば放送されます。2013年7月25日には「TBS、世界の怖い夜、またもお粗末、絶叫? やらせのオンパレード」という記事をブログに書きました。さらに同年8月1日には「アンビリーバボー こんなの子どもによくないのでは。久しぶりに銭湯に」をブログに書きました。たまたま入った銭湯で、脱衣場のテレビでこの番組をやっていて、小学校入学前の孫が、恐ろしげなこの番組に見入ってしまっているのです。大人は作り物と承知して見るのでしょうが、入学前の子にはよくないと思いました。

2022年10月25日たまたま本書を執筆しているときにも、テレビ東京で「世界㊙衝撃ファイル 本当にあった㊙事件簿"ナゾの未確認生物"鳥の顔持つ

ゴリラ!? 名古屋に出現、新発見カニ人間…」という具合で午後6時25分から8時54分まで、放送していました。残念ながら、ちょうど、人間学研究所の例会が同じ時間にありましたので、見ることはできませんでした。ちょっと、予告みたいなもので、「カニ人間」なるものを見ましたが、作り物とすぐわかるものでした。

2023年になっても、こういうものを見たいという人が多ければ、このような番組は続きます。

●「不食という生き方」秋山佳胤氏

2016年5月25日、幻冬舎から、秋山佳胤氏の『不食という生き方』という本が刊行されて、新聞広告が大きくのりました。私は早速本を買ってきて「こういちの人間学ブログ」にこれを批判する記事を書きました。

秋山氏は弁護士、医学博士とされています。ただし医学博士というのはヨガなどの代替医療の分野です。本の表紙で顔を見るとかなり痩せていて、小食なのは間違いではないように思えます。

プラーナ（「気」）を大量に食べており、そのプラーナで水を生成している、「食べない」を実践する弁護士といいます。そしてうんちもおしっこも出るそうですが……。2008年以来、一切の飲食が不要と冒頭に書いています。

それはオーストラリアの「プレサリアン＝呼吸主義者」ジャスムヒーンさんに感化されてのことだといいます。彼女は1996年以降、プラーナの摂取だけで飲み物や食べ物の接取をやめた人だそうです。食べていなくとも、彼女はいいスタイルをしています。

さて、本によれば彼は彼がプレサリアンと知らないで肉料理を出してきたならば食べるそうで、家族のお祝いの時にも食べるそうです。すなわち一切飲み物、食べ物は不要、なんだけれど、時々は食べているというのです。彼は正直者ですね。

このブログの記事は2016年5月27日に「秋山佳胤氏『不食という生き方について』ひどいウソ、マネは危険だし無理」という名前で出してから、検索

数でも1位で、「こういちの人間学ブログ」でも今（2023年現在）でもずっとアクセス数1位です。コメントも40くらいあって、いかに多くの人の関心を引き付けているかがわかります。コメントも賛否両論です。

　ヒトは大体5日間水を飲まないと死んでしまいます。水は呼吸、汗、便などで失われていくのです。食べなくともある程度は何とかなりますが、水はどうにもなりません。水を5日以上飲まなくとも、プラーナとかで何とか生きられる方法があるのなら世界中に広めてください。生き埋めになったときに、最高の人命救助法です。この方法があるなら、世に広めれば、ノーベル賞2、3個分に匹敵する、すばらしい発明であると思うのですがいかがでしょうか。

●おみくじについて

「おみくじについて、集めて見ました。浅草寺は凶が3割、でも心配ご無用」2016年6月22日「こういちの人間学ブログ」より

　おみくじを集め始めたのは、たまたま2002年に田沢湖神社でひいたおみくじが、「第1番大吉」だったからです。それ以後、神社やお寺でおみくじがあれば必ずひいてきました。2007年の1月の「実用的人間学部会」には「おみくじについて」という話をしました。

［くじの由来］

　おみくじとは、くじの上に御が二つついたものです。日本での一般的なおみくじは天台宗、良源（元三大師）が始めたとされます。昔は天皇や室町幕府の将軍までくじで決めたことがあります。明治天皇はくじで明治の元号を選びました。

　最近のおみくじは凶を出さないところが増えました。ところが法隆寺や浅草寺では、昔通りに3割ほどが凶です。おみくじは占いではありません。凶と言っても運勢がすべて悪くなるわけではないのです。占いたいところで、書いてある教えに気を付ければよいだけなのです。

　法隆寺の二月堂には但し書きがあります。“おみくじは保管してください。不要なら堂の裏に。あとで祈念して焼き捨てます。木や道端に結ぶと思いが

固定して念願が達成しません。"

　現在のおみくじの大部分は山口県の「女子道社」で作られています。比べると神社・仏閣の名前だけ違い、あとは全く同じ形式のものが多いのです。

　おみくじは日本だけでなく、台湾などでも作られています。台湾の龍山寺でもおみくじがあります。ひいてみました。横浜の関帝廟や媽祖廟などにもおみくじがあります。道教寺院のおみくじは上上から下下までの分け方です。

　今までのおみくじは全部ファイルの中に保管してあります。本当にいろいろな種類があって楽しいものです。特に古くからの由緒ある神社・仏閣のおみくじは特に楽しいものです。くじの結果を見ると数字の出方は均一でなく、偏ってたくさん出るものと、1回も出ないものがあります。

　皆さんもぜひおみくじを集めてみませんか、楽しいですよ。

●高塚光氏の超ヒーリングについて

2012年12月8日「高塚光氏の超ヒーリングDVDを見てみました。本当に超能力あるのかしら」。2011年11月25日「高塚光氏の超ヒーリングをめぐって〜」他あり。「こういちの人間学ブログ」より

　このブログはかなり人気があって、ブログを書いたときはもちろん、2022年9月のアクセス数累計でも15位でした。

　高塚光氏は、1950年生まれ。普通のサラリーマンであったが、母親の心臓が破裂(?)したのをなおしてから、自分の超能力に目覚めたそうです。それ以後、数々の超能力を発揮して有名になりました。

　2012年に本を買うと、DVDが付いていて、そのDVDをみると、いろいろな症状が治るというのです。ちょうど私は腰が痛かったものですから、本を買って試してみました。

　高塚氏の腰の治療には実際に腰に手をあててツボを押している感じがしました。あの大槻義彦教授もそう言っていましたが、少し良くなったということで、大槻教授もお墨付きみたいに宣伝していました。私の場合残念ながらこのDVDでは、腰は治りませんでした。ただ暗示の効きやすい人は、治った

のでしょうね。

　プラセボ効果というものがあります。直接効果がない薬でも、良く効くと信じて飲むと効き目が表れるということです。強く信じると、ルルドの泉のように効果が表れます。薬の効き目を調べるとき、二重盲検法として医師も患者もどれが本当の薬かわからないようにして検査します。これを対照実験と言います。「痛いの、痛いの、飛んでケー」とお母さんがいうと、痛みが消えて、子どもが泣き止むのと同じです。強い信仰心で、一時的に治ることもありますが、根本的に医学的に治療したわけではないので、病状が再び悪化するケースが多いのです。

　医学的な治療を拒否して、迷信的な治療法で命を縮めることは本当にお気の毒です。自分の身を守るためにもこれはおかしいという、最低限の科学的常識を身につけていればいいのですが。

●占星術について

　2004年3月に「人間学研究所」として、『道具と人間』3部作を出版しました。そのうちの、中学校プログラムで、私は三つの項目を担当しました。①お風呂にみる道具の変遷、②占いについて、③人間と顔（自画像を描く）、でしたが、授業ではあまり取り扱わない分野です。

　その中の一つ、占いについてで、特に占星術について書きました。日本では本も人気があります。

　ヨーロッパの中世に、人は黄道（太陽の動く軌道）付近の星座を12に分けて、名前を付けました。人が生まれた時の、星座の状況と、どこの星座にどのような惑星があったかで、その人の運勢、運命が決まると考えました。これが占星術です。それには正確な天文学の知識が必要で、有名な天文学者も占星術で収入を得ていました。東洋でも占星術は国家での重要な役割を果たしていました。

　天文学が発達してくると、占星術でもいろいろな混乱が生じてきます。例えば、はじめ惑星は土星まででしたが、次第に新たな惑星が発見されていきました。

天王星、海王星そして1930年に発見された冥王星です。第9惑星、冥王星は冥界の王、プルートと名づけられました。占星術では重要な位置づけです。

　ところが、その後、冥王星のような星がたくさん発見され、2006年に太陽系外縁天体と名づけられ、惑星から準惑星に降格されました。しかしだいたい占星術としては冥王星の位置づけはそのままにしているようです。

　占星術では、上記のように、黄道付近の星座を12に分けて、星座の状況と、どこにどの惑星があったかで人の運勢を占います。しかし、地球というのは倒れかけたコマのように首振り運動で回っています。これを歳差運動と言います。今は北極星を中心として回っていますが、少しずつずれていきます。占星術が生み出されたころは12星座と黄道12宮は一致していましたが、現在は一星座分がずれてしまっているのです。また、女性でさそり座を嫌がる人のためヘビ使い座を入れている占い師もいます。ですからあくまでもお遊びとしているのはいいのですが、あんまり深刻に考えないほうがいいのです。

● 人はなぜ似非科学に騙されるのか　カール・セーガン

「人は自分の考えに固執する。エセ科学と懐疑論」2009年11月13日「こういちの人間学ブログ」から

　カール・セーガンは著名な天文学者ですが、人々がなぜエセ科学に騙されるのかについて本を書きました。1996年に出版され、1997年に翻訳されたこの『カール・セーガンの科学と悪霊を語る』（青木薫訳、新潮社）の帯には「ヒトはなぜ似非科学（＝トンデモ話）に騙されるのか」と書かれています。

　セーガンは言います。「世の中はまがい物に満ちている。科学的、懐疑的なものはほとんど人の眼に触れない。懐疑的なものは、売れないからだ。アメリカ人は95％が科学のイロハも知らず、90％は神や天国を信じ、70％以上は奇跡や天使を信じているといいます。科学者がいくら占星術を批判しても、科学が受け止めてくれない、という社会的需要にこたえられていない限り衰えないのです。」

　（以下、－は佐竹による）

──日本では神や天国を信じる人はもっと少ないと思います。

またセーガンは言います、「科学する精神を持ち、それを現実の社会で実践する人は学歴や職業にかかわらず科学者なのである」と。

──私は真の科学者でありたいと思っています。

「科学とは万人にどこでもいつでもなりたつ（証明できる）か、成り立たないか（反証できる）が、その成立条件である。神秘主義は信じるか、信じないかである」、「科学の進歩とその成果の広がりは、途中で人の考えが変わったのではなく、古い考えを持った人が死んでいったことによる。」

──その通りだと思います。人は自分の考えを変えないものです。

世の中には、いろいろと非科学的な考え方に染まって、下手をすると命を縮めたりしています。しかし先述したようにNHKでは『幻解！超常ファイル──ダークサイドミステリー』を時々放送して、超常現象を科学的に解明しようとする番組を放送しています。それに伴い、民放のあまりにもばかばかしい超常現象を恐ろしげに放送する番組は減ってきているように思います。でも世の中には非科学的なことがまだまだ多くはびこっています。

● 王充の『論衡』 幽霊の存在、自然現象

「王充の論衡について (1) 幽霊は存在するか (2) 自然現象に対しての科学的見方
2013年9月23日「こういちの人間学ブログ」より

王充について、一時期本当に熱心に取り組んだことがあります。王充の『論衡』の抜き書きから始まり、『論衡』についての資料を、神田神保町の古書店で探し回り、王充の小説を書き始めたりしました。そして王充について調べに中国へ１人で行くために中国語を習い始めました。王充の墓もたずねに。

［幽霊は存在するか］

この当時（後漢の時代）、人は死ぬとすべて「鬼神」（幽霊のような存在）となると信じられていました。それに対して王充は言います。今までに死んだ人は大変な数になるはずである。だからそこら中が幽霊で満ちていなければなら

ないはずなのに見当たらない。それから鬼神を見たという人に聞いてみると
みんな鬼神は服を着ているという。生物の人間と無生物の服が一緒に現れ
るのはおかしいのではないかというのです。

　他の人は不思議と思わないのですが、王充はおかしいというのです。

［自然現象を特別に不思議と思わない科学的見方］

　王充は子どもの時に、雷に打たれた羊を見に行っています。それで羊が焼
け焦げているのを見て、雷は鉄の溶鉱炉に水が当たったのと同じと見ます。
雷神が雷を落としたのではないとわかります。同じように『論衡』では、日食、
月食、雨や汐の満ち引きの変化、ガラスとレンズ、他さまざまな物事について
正しい考察をしています。ジョセフ・ニーダムの『中国の科学と文明』にも詳し
く書かれています。

　王充の『論衡』は一時失われましたが、後漢の有名な学者、蔡邕が発見し、
さらには王朗が会稽郡太守となったとき再発見されました。

　参考：『王充思想の諸相』(大久保隆郎、汲古書院、2010)
　本書の著者、福島大学の王充の研究者である大久保隆郎氏については、
2010年1月29日の「こういちの人間学ブログ」に詳しく書きました。本書は王
充について詳しく書かれた、立派な本です。

［5］歴史と社会について

●今の世の中(政治と社会)について

　「こういちの人間学ブログ」においては、「政治と社会」というテーマで、
2023年1月までで、100ほどの記事を書いてきました。

　今話題になっていることは、国際的にはロシアのウクライナ侵略です。欧米
諸国から軍事支援を受けるウクライナの反転攻勢なるかというところです。多

数の戦死者を出しているロシア国民がどうもおかしいと思うようにならないと戦争は終結しないように思います。武器だけ出して兵士を送らないアメリカの軍需産業はホクホクでしょうね。日本も軍事関係費を大幅に上げるようです。

　国内的には2022年10月21日に一時1ドル＝151円90銭台になり、32年ぶりの安値を更新したのをうけて、政府・日銀が、円買い・ドル売りの為替介入に踏み切りました。円安は国内の輸出企業にとっては有利に働きますが、国内の輸入品は大幅に値上がりし、消費者には苦しい物価高になります。ところが企業は賃上げをほとんどしていないので、一般庶民の暮らしはますます苦しくなっています。

　2022年10月22日の毎日新聞朝刊1面トップは「消費者物価3.0％上昇9月、31年ぶり高い伸び」と報じています。この先さらに物価は上がるのに、大企業は膨大な企業利益（そして社内留保）を上げているにもかかわらず給与を上げようとしません。そして、少しではありますが年金が少しずつ下がっています。この状態では国内需要が下がってさらに景気が悪くなるのです。

　安倍元首相の射殺以後、世界平和統一家庭連合（旧統一協会）の自民党との深いつながりが問題になっています。この実態があきらかになるにつれ、自民党の支持率が大幅に下がっています。自民党議員の半分近くが何らかの支援を受けていたのです。

　新型コロナウイルスも今後どうなるのでしょう。もうすぐ4年目、第5波に入りますが……。

　外国ではもうとっくにマスクを外しているのに、日本人は同調圧力が強いのでしょう。まだ街中ではほとんどの人がまだマスクをかけています。

●『ヘンリー5世』自立した農民のイギリスの長弓とフランスの石弓
──オリヴィエ、ブラナー版、2つの映画を見る──

　『ヘンリー5世』は有名なシェイクスピアの戯曲です。これを基にした2つの映画があります。ローレンス・オリヴィエ版とケネス・ブラナー版です。この映画を評した二つの「こういちの人間学ブログ」があります（2010年4月13日）。「ヘ

東京教育大動物学専攻の同窓生について

東京教育大の同窓生はとても素晴らしい仲間たちでした。今はなき東京教育大の生物学科は動物学専攻、植物学専攻は各16名でした。東京教育大は高校の先生を目指す人が多いのですが、研究者を目指す人も多かったのです。16名のうち男性が12名、女性が4名でした。

大学の一般教育の授業は面白い講義とつまらない講義がありました。動物学教室の仲は良かったのですが、男女の仲は良くなく、菅平の実習所で男子が女子の部屋に天井から納豆などをばらまく、ストームなるものをしました。

また学生祭では学生控室で藤沢君と"想像生物学"と称して、河童やら、西洋の怪獣、天使まで図像を描いたりしました。藤沢君がブリタニカの辞書で翻訳と画像を書いたのには感心しました。

藤沢君と広瀬君は東大の大学院に入り、埼玉大の教授と遺伝学研究所の教授になりました。

わたしは2年の途中から生物科の学生組織である、生懇（別記事で説明）に入り、3年以後の時にはもっぱら「人間学」の分科会の勉強をしました。角田君は「人間学」の一番熱心なメンバーでした。本をよく読みたいと横浜市立大の図書館司書になり

ました。今も研究を続けています。

近藤君は4年の前期に生懇の代表で、後期は私が代表でした。近藤君と田口君は都立衛生研究所の研究員で近藤君は後日、大学教授になりました。

唐沢君は学生時代から文集を出し、高校の先生になってからは、都市鳥研究会を作り、さらにNPO法人自然観察大学の学長になっています。広くいろいろな本を出し、すでに100冊を超えているそうです。わたしにも本を送っていただき、ブログで紹介しています。

和田君は明星学園の校長、牧野君も高校の校長になりました。岡松君は戸山高校の同窓生です。戸山高校のラグビーの選手で卒業生のラグビーの会長までやっています。牧野君は在学時から校長の風格でその通り校長となりました。横山君も大学教員、西木君はオムロンの研究員に、そしていまも現役です。

女性では小泉さんは共産党の中央委員になりました。萩原さんはもうお孫さんご自慢です。あとの皆さんもそれぞれの分野でご活躍されました。

ンリー5世、オリヴィエ・ブラナー版2つの映画を見る」その続きの、「イギリス軍の長弓、自立した農民」です。さらに2019年12月18日のブログには「戦争の人間学　エンゲルスの戦争観とアメリカの独立戦争」を記しました。

　オリヴィエ版（1944年）はシェイクスピアの劇場の舞台からそのまま抜け出たような美しい、また格調の高い映画です。連戦で疲れ切り、打ちひしがれたはずの英国兵の服はそんなに汚れていません。重装備のフランス貴族が滑車で馬に乗る場面が印象に残っています。

　ところがブラナー版（1989年）は徹底的なリアリズムです。イギリス兵の服は汚れ、ボロボロです。両軍はぬかるみの中で戦い、ヘンリー5世は戦いに勝っているかどうかと部下に聞きます。「陸下大勝利です」と部下が言います。

　当時のフランスの人口はイギリスの5倍でした。そしてイギリス軍は自立した農民が主力であるのに対し、フランスは小作の農民上がりの兵士たちでした。ヘンリー5世に率いられたイギリス軍は1415年にフランスに上陸します。イギリス軍ははじめ勝利しますが、補給のない軍はしだいに兵を失っていきます。決戦を前に連戦で疲れ切ったイギリス軍はわずか6,000人、それに対しフランス軍は46,000人でした。フランス軍は戦う前から敵をなめ切っています。フランス兵の武器は強力で射程の長い石弓です。それに対しイギリス兵は長弓です。長弓は、射程は短いのですが、訓練した兵士は1分間に10本の矢を放つことができました。

　闘いの前の夜、兵士が、もっと兵がいればいいのに、というのを聞いたヘンリー5世は、有名な演説で、兵士たちに呼びかけます。「今日勝てばわれわれはイギリスにいる人々にずっと誇ることができる。そのためには少ないほうがいいのだ」。この映画で最も感動する場面です。そして闘いの結果、フランス軍の死者1万人、それに対しイギリス軍の死者わずか500人。イギリス軍の圧勝でした。

　ヘンリー5世はフランスの王女を娶り、フランスの統治を始めますが、その後わずか2年で亡くなります。そして今度はジャンヌ・ダルクの話へと時代は変わっていきます。

オリヴィエ版とブラナー版、私にはやはり後者のほうが圧倒的に心をゆさぶられました。

●小説『第五倫伝』について——旧書名『人相食む』

　私はかつて後漢の唯物論哲学者、「王充」についての小説を書こうと思いました。ところが小説を書いているうちにだんだん主人公が代わってきて、後漢時代の初めの戦乱を中心とする『人相食む』という小説になりました。さらに後漢の優れた政治家「第五倫」を描く小説に変わってきました。ペンネームは「王　伯魚」です。2023年5月17日「こういちの人間学ブログ」「第五倫伝」（http://koiti-ninngen.cocolog-nifty.com/koitiblog/2023/05/index.html）をひらいていただきますと、小説全文が無料でダウンロードできます。

『第五倫伝』——後漢初期の人間学

　第1章：第五倫、一族を守る、第2章：第五倫、郡の役人となる、第3章：第五倫、郡の役人となる、第4章：塩商人となる、第5章：長安市の市場の監督　不遇と大志、第6章：光武帝劉秀、第7章：政治の大改革、第8章：第五倫、下積み生活と家族、第9章：第五倫、光武帝と会う、第10章：会稽郡太守、第11章：謝夷呉と鄭弘と王充、第12章：人間関係と人相、第13章：牛祭り、第14章：第五倫、あやうし、第15章：明帝即位、第16章：鍾離意、第17章：第五倫、蜀郡太守となる、第18章：章帝即位、第19章：馬援と馬氏、第20章：会稽政権、第21章：会稽政権と王充と論衡、第22章：竇憲と和帝、第23章：第五倫死す、第24章：帝の死と和帝即位、第25章：人相食む再び。

　＊2023年現在『第五倫伝』全25章

　佐竹幸一（王　伯魚）著

　A4判／本文317ページ／資料含め全文354ページ

●心より尊敬する人、エンゲルス

　私は大学時代から、しばらくの間、初期のマルクスとエンゲルスの文献を読

み漁っていました。その後、『イギリスにおける労働者階級の状態』『ドイツイデオロギー』『自然の弁証法』『家族、私有財産、国家の起源』『反デューリング論』など、エンゲルスの、特に自然科学、人類学、歴史、社会学などの分野の本を読みました。また、エンゲルスがアメリカの百科事典に書いた軍事学の項目なども興味深く読みました。エンゲルスの扱っている分野は私の好きな分野と重なるのです。重要な本は各出版社のものを買い比較しました。中心となったは1959年発行の大月書店版でした。

エンゲルスの本の中で、『ドイツイデオロギー』にある「将来の共産主義の社会では、画家などはいず、せいぜい絵をも好んで描く人がいるに過ぎない」(分業がなくなる)ということに関して、私もそうだと思ったのですが、小原秀雄氏は、それは間違いだとおっしゃって、大論争になったことがあります。

エンゲルスは、長い間、エルメン・エンゲルス商会の経営者であり、専門の研究者ではありませんでした。カントが哲学者である一方で、実用的人間学や自然地理学についての研究を深めたように、学問の分野でも、エンゲルスはまさに万能の天才でした。現代社会では、なかなかエンゲルスのようなスケールの大きな研究は進まないように感じます。

私はエンゲルスの考え方には共鳴しますが、一党独裁を目指すレーニン主義、さらに毛沢東思想などには共鳴できないのです。今では、マルクス・レーニン主義を標榜する国は、中国、ベトナム、キューバ以外あまり見あたりません。同じ共産主義思想でも毛沢東やスターリンが指導する共産主義とホーチミンのベトナムでは違うように感じます。ヒューマニズムが根底にない国家体制はいずれ人々の支持を失うでしょう。

一方アメリカを中心とした資本主義国では貧富の差は恐ろしいほどです。その国の中での貧富の差とともに、国と国のあいだの貧富の差も恐ろしいほどに広がっています。今後の世の中の未来は一体どうなっていくのでしょうか。

●経営人間学シリーズ①〜⑫

2009年8月14日〜2010年4月14日、「こういちの人間学ブログ」を書き始

めたこのころ、私はまだ現役の経営者でした。かつて、『KIWI』という雑誌に、12回の「経営人間学」と題した、連載を書いたことがあります。結構人気がある記事でした。

それを土台にして今度はやはり「経営人間学シリーズ」と称して、「こういちの人間学ブログ」に書いてみることにしました。分量が多いので表題だけを下に記します。面白そうだとお思いでしたら、直接、ブログをお読みください。

①経営人間学とは何か（2009年8月14日 以下続く）

②KIWIという雑誌への投稿12回の連載

③人間を知らずしてよい経営はできるのか

④人間の心は外からわかるのか

⑤経営に生かす人相術

⑥顔の人間学——身振りでわかるひとのこころ

⑦こころと身体——勉強が進まないと風邪をひく

⑧こころと身体——若さの秘訣 歯の重要性と唾液健康法

⑨歴史上の人物に学ぶ——歴史上の人物 8つの特徴

⑩上杉鷹山の善政

⑪中国古典に学ぶ

⑫経営人間学——ほめることが大切（2010年4月14日まで）

この経営人間学のおかげでしょうか、私の会社では、社員の皆さんが明るく、積極的に働いてくれたので、東京ガスのライフバル（その前はエネスタ）で成績もいつもトップクラス。給与水準も高く、きわめていい雰囲気でした。

●宗教というもの 私は無神論ですが、日本の統計では?

「世界地図」（成美堂出版、2022年度）、「ブリタニカ国際年鑑」（2022）によれば、全世界の宗教の信者と無神論者の比率は以下とのことです。

キリスト教	24.5億人	33%
イスラム教	17.5億人	23.6%
ヒンズー教	10.2億人	13.7%人
仏教	5.2億人	7%
中国民間宗教	4.6億人	

――――――――以上で62億人――――――――

その他・無宗教　　15.7%

人口合計77.7億人／無宗教の比率12%〜13%（推定）

　2016年の文化庁の調査によれば日本の信者数は1.82億人。人口が1.27億人ですから、人口より多いことになります。これは各教団の自主申告に任せているからです。私は浄土真宗大谷派にカウントされています。お寺に年会費をおさめ、葬儀などではお寺の住職に読経してもらいますから妻と信者2名と立派にカウントされます。また地元では、皆中（かいちゅう）稲荷神社の氏子であり、会費を払っていますので、こちらにもカウントされていますが、私は確信を持った無神論者です。私のように無神論者であるといわなくとも形だけの信者という人は多いことでしょう。たまたま所属する浄土真宗では葬儀の時などではかなり迷信的な儀式を否定しますので、共感はできます。

　2018年のNHKによる日本人の宗教と信仰に対してのアンケート調査によると、仏教31%、神道3%、キリスト教1%、信仰なし62%、その他1%。答えなし2%とのこと。信仰「なし」がなんと62%もあるのです。日本の宗教側のカウントしている信者数と実際に信仰している人とのギャップは極端です。

　宗教の信仰なしという人が62%ぐらいもいるというのは、世界では、日本と中国だけかもしれません。中国でも一時在来の信仰を禁止したことがありました。それで"信仰なしか土着宗教だけだと思います"という人が73%程度を占めるそうです。

　私の父親は信仰ということを批判的に考えていました。父親は前半で満州に後半に中国に兵士として行きました。大変な苦労をしたと思います。日本

中で皆が八百万の神様にあれほど必勝を頼んだのに、日本は負けてしまいました。それで、神様なんていないと思ったというのです。おばあさんも迷信的なことはまるっきり信じませんでした。そのような家の影響も強いのです。

▌[6] 佐竹の個人史
▌新宿と大久保・百人町、旅のことなど

● 大久保・百人町の歴史

　人間学合同例会資料：2019年4月19日「江戸から、明治～令和にいたる歴史地図で見る大久保、百人町の歴史」、「大久保の由来、大窪から」、2019年4月「こういちの人間学ブログ」より

［江戸時代以前］

　小野 篁 <ruby>お<rt></rt></ruby>がこの地に諏訪神社を再建しました。平安末期から鎌倉時代にかけてはこの辺りは和田義盛の領地でした。東大久保から花園神社にかけ、蟹川が流れ、低地でした。（蟹川は花園神社から神田川まで流れていました。）その窪地で大久保と呼ばれたのです。昔はここで砂利の採集が行われました。

［江戸時代］

　徳川家康の入府のさい、内藤氏が伊賀鉄砲隊を率い新宿に来ました。鉄砲同心百人組は大久保の地に1人1,200坪以上の土地を拝領しました。百人組は内職として、つつじ栽培をし、「大久保のツツジ園」として有名になりました。隣接した広大な戸山の地は尾張徳川家の下屋敷になりました。尾張屋敷では、その中に人工の築山（箱根山）を作りました。箱根山は山手線内で最も高度のあるところです。

［明治時代］

　この地は豊玉郡大久保村といいました。当時、駅は大久保駅のみでした。

道路に沿っては家がありましたが、周りは田んぼや雑木林でした。戸山が原は陸軍の演習場でした。明治末に私の曽祖父が新潟から移転、百人町の大久保駅近くで桶屋を始めました。

[**大正・昭和時代**]

　祖父は一時、大阪に移住しました。大阪で祖母と結婚、伯父、父が生まれました。

　1920年、曽祖父が病に倒れ、祖父一家は大阪から東京へ戻りました。1923年、関東大震災。大久保・百人町は被害が軽く済みました。下町からの移住者が増加しました。文化人が多数住み着き、大久保文化村と呼ばれました。

　1925年の商店街の地図に桶商佐竹の名が載っています。井戸掘り業も始めました。

　1943年、私（佐竹）が生まれました。新潟に疎開しました。新宿は焼け野原に。

[**戦後の時代**]

　1950年、ロッテの工場ができ、韓国人が増え始めました。

　1964年、東京オリンピック開催。大久保のスラム街が解消しました。

　1976年、住居表示変更があり、西大久保1丁目が歌舞伎町に変わり、東大久保は東新宿に変わりました。今はさらに新宿6、7丁目となりました。

　1980年ごろ、ニューカマーとよばれる韓国人が増えてきました。

　2003年、「冬のソナタ」が大人気となり、第1次韓流ブームが到来しました。

　職安通りに韓国の店が集中しはじめました。このころ大久保通りには、空き店舗が少なかったのです。

　2011年、大久保通りに、Kプラザ1、2、3（ビル）ができ、韓国のお店が増えました。韓国のお店が多いのは、大久保通り、イケメン通り中心に変わりました。

　2014年、「コリアンタウン存亡の危機」といわれ政治問題、経済問題等により、

韓国のお店が減少。代わりにネパール、ベトナムのお店が増えました。

2018年、第3次韓流ブームが起きました。再び韓国のお店が増えてきました。

2020年、新型コロナが流行し始めました。店舗数の減少が起きました。

2023年、新型コロナの流行が収まり、再び町は、にぎやかになりました。

参考：室橋裕和『ルポ　新大久保』辰巳出版、2020

高橋庄助『新宿区史跡散歩』学生社、1992

『新宿区の民俗6　淀橋地区編』新宿歴史博物館、2003

この本のp.115「井戸」、p.116「職人の暮らし」は、佐竹幸一の父、佐竹実が取材を受けて話をしています。この当時の井戸は、土を掘った後、木桶で回りが崩れないようにしたのです。井戸掘り業は桶屋の仕事でした。

●佐竹家の歴史

2016年7月「新大久保の民俗」より──「こういちの人間学ブログ」より

テレビで芸能人などが自分のルーツを探る番組があります。だいたい父方の方は3、4代前まではわかるのですが、母方の方はその両親ぐらいまでしかわからないものです。先日、母方のおばさんで、私と5歳くらいしか差のない、池袋で大変繁盛している八百屋のおばさんが系図を持ってきてくれました。

母は金子家の長女で、私の母方の祖父は金子一族の7人兄弟の長男、金子幸作、祖母は渡辺タケと言います。母方の曽祖父は長男、金子幸四郎、高祖父は金子良太郎です。皆新潟の出身です。私の祖父幸作の兄弟は、幸作が子ども9人、清治が子ども8人、長女タケが子ども5人、他に兄弟が5人もいます。大きな紙2枚にぎっしり一族の名前が載っていて、それぞれの兄弟の住所と経過などが詳しく記載されていました。業者に調べてもらったそうで、よく調べたものだ、とびっくりです。また昔の写真などもたくさん見せてもらいました。

特に父と母が結婚した理由が、私の父、騎兵である佐竹実の戦地での大親友である金子幸雄との2人の縁を強めるために、幸雄の妹である（私の母）より

と結婚したそうです。父は息子である私（幸一）の出生を見てから、今度は中国安徽省に行きましたが、母方の伯父の幸雄は匪賊に襲われ戦死しました。

佐竹の一族の系図の位牌をさかのぼると、昔は漆塗りの板だけの位牌です。おばあさんが、戦時中の爆撃下、何がなくとも位牌だけをもって逃げたそうです。古い板位牌は宝永2（1765）年没、というのがあります。法名は書いてありませんでした。江戸時代の位牌は8枚ありました。あとは明治の初めの位牌5枚です。

祖父の佐竹庄次郎は新潟長岡の地を離れ、東京に出てきました。昔は長岡藩の御用商人でしたが、戊辰戦争とばくちのために、家財が傾いたそうです。祖父は東京に先に出てきましたが、後で曽祖父傳蔵が息子を頼って出てきました。それで曽祖父は明治の末頃、新宿大久保の地で桶屋を始めました。祖父は大阪へ逃げ出し祖母と結婚。父と伯父は大阪で生まれました。その後、曽祖父が病気となり大久保に戻りました。祖父は桶屋と井戸掘りを行いました。そして伯父は酸欠事故で亡くなり、父がその後の仕事を継ぐようになりました。

私は新宿区の百人町・大久保に戦前の昭和18年の2月から生まれ育ってきて、その歴史をずっと眺めてきました。2023（令和5）年の現在を見ると、ずいぶん特異な街になったものだと思います。この地に生まれ育って来た人たちは、私を含め老齢化してきました。大久保、百人町は多国籍のお店や事業が増えてきて、特に大久保通りには極端に日本人のお店がなくなってきました。新大久保駅から大久保に至る百人町1、2丁目の山手線の内側（百人町東町会の地区）では町会員の高齢化、減少が激しくなっています。

「こういちの人間学ブログ」では2009年にブログを書き始めてから、江戸時代以前から今日までの大久保の歴史を多面的に書いてきました。「大久保の街紹介」という項目で、すでに100以上の記事を書いてきました。これだけ多く大久保について、書いてきたものは他にないのではないかと自負しています。

大久保の街は、はじめどこにでもある商店街でしたが、山手線の内側の百人町1、2丁目地区には韓国の店が多く進出してきました。2000年ごろは韓国のお店は職安通りに多く、新大久保駅周辺はまだ日本の店も多く、多国

籍という感じもしました。ところが年代により波がありますが、新大久保駅周辺はどんどん日本の店から韓国の店に変わってきました。

　佐竹ビルの前の、1番左のビルがプラザ1、元百十四銀行のビルがプラザ2に、パチンコ店がプラザ3のビルに変わったのが典型です。そのビルには、ほとんど韓国のテナントが入りました。今では百人町の山手線の内側の日本の店は大久保通りでは盛好堂書店と円満屋熱帯魚店ぐらいしかありません。

　韓国に続いて多いのは、ベトナムとネパールのお店です。新型コロナ流行前は両国のお店がそれぞれ華々しく増えていた時がありましたが、今は伸び悩んでいます。2022年10月10日に久しぶりに百人町祭りが開かれました。2年間新型コロナの影響でお祭りは中止せざるをえなかったのでした。それでも完全な再開でなく、大久保まつりのチラシはなく、朝鮮学校の女学生による大久保通りでいつも開かれるパレードもなかったりして、参加しないところもありました。

●エスニックの街大久保の変化

　「こういちの人間学ブログ」を始めたころ、(2009年9月)、最初に、大きなテーマとして取り上げたのが「エスニックの街大久保」というテーマです。この大久保、百人町という地は、日本のなかでも、急激に街がエスニックの街に変わっていったところです。

　2000年ごろ、新大久保の街にはまだ韓国料理を含めたエスニック料理のお店はそれほど多くありませんでした。エスニックのお店は歌舞伎町を含んだ職安通りに多かったのです。それが2009年ごろには新大久保駅周辺にも韓国の料理店、韓国コスメのお店を中心として増えてまいりました。

　新型コロナウイルスの流行の頃はまたかなり、客数も減り、エスニックのお店も大変でした。2023年ごろには、再び賑わいは回復し、歩道を通れない人が、車道を歩くまでになっています。

　お店の配置は、大久保通りの山手線の内側の地区と、いわゆるイケメン通りといわれるところにいろいろな韓国系のお店があります。山手線と総武線に

挟まれた地区は多国籍の地域です。また、新大久保駅の近くの一画にイスラム系のハラールのお店がたくさんあり、イスラム横丁と呼ばれています。

　百人町の内側の地域である、百人町東町会の地区では大久保通りで1階に店舗を持つ日本人のお店は、盛好堂書店と円満や熱帯魚店だけになってしまいました。

　詳しくは「こういちの人間学ブログ」で100以上の記事がありますのでご覧ください。

●新大久保のキリスト教会の多さについて

　「新大久保周辺における、宗教施設とキリスト教会の多さについて」2019年5月「こういちの人間学ブログ」より。

　この記事もアクセスが多かったです。新大久保駅周辺の大久保、百人町は多国籍の人々が住んでいます。新宿区は外国人が多く住んでいるところです。また特に韓国系の方のためにキリスト教の教会が大小さまざまあります。ちなみに日本人のキリスト教信者は1％程度です。ブログには大久保・百人町地区だけでなくその周辺の教会、あるいは宗教施設の写真を載せてきました。かなり丁寧に回ってみましたので、ほとんどの施設の写真を撮ってきたと思います。

	平成16年1月（2004）		平成21年（2009）		令和4年（2022）	
1	韓国	10,597	韓国	14,425	中国	15,470
2	中国	9,762	中国	11,327	韓国	9,008
3	マレーシア	942	ミャンマー	1,234	ネパール	2,501
4	フランス	926	フランス	1,148	ベトナム	2,286
5					ミャンマー	1,949
6					台湾	1,688
7					米国	1,078
8					フランス	707

外国人、新宿区の国別居住人口変化

昔からある日本人の建てた教会は、百人町の「淀橋教会」です。そして大久保にある教会は「ルーテル教会」です。その他にカトリック系で「学生の家」、あと「日本キリスト教婦人矯風会」などがあります。そのほかに百人町に10か所、大久保に9か所、馬場3丁目に12か所ほどの教会があります。

　韓国では人口の3割以上がキリスト教徒ということで、新教系の教会もたくさんあることになります。小さいビルの各階に4つの教会があるところもあります。

●「台湾の宗教施設　弥勒菩薩と媽祖廟」(2016年10月6日)

　百人町地区には1丁目に媽祖廟があり、2丁目に道徳会館弥勒殿(弥勒佛像公開) があります。ともに大久保・百人町に住む台湾系の人々の道教寺院です。中国における弥勒菩薩は日本の弥勒菩薩と違い、むしろ七福神の布袋様のようなお姿です。新大久保にはとても大きな像があり、それを収める寺院も大きくて立派です。そこには「菜食兼美」という完全に肉食を避けたレストランがあります。

　媽祖廟は台湾では尊敬されている女神です。大久保駅の近くにきらびやかな4階建ての道教寺院が建てられています。

　このほかに新大久保周辺にはいろいろなお寺、神社があります。韓国の人たちが集まってマンションの2部屋に仏像を2体おいて拝んでいました。その後無尽をしていました。

●ロッテ工場跡地から住宅展示場に、昔見た火の玉の推測

　「更地にロッテ工場跡地2,273坪の広大な土地、2019年に住宅展示場に」という記事を2018年12月8日にブログに記しましたが、この記事もずっと人気のある記事です。百人町のこの地は江戸時代には百人町鉄砲(百人組) 同心の土地です。下級武士としては、広い土地をもらっていましたが、細長い土地にして攻め込みにくくしてありました。また鉄砲の火薬の原料につつじの木炭が良いのでつつじを植えて、内職の種にもしました。それで江戸から明治にかけては、つつじの名所となりました。

戦前は満鉄副総裁の広大な屋敷などもありました。戦後はロッテが広大な土地を買収して、チューインガム工場を作りました。筆者たちが戸山小学校へ通うとき、左側はロッテの工場の塀でした。学校へ行く途中甘い香りがしたものです。

　社長は韓国系の人で韓国にも会社をつくり財閥の一つにまでなりました。その関係もあり、新大久保、歌舞伎町周辺に多くの韓国人が住むようになり、さらには韓国系の料理店、韓国の化粧品店のお店などが増えてきました。

　ロッテ工場跡地の住宅展示場は2019年2月にオープンしましたが、ちょうどオープンしてしばらくすると、新型コロナウイルス蔓延とかさなってしまいました。私は電動車いすで全部の住宅を見て写真を撮ってきました。半分以上は段差がきつく、車いすでは入れませんでした。

　そして、最近ああそうか、と気がついてブログに書いたことです。私は怪奇現象など一切信じないほうですが、まだ小学生の時のこと、夕方、左側がロッテの工場であり、突き当りが戸山小学校という細い道を歩いていた時に、電柱のそばから小さい火の玉のようなものがふらふらと上がり、上の方でぱっと消えました。これは今でもはっきり覚えていることです。まるで超常現象のようだったので、ずっと気になっていたのですが、最近、ロッテの大工場でかなりの高電圧の電気を使っていたであろうことに気がつきました。大槻教授が電子レンジで火の玉を作ったように、工場の高電圧が何らかの発光現象を起こしたのではないかなと思っています。

●新大久保関連の放送などに出演

　以前、新宿、特に歌舞伎町から新大久保にかけて、料理店の食べ残しのごみをめざして、たくさんのカラスが集まって、いろいろな害があると騒がれたことがありました。既述のように、新大久保には韓国のレストランなどが大変多かったのです。

　その状況をブログに書いたところ、NHKから取材に来たいとの連絡が入りました。当時の大久保通りに面した、店舗兼自宅のビルの5階から見ると、黒いごみの袋にたくさんのカラスが集まって、穴をあけ、中の肉や魚の余った

ゴミをつついているのが見えました。NHKの人がちょうど撮影に来た時には
うまく集まらず、ビデオカメラを預かってたくさん集まっている時を撮影しました。

わたしもカラスには困ったものですと言って、短時間テレビに映りました。お
礼にと温度計つきの時計をいただきましたが、重宝して使っています。

以前脳出血をおこし、自宅の佐竹ビルに帰れなくなる前には、私は普段5
階に住んでいました。3階には、すでに亡くなった両親が住んでいました。屋
上にはかなり広い庭園がありました。今では5階はレンタルスタジオに改造し、
3階の部屋には大学生の孫が通学のために住んでいます。

●韓国ドラマについて　正月元日韓国KBSの放送に出る

以前、「こういちの人間学ブログ」に、韓国歴史ドラマのことをいろいろ書い
ていました。このころ、なかなか面白い韓国歴史ドラマが多かったのです。
李朝朝鮮の建国時代の歴史ドラマは面白かったのです。

2011年12月26日に、韓国の公共放送局であるKBSが、「好きな日本人」
という番組で、自宅に取材に来ました。そのさい、2012年の1月1日のお正
月の生番組で、韓国のテレビが好きな日本人という内容の番組に出てほしい
とのお話をもらいました。元日に、NHKの建物の一部のところにあるKBSの
スタジオに行き、そこで10人ほどの日本人（ほとんど女性）が取材を受け、韓
国で放送されました。放送時には「アンニョン・ハセヨー」とか、最低限の韓
国語を話しました。帰る途中、NHKのとなりの明治神宮で初詣をしてきました。

●沖縄旅行中の3.11大地震、その後沖縄へ2回

2011年3月10日に、沖縄の米軍基地などを見るために、沖縄フリー・プラ
ンの旅行に一人で出かけていきました。レンタカーを借りて、後の行動は自由
というプランです。宿泊先はワシントンホテルでした。ちょうど、沖縄での2日
目の3月11日に沖縄でも地震があり、ラジオで聞くと、すごい地震が東北地
方を中心に起きたことを知りました。早めにホテルに引き返すと、テレビでは、
ひどい地震のありさまの放送ばかりでした。次の日には福島の原子力発電所

の爆発のありさまが、放送されていました。

　テレビばかり見ていてもしょうがないので、予定通り沖縄の普天間基地を一周してきました。普天間（海兵隊）基地は宜野湾市にあり、本当に町中にある基地です。基地の塀のすぐそばに小学校と幼稚園があり驚きました。また隣接した沖縄国際大学には、米軍ヘリの墜落跡が残されていました。詳しい記録は「こういちの人間学ブログ」に残しました。

　翌年の2012年6月8日のブログには、再び2回目に沖縄をおとずれた様子を記録しています。今回の宿泊先は沖縄ホテルでした。ホテルのロビーには大ウナギがかわれていました。

　沖縄の基地、キャンプハンセンと米軍向けの店が集中している沖縄市を見てきました。その後は海で釣りをしましたが、みんな逃がしました。夕方は国際通りをみてまわりました。また別の日に、ドライブで海中道路から伊計島へ、また古宇利島へ行ってきました。いい天気に恵まれ、もう泳げそうな天気になっていました。しかし水着は持ってきていませんでした。

　3回目の沖縄旅行は、2013年の7月5日のブログに書いています。3回目は完全に遊びに行く体制でした。今まではビジネスホテルでしたが、最後の沖縄というつもりで、沖縄ロイヤルホテルに泊まりました。ホテルの前は海水浴場なのですがサンゴ礁の多い海からできた砂浜で足が痛いのが困りものでした。真栄田岬の青の洞窟あたりの景色は素晴らしいものでした。来年からは先島諸島へ行こうと思いましたが、脳出血をおこしいけなくなりました。

●中国、台湾、韓国の各地へ

　中国を最初におとずれたのは2000年9月。浙江省は紹興市上虞県を旅しました。これは中国後漢初期の唯物論哲学者、王充の墓を訪ねるためでした。中国に初めて1人で行くために中国語のカルチャーセンターに通い、中国語の会話を勉強しました。上虞の駅はものすごくモダンな駅舎を建設中でしたが、既存駅はひどく古く、トイレもひどいものでした。王充の墓は一応中国の観光名所になっているけれど、ほとんど誰も知らず、タクシーの運転手が近くのガ

ソリンスタンドで聞いてくれました。墓の周りは、一面の茶畑で草ぼうぼうでした。この記事をブログに書いたのは、2009年の9月4日でだいぶ後のことでした。

　昔は中国に行きやすく、上海、蘇州は2回、北京と万里の長城、山東省一周の旅（2011年11月）、広州から桂林の漓江下り、などへ行きました。山東省はとても広く回るのが大変でした。また桂林の動物園にパンダが普通のくまとおなじように狭い所にいたのには、さすがパンダがたくさんいる中国と思いました。

　台湾は3回行きました。なかなかいいところですが、何せ九州ぐらいの面積ですから主要な観光地は、だいたい回れてしまいます。故宮の博物館の陳列品の見事さと、台湾の食事がおいしかったのが、印象に残っています。台湾は当時バイクが多かったのと、空気が汚れていたのが、印象に残りました。20年くらいと、もうだいぶ前なのでよくなっているでしょう。それから、台湾には温泉がいくつもあるそうですが行ってみたかったですね。

　韓国も3回ほど行きました。ソウルの街が北朝鮮に近く、地下通路がたくさんあり、防空設備を兼ねていることに、緊迫感を覚えました。妻と真冬に行ったときはかなりの防寒のしたくをしていきましたが、日本よりだいぶ寒いです。

　何しろ私の住んでいるところは韓国のお店がいっぱいの新大久保で、1階は韓国のコスメ店「リメイク」、2階はスターグッズ店（オルチャン）のお店に貸しているので、新大久保とほとんど変わらない感じでした。以前、東京ガスの委託店をしていたときに、勤めていた韓国人の女性、金さんが、ここは韓国とほとんど変わらないと言っていました。さて、旅行の帰りの日にソウルの市場でマツタケが安いので買いました。

▌[7] 顔の人間学

●顔について。はじめに

　顔については、人々が極めて興味を示すところのものです。特に中国では

人相術として発達してきました。顔を見てその人物を正しく判断することは時に国家の命運にもかかわることで、きわめて重要なことだったのです。筆者は昔から顔については、大きな興味を持ってきました。人相に関する書物は東洋の占術の書店にまで探しに行ったものです。そしてたくさん集めました。

　江戸時代の高名な観相術師である水野南北については、初め「だまってすわれば」という小説を読んで感動し、江戸時代の水野南北が発行した本と同じような本を買いました（『南北相法』全5冊、天保書院）。

　始めに西洋人相術と東洋人相術の違いを見ます。西洋人相術では古くはアリストテレスの人相術から始まり、デッラ・ポルタやラーヴァーターの人相術、そして現代の顔の科学的考察へとつながります。筆者の読んだ本のうち『人相　顔の人間学』（ジョン・リゲット）や『容貌と性格』（フランシス・ボオ）、『ヨーロッパ人相学』などについて、ここでお話します。

　顔の個別の部分については、「こういちの人間学ブログ」で常にベストテンに入っていた「耳」と「額」と「顎」についてお話しします。欧米では「目」や「髪の毛」について人種的に大きな違いがあり、もっとも大きな興味を引くのですが、日本では、ほとんど違いがありません。

　耳についてが、アクセスで人気第1でした。過日亡くなった、安倍元総理は典型的な直耳、民主党の元代表の枝野さんは典型的な福耳でした。今は少しアクセス順位が落ちています。歯と顎のことは唾液と関係しているので、最も重要であると、強調しておきたいです。織田信長と豊臣秀吉は特に鼻の部分は立派なので、中年運の良さを暗示していますが、顎は二人とも細くとがっています。徳川家康は若い時の画像は痩せて、顎はもちろん貧弱ですが、途中から硬いものをよく噛んで、晩年になっても麦飯を通しました。その結果、歯も丈夫、顎はがっしりして、元気で長生きしました。その差が徳川政権の勝利に貢献したのです。

●西洋人相術と東洋人相術との対比と簡単な歴史

[西洋人相術]

　まずアリストテレスの人相術は、彼の『動物誌』において、人間の顔が、動物の顔と似ているとその動物の性質と似るという考え方からきています。16世紀には、デッラ・ポルタの『人間の人相について』(邦訳「自然魔術人体編」)が出されましたが、やはり、動物との対比で人間の性格を類推するものでした。ラーヴァーターの『人相学断章』(1772年)は当時の人々の称賛を浴びました。しかし当時はやった骨相学とともに科学的根拠はあまりなかったのです。精神科医、クレッチマーは顔や体のタイプから人間の三つのタイプを分類しました。またカントの『人間学』にも人相についての興味深い記述があります。「こういちの人間学ブログ」(2021年6月26日)では、『ヨーロッパの人相学——顔が語る西洋文化史』(浜本隆志・柏木治・森貴史、白水社、2008年)についてなどを、かなり詳しく書きましたのでご覧ください。また、参考資料としては『人相——顔の人間学』(ジョン・リゲット"The Human Face"、1977年)が興味深い本です。またフランシス・ボオの『容貌と性格』(クセジュ文庫、1955)も興味深い本です。

[東洋人相術]

　中国の人相術は大変古く「相人術」と呼ばれます。古くは紀元前700年以降の魯の歴史を描いた『春秋左氏伝』に記述がみられます。時に人相術は国の命運にかかわることもあり、重視されました。中国の古典には様々な人相術の達人の記述が出てきています。1970年代には、馬王堆漢墓(紀元前2世紀の政治家の墓)から漢代の相書である『木人占』が出土しました。

　宋の時代の陳希夷の『神相全編』はのちの人相術に大きな影響を与えた古典とされています。

[日本の人相術]

　平安時代にはすでに人相学の本が輸入されています。室町時代には天山阿闍の『先天相法』が出されました。元禄時代には中国から多くの人相の本

が入ってきました。江戸時代後期には中国の人相書の丸写しではなく、日本人の体、顔を調べつくして、水野南北は『南北相法』などを記しました。石竜子の名も知られます。明治時代には、目黒玄竜子が初代、2代目とともに名人といわれました。

●水野南北の人相術

「水野南北の人相術　生涯の吉凶は食にあり」2011年11月1日、こういちのブログより

今から30年も前に、『だまってすわれば──観相師　水野南北一代』(上坂次郎著)という本が新潮文庫より出されました。

江戸時代のことですが、ちょっとした暴れん坊だった若いころの南北は、乞食坊主から死相が出ていると言われました。死んではたまらないので、どうしたら死なないで済むかと聞いたら、「食を慎むべし」と「陰徳をつめ」とのこと。死んではたまらぬので食を慎み、行動を正し、正しき行いをし、寺社を掃除したりして陰徳を積みました。数か月して乞食坊主に会ったところ、驚いたことに死相が消えている、と言われたのです。それ以後、髪結いに3年、風呂屋の三助3年、火葬場の陰亡を3年やって、あらゆる人の顔と体を調べつくしたそうです。さらに「食を慎む」ということの大切さをきわめて、『だまってすわれば』と言われるほどの観相師となりました。でも南北の人相は下相だと自分で言っています。

水野南北の本は『南北相法』全5冊(天保書院)の原本を手に入れました。さらにその現代語訳版、『現代訳南北相法』(昭和55年4月25日初版)としては、平成4年の緑書房からの第4刷を持っています。ほかに4冊を持っています。また水野南北の本だけでなく、『本朝人相考』などの江戸時代の本や神田の古書店などを回り、たくさんの人相の本を買い集めました。

水野南北は相法がいろいろあるが、じぶんの相法は無相の相法であるといいます。

学ぶものに秘術などということがあるが、それはたいしたものではない。観

相の術は仁の術であり秘しておかないものだ、と。

　死地に住んでいるものも、心が正しく仕事に精を出すものは必ずさかえる。生地に住んで相が良いものも、心が浮ついて仕事をおろそかにするものは、必ず家を乱す。このように努力次第で運勢が変わることを強調しています。

　水野南北の相法ではこの判定法は初級の見方、これは中、上級の相法だと詳しく分けています。さぞだまってすわればピタリと当たる大名人だったのでしょう。

●天使の金髪

　欧米の人相術に関しては"*The Complete Book of Fortune*"があります。1990年にイギリスで発売された本で、欧米でのあらゆる占いが載っています。

　髪の毛の色〈6色〉、目の色〈6色〉、皮膚の色というのは西洋人相術では、きわめて重要な判定の要素です。ところが日本において、髪も目も黒色かせいぜい濃い茶色で、皮膚の色も黄褐色でほとんど変化がありませんから、日本では耳の形と額の形が人相術の1、2位を争っています。

　欧米では、人種がきわめて多いため、髪、目の色、皮膚、等々人々の関心も高いです。『魔女の黒髪　天使の金髪』（1994年）という本があります。夏森恩という人が講談社から出した本です。日本では昔から黒髪の美しさを女性の美しさの代表としてきました。ヨーロッパでもローマ時代は金髪というのは北方の蛮族の髪の色でした。また黒い髪の色はヨーロッパに侵入してきた、モンゴル・タタール族の色で恐怖の対象となったこともありました。

　ルネッサンス以後、天使やヴィーナスは金髪となります。昔、マーティン・スコセッシ監督の『最後の誘惑』（1988年）という映画を見ました。磔になったキリストのところへ、金髪の天使のような（実は悪魔）少女が現れ、もう神は十分試されたと言ったので、イエスは十字架から降り、マグダラのマリアと結婚し子どもも生まれます。ところがユダがあなたは何をしているのだと責めます。そしてこれは悪魔の仕業だと気が付き、イエスは十字架に戻ります。天使は金髪と決まっているので騙されるのですね。

　ヨーロッパでは400年代後半にゲルマン人の大移動が起こり、金髪かアマ

二色そして皮膚の色の薄い人たちが大量に侵入してきました。その後で9世紀中ごろからは、北ゲルマン人（ノルマン人）、いわゆるバイキングの侵略が始まりました（第二次ゲルマン人の大移動）。彼らは、北欧から、イングランド（イギリス）、フランス、ロシアなどの東欧、南イタリア（両シチリア王国建国）にまで支配地域を広げ、金髪、青い目の人たちが支配層となり、天使が金髪、青い目になるのです。しかしイギリスの先日亡くなられた、エリザベス女王は黒髪でした。お年を召されて真っ白な髪になりました。高祖母にあたるヴィクトリア女王も黒い髪でした。

●耳について

「安倍氏は直耳、枝野氏は福耳、岸田氏は中間型」耳についての、「こういちの人間学」においては、2012年12月に顔の各部位ごとにブログに書いて以来、この記事がずっと1位でした。さらに2019年3月3日のブログ、日本人科学的人相術のランキングではつねにベストテン上位にランクインしていました。しかし、安倍氏が亡くなってからは、このブログの順位は次第に落ちてきています。

最近（2023年）は額についてが、ブログランキングの上位になりましたが、耳は依然として10位以内に位置づけされています。

西洋では注目される「目」については、私のブログでのアクセスのランキングでは、最下位です。日本人の眼の色は黒か、せいぜい少し茶色がかっているくらいです。

『人の顔を変えたのは何か』（原島博・馬場悠男、Kawade夢新書、1996年）

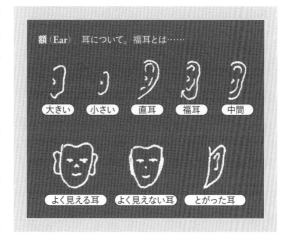

額（Ear）　耳について。福耳とは……

大きい　小さい　直耳　福耳　中間

よく見える耳　よく見えない耳　とがった耳

によると、弥生時代は弥生人と縄文系弥生人が併存していたといいますが、その両者の違いとしては、縄文人は大きな目に二重瞼、厚い唇、ソース顔、耳たぶは大きい。弥生人はきりっとした細い目、薄い唇、しょうゆ顔、耳たぶは小さい、とあげています。渡来系の弥生人は耳たぶが小さい人が多く、縄文系弥生人は耳たぶが大きく、いわゆる福耳といわれるのです。

　また、『新版 日本人になった祖先たち』（篠田謙一、NHKブックス、2019年）によると、日本人のルーツを探るために、化石人骨のDNAを調べたところ、現代日本人は10種類のミトコンドリアのDNAハプログループに属す人たちから成り立つのだといいます。ルーツは中国から中央アジア、ヨーロッパまで広がっていると。日本は様々な人々の住むつぼであるとも言えるのです。ちなみに、比較的、渡来系の弥生人のルーツの人の多い所は、北九州、中国地方、近畿地方、中京地帯、北陸、秋田などであり、比較的、縄文系弥生人が多い所は沖縄、南九州、四国（香川を除く）、関東地方の東京、神奈川を除いた山地地方、東北だといわれています。この区分は、何かのお話のタネになるというぐらいのものですが、面白いと思います。

　それから、耳を正面から見て、耳が顔にくっついているタイプか、離れているタイプかで見わける方法があります。くっついているタイプは行動的、積極的なのに対し、離れているタイプは、おとなしくて受け身タイプだと言われていますが、果たして、どうでしょうか。

●頭の良い額とは　額の傾斜

　2013年1月6日にアップしたブログ記事、「人相術の科学的検証5額、広い額は頭がいいか西洋人相術追加」は書いてから、常にアクセス上位にある記事です。このように、人相の各部位の中では、常に「耳」と「額」に興味をもっていただいているように感じます。

　額は、東洋人相術では「上停」と言い、若年運についてみるものです。額がよく発達していると、勉強がよくできて、評価が高いということを言っています。長男、長女は額が広いと言います。私が経験したところ、確かにそういう傾

向がありますが、額が狭
い人は知性の面で劣ると
いうことは全くありません。
狭い額の方で学問や何
かの専門の面ですごく優
れた方がいました。

水野南北は、額は貴
人あるいは目上の人との
関係をつかさどるといい
ます。また運の吉凶を見
るともいいます。

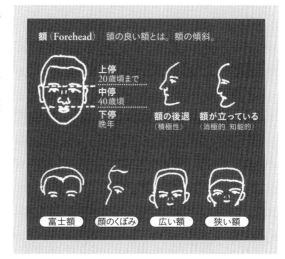

東洋人相術でも西洋人相術でも、人相術一般に言われることですが、額
の広い人は長男、長女に多い。狭い人は次男、次女以下に多いといいます。
また哲学者カントの額は広く、漫画のゴルゴサーティーンの額は狭いです。

また、横顔で額が立っている人は消極的だが知能的な傾向がある。ヨーロッ
パ人相学の始祖、アリストテレスは、そのように言っています。しかしヨーロッ
パの著名な人相学者のラーヴァーターは自分の額がかなり傾斜しているので
すが、垂直の額は理解力が不足すると言っています。筆者の見るところ、額
の広い人は、いろいろなことに興味を持つ傾向があり、狭い人は一つのこと
に集中して取り組む人が多いように感じます。すべて平均的な顔の人は性格
も行動も平均的な人が多いものです。

●顎の西洋人相術と東洋人相術

人相術では、顔の鼻から下の部分を下停と言い、その人の晩年運の良し
悪しを見ます。では、西洋人相術では顎には何を見るのでしょか。まず、西
洋人相術では顎のことを、どう表現しているでしょうか。"*The Complete Book
of Fortune*" によれば、Chin（あご）は、以下のように表現されています。

突き出した	道徳的　意志が強い　野心家　勤勉　気力充実　性急
まっすぐな	道徳的　知性的　誠実　利己主義的　勤勉　抜け目がない　従順
長い	頑固　厳格　思慮深い
短い	誠実　忠実　愛情深い　せっかち
四角い	道徳的　厳格　楽観的　正直
とがった	誠実　優しい　楽観的　高貴さ

　このように、その人の性格付けが細かくなされているようです。西洋人相術と東洋人相術では後に書くように、だいぶ違っています。

　一方で、顎に晩年の運勢を見るという東洋人相術では、一般的に以下のような見立てをしています。

がっちりした	統率力大　ボス的　支配的
小さい	統率力なし　無力　内向的　茶目っ気　かわいさ　女性に多い
しゃくれた	美を愛し　想像力に富む
うんとしゃくれた	自尊心がうんと強く　人をなめたりからかったりする
先細りの長いもの	皮肉や
小さくても頑丈	身軽で敏捷

　だいぶ、西洋人相術と違いますね。細いとがった顎は西洋ではよい評価です。すなわち柔らかい食べ物を食べる顎はあまり発達せず、上流階級の貴人は、細い尖った顎になりがちです。しかし、東洋、そして日本では、あまり尖った顎は、よい評価ではありません。日本では鎌倉時代以降、公家の人たちよりも、武士たちが支配階級でした。力強く、がっしりした顎を持った武士たちが求められたのです。しかし武士も上流階級のものは貴族化し顎が細くなっていきました。

　縄文系の人は、丸や四角の顔で、がっしりした顔立ちです。あごも四角張った顔になります。渡来系の人は面長で卵型をしている人が多いのです。渡来

系の人は、支配階級の人たちになる傾向があり、食べ物が柔らかく、よけい顎が小さくなります。

歴代徳川将軍の骨が残っていますが、将軍家が終わりに近くなるほど、頭蓋骨は細くとがった顎です。とても華奢になっ

顎（Chin）

つきだした Projecting
まっすぐな Straight
後退した Receding
長い Long
短い Short
四角い Square
とがった Pointed

ています。現代人の顎もきゃしゃになり、歯が八重歯になったりして、いろいろな不具合が生じています。

　意識的に良く噛んでいると顎が発達します。ちなみに80歳の筆者は、前述したように、歯が30本残っています。また八重歯はありません。80歳で20本残すという、8020運動がありますが、大幅に超過しています。

　日本での人相術では、顎の役割は複雑ですね。そもそも縄文系と弥生系で形が規定されている部分があることに加えての、細かったり、とがっていたり、しゃくれていたり、がっちりしていたり、という差異を加味して捉えていく必要がありそうです。

●**手相について**

　手相については、2009年8月25日に「東洋手相術と西洋手相術について」という記事をブログに記しています。日本においては、街頭の占いは人相よりも、手相を見るものが多いです。私も新宿のカルチャーセンターで手相・人相の教室にかよったことがあります。また小平の市民スクールで人相手相の12回の教室、さらに読売カルチャーセンターで12回の講師をしたこともあるほど、手相には一家言あります。ぜひブログをご一読ください。

　さて、新大久保のいわゆる「イケメン通り」には、手相占いを中心とした占いの店がたくさんあります。若い女性は占いが好きなのです。

手相は人相より簡単です。西洋手相術では、生命線、感情線、頭脳線、運命線の長、短、太さ、乱れなどで見ていきます。上手な占い師はその手相と話の過程で、悩みごとの本質をつかめる人ということになります。上手な人はいわば、町場のカウンセラーのような役割を果します。水野南北も手相に関してはわずか7ページ半しか記していません。手相を見るときの手の出し方で、その人の状態を見ます。手をそろえて出す人は、気が落ち着いている人。すぼめて出す人は気が小さい人、そらして広げて出す人は気が大きい人、などから始まります。

　東洋手相術では、手のひらの下の生命線にあたるのが地紋、感情線が真ん中で人紋、上が天紋です。意味合いが西洋手相術と全く違います。

　手相は年齢に応じて変化していきます。幼児の手相は簡単です。ところで、私の父親の手相は、運命線がきれいにまっすぐに中指にまで入っていました。父親は、この手相は豊臣秀吉がそうだったといいます。また石川五右衛門もそうだといいます。天下取りか大泥棒かですね。

　わたしも左手は運命線がまっすぐで、右手は少し切れています。今後また変わるでしょうか。自分の手相はずっと見ていますが、年齢に応じて少しずつ変わっていきます。年齢が進むにつれ、手の線は深くなり、複雑化していきます。

　手相はその人の手の使い方で決まってきます。頭のしわも、その人の日ごろの顔つきで変わってきます。顔のしわの右、左がつながっている人は正直な人が多いといいますが、どうでしょうか。

●西洋人相術の顔についての関心順位

　私の体感では、日本での人相術の関心事は先述のように圧倒的に耳と額でした（「こういちの人間学ブログ」アクセスのベスト10はいつもこの2つでしたので）。ところが*The Complete Book of Fortune*"Bracken Books 1990のなかのThe Art of Physiognomy（人相術）では、顔の各部位の詳しい比較は、圧倒的に眼の色、髪の毛の色など人種の違いで出てくるものがとても多いのです。頭と顔での分類では、額、鼻、耳、顎、眉、目、顎、口、髪で分けられます。

そのうち目の形は8タイプ、色は6色、髪の毛は5タイプ、9色に分けられます。日本では目の色、髪の色では分けられません。この本の人相術では人の特性、性格などを60項目に分けます。例えばその第1は道徳的であるか、そうでないかという項目です。そしてこんどはそれぞれの顔の各部位はどのような特徴があるのか、点数がつけられるのです。プラス、マイナス、とややその傾向がありというのは⊙で0.5ポイントです。そして例えば青い目は25の特徴がポイントとしてあり、黒い目は32もの特徴がポイントとしてあります。この一覧表は2ページ半ほどもあります。そして全部を集計して一覧表を作ります。それが人相判断から見たある人物の全体像を示すというわけです。目の色に関してはMoral Strength（道徳的）というのが第1番ですが、最後の6番目の黒の眼だけは、道徳的という点数はつかずAmbitionという項目が付きます。野心的というところに点が付くわけです。

　また髪の色は下記の9色に分けられます（日本ではせいぜい2色ですが）。うすい茶色、こい茶色、まっ黒（JET）、青みがかった黒（bluish）、赤茶色（Auburn）、赤色（Red）、亜麻色（flaxen）、金髪（Golden）、白髪（White）です。性格のところを見ると、金髪は、4のCandour（率直、公正）、5のSincerity（誠実さ）……という、いい評価が付きます。

　欧米の人相術では欧米で支配層をなしている金髪、青い目のノルマン系の人々が（イギリスの王室は――北フランスから来たノルマン系の人々です）評価が高いという結果になっています。黒髪、黒い目は情熱的ではあるけれど、欧米での人相での評価点は低いのです。

●顔学会について

　日本顔学会は1995年3月に「顔に関する研究、顔学の普及」を求めて創立されました。顔に興味のある私はそれを知り、早速に入会を申し込みました。顔学会は様々な分野の方が参加されていることと、多くの企業の方も賛助会員で参加されているのが特徴です。英文では"Japanese Academy of Facial Studies"といいます。年会費は創立以来、5,000円で2023年の今でも変わっ

ていません。参加資格は特になく、「顔に興味のある人は、誰でも参加できる」ことになっています。

1年に1回顔学会フォーラムが開催されます。その内容は変化に富んで面白いものです。

1999年7月より顔学会主催の「大顔展」が上野の国立科学博物館で開催されました。人間学研究会では皆で見に行くことにしました。このときの参加者は、6人だったように思います。その会場で「大顔展」という立派な本が発売されました。その中に「日本人の顔はあるのか」という大坊氏の記事がありました。日本人と韓国人の平均顔を写した写真があり、その違いが興味深かったです。

年に1回「顔学」という日本顔学会誌が発行されます。例えば第14巻第1号は平成26年（2014）10月に発行されています。最上質の紙でA4の大判で208ページです。広告が7ページ入っています。顔学会の年会費は5,000円ですが賛助会員は1口5万円以上で、学会誌にたくさんの広告が載せられています。

2015年（平成27）9月、顔学会より『顔の百科事典』（丸善出版）が発行されました。この本は今までの顔学会の研究成果を、すべて網羅した、素晴らしいものでした。編集委員長は原島博氏です。内容は、①動物の顔、②ヒトの顔、③生きるための顔（医学）、④見る顔・みられる顔（心理学）、⑤社会、文化、時代の反映としての顔（社会学）、⑥表象としての顔（芸術）、⑦装う顔（美容）、⑧似せる顔（似顔絵）と、まさに顔のすべてについて書かれています。まさに、顔に関するすべての英知をまとめ上げたものといえましょう。顔に関する総合人間学ともいえます。

●おわりに

私は一生を独自の人間学の発展のためにすごしてきました。人間学という名前に、なぜ魅力を感じるのでしょう。様々な"人間学"が提唱されていますが、私の場合は、東京教育大学の生物学科動物学専攻に入学したあと、いろい

ろな本を読み漁った末に出会った「人間学」というものが自分にぴったりだと感じたのです。しかし、大学の入試とその後の教科でも広く、理科系、文科系とに分かれてしまいます。私は理科系（特に動物学）と人文・社会学系（哲学・心理学・歴史学など）どちらも好きだったのですが、結局両方にまたがりやすい動物学を選びました。

　当時、大学には民主主義科学者協議会（民科）の学生組織（生物科学生懇談会－略して生懇）がありました。私は入学後早速そこに入会しました。そして、3年になるときに、「人間学」の分科会を作りました。そして東京教育大の学生控室で例会を開きました。これが私の長い人間学の取り組みのはじまりでした。

　また一方で、動物学者の小原秀雄氏との出会いがあります。当時、著述家であった小原氏の生物学的人間学の本を読み感激し、おもわず小原氏のご自宅を訪問してしまいました。これがその後の人間学との長いおつきあいの始まりとなりました。小原氏と私は新しい人間学をつくろうと意見が一致。私の大学卒業後、「人間学研究会」を作ったのです。時を同じくして、女子栄養大学に小原秀雄氏、教育学者の柴田義松氏、そして原始技術史の岩城正夫氏が集いました。この三名による人間学の取り組みも始まり、私にもお声がけいただき、「第2次人間学研究会」が始まりました。

　以後、人間学の取り組みは60年余。現在にまで続きますが、長く人間学研究所の所長をされていた柴田先生が2018年に亡くなられ、2022年には小原先生が亡くなられ、筆者の私も2023年2月に80歳になるにあたり、記念の図書を出そうということになった次第です

　「実用的人間学」という言葉は、一般的になっていません。われわれの人間学研究所や実用的人間学研究会以外ではほとんど使われていないように感じます。「実用的人間学研究会」の名前を正式に始めたのは、1991年4月に第2佐竹ビルの2階に第3次「人間学研究会」が始まった後、1993年の5月に佐竹の提唱で、始まったものです。これは民間の自由な研究会として、講師の方は大学などの研究者よりも、民間のさまざまな分野で活躍されてい

る方のお話を聞こうというものです。ちょうどカントが自宅に様々な分野の民間人を招き、食事をしながら、それぞれの方の話を聞く、ということに倣ったものです。カントはその膨大な量の知識の蓄積を、『実用的見地における人間学』と『自然地理学』にまとめました。ともに大変面白い本です。岩城正夫先生もこのころ堅苦しい話よりも、より自由な、楽しいお話をということで「人間サロン」を始められました。

1999年4月に今までの会を発展的に解消し「人間学研究所」が設立されました。「実用的人間学研究会」は、「実用的人間学部会」となりました。

2004年には「新教育人間学部会」と2005年には「実用的人間学セミナー」がスタートしました。2007年5月の研究所員21名、所友20名でした。2008年5月には「実用的人間学研究会」のメンバー30名でした。このときから杉山靖夫氏に副会長（この本の編集委員）となっていただきました。その後、江原正忠氏や河村信弘氏に幹事になっていただきました。

人間学の例会は2023年5月で166回。新型コロナウイルスの影響などで退会される方も多くなりましたが、直前にやめられた倉田眞氏にはずいぶんお世話になりました。また設計事務所長の檀上ご夫妻には、貴重なお話を何度かお聞きしています。また大久保中学の旧友の田中稲生氏には何度も例会で面白いお話をお聞きしました。やはり旧友の上杉徳治郎氏、藤原博子氏には長い間のお付き合いでした。最後に人間学研究所のメンバー、所長で、この本の編集委員、森岡修一氏、里見 脩氏、杉山靖夫氏、執筆いただいた皆さんに御礼申し上げます。

［さたけ・こういち］1943年、東京に生れる。東京教育大学動物学専攻卒。大学時代に『人間学』分科会を作り、以後、会社経営の傍ら人間学研究会、研究所の活動に取り組む。人間学研究所専務理事、実用的人間学研究会会長。
著書は『人間学と人間科学の現状』（「現代の教育危機と総合人間学」柴田義松編、学文社2006、『人間学研究所年誌』2000から18号）。
2023年で人間学の取り組みが60年に達し、その記念に本書を出版することにした。

"Bulletin of the Institute of Humanology"

人間学研究所年誌2000／No.1／2000年12月1日／p.166	
［巻頭論文］「人間学」概念の現代化を越えて	小原秀雄
「人間」を学ぶ学習総合カリキュラムの開発	柴田義松
［随想］慈育論承前	北原眞一
幼児の発語例・「ある玄関」についての生成について	飯田啓介
心と予測との関係	永井 治
環境的人間学の構想	岩田好宏
人間学の概要	佐竹幸一
人間学研究所の概要	同上
トピックブック「道具と人間」との取り組み	
人間学研究所年誌2002／No.2／2002年11月30日／p.133	
［巻頭論文］人間をめぐる科学概念	小原秀雄
21世紀の学校と学びのあり方を考える	柴田義松
自然史と自然誌をめぐって	岩田好宏
慈育論（2）	北原眞一
幸福の混迷と幸福の実態	永井 治
人間学を取り巻く状況 第1回人間学シンポジウムの記録	佐竹幸一
基調講演 子どもと人間にとっての危機とは	正木健雄
提案 問題提起 人間観の再構築をめぐって	柴田義松
［パネラー］どの子も勉強がよくわかり、楽しく安心して通える学校へ	糀谷陽子
教育の現状と回生の試み	大森 享
現代の子どもの心身問題・情報化、環境化、市場	尾関周二
人間学研究所年誌2003／No.3／2004年8月1日／p.135	
［巻頭論文］新世紀教育はどこへ向かうか	柴田義松

人間学研究所年誌2007／No.5／2008年5月31日／p.109

家庭科の学習指導要領を読む	鶴田敦子
改訂学習指導要領の批判的検討─外国語（英語）、小学校英語を中心に	阿原成光
「要」推進教師で、徳目主義が一層進行する	高橋喜代治
火の道具史（火打石と火口）	関根秀樹
家族と子ども（子どもは「耐久消費財」?）	中江和恵
人間学研究会のあゆみ〈一〉	佐竹幸一

人間学研究所年誌2008／No.6／2009年3月31日／p.111

「授業」の本質を問う	柴田義松
地球について─生物多様性から	小原秀雄
「ル・コルビジェ建築論」散見	岩田好宏
現代母親考	宮坂琇子
リテラシーとコミュニケーション理論に関する─考察─（前編）	森岡修一
若者の薬物防止のための心理教育2次予防を中心として	西田隆男
「悲しみの学校」から喜びの学校へ	南 隆洋
人間学研究会のあゆみ 二	佐竹幸一
7世紀以前の文献に見るアジアの油彩絵画技法材料について	関根秀樹
江戸時代の家族と子ども─『浮世風呂』から 1	中江和恵

人間学研究所年誌2009／No.7／2010年3月31日／p.105

Pedagogical Studies on Japanese Textbook 現代の人間界の一つの新しい課題	小原秀雄
リテラシーとコミュニケーション理論に関する─考察─（後編）	森岡修一
ウシンスキー著・柴田義松訳新読書社刊『子どもと大人のための童話集』	麻生信子
人は自分の考えに固執する エセ科学と懐疑論	佐竹幸一
思春期の問題行動からの回復と成長─「心の回復力」の概念を中心として	西田隆男
江戸時代の家族と子ども─『浮世風呂』から2	中江和恵

人間学研究所年誌 / 2012 / No.10 / 2013年3月31日 / p.119	
不可視の越境	倉田 眞
2013年度の展望―備忘録として	佐藤由紀
人間学研究会、人間学研究所の歴史と実用的人間学	佐竹幸一

人間学研究所年誌 / 2013 / No.11 / 2014年3月1日 / p.93	
ヘイトスピーチ問題の考察	倉田 眞
東日本大震災避難者が抱える暮らしのニーズ	白村直也
軽度発達障碍児が抱える暮らしのニーズ	宮坂琇子
生命概念の検討	岩田好宏
視床出血からの回復に向けて	佐竹幸一
世の中の複雑さと対応	永井 治
本研究所2013年度活動報告（以下略）	佐竹幸一、木村廣子

人間学研究所年誌 / 2014 / No.12 / 2015年3月15日 / p.105	
ロシアにおける民族文化と教育の諸問題	森岡修一
[自由学習]「学友を作って」における学びのテーマ設定の推移	高橋喜代治
学校における性的少数者への対応	西田隆男
震災と教育の越境	白村直也
朝日新聞誤報問題とジャーナリズム	倉田 眞
「こういちの人間学ブログ」について	佐竹幸一

人間学研究所年誌 / 2015 / No.13 / 2016年3月10日 / p.129	
[依頼論文]アムールトラの保護と生物多様性	関 啓子
薬物依存からの回復プログラム	西田隆男
避難をめぐる政治と被災者のニーズ	白村直也
「学校での学習指導12年基本計画試案づくり」序	岩田好宏
道徳の教科化と問題解決型授業学習	高橋喜代治
気候温暖化・大気汚染とCOP21	倉田 眞
二酸化炭素地球温暖化説について	佐竹幸一

多民族国家について文化と教育 20世紀末から21世紀初頭のロシアの教育変動を中心として	森岡修一
ネアンデルタール人などと私たち人類	佐竹幸一

人間学研究所年誌 / 2016 / No.14 / 2017年3月10日 / p.90

思春期におけるメンタルヘルスリテラシー・中高生への予防教育の視点から	西田隆男
竹内敏夫の「教育課程研究と住民運動」(1977)から 「住民運動と学校の教育課程」(1985)へ	岩田好宏
ロシアにおける婚姻と出産をめぐる動向と母親(家族)資本	白村直也
多民族国家ロシアにおける文化と教育改革	森田修一
アクティブ・ラーニングとひとりひとりの学びの形成 ―国語の『あま玉』の授業を例に	高橋喜代治
「どこまで人間と見るか」その歴史と未来	佐竹幸一
まやかしの言葉	倉田　眞

人間学研究所年誌 / 2017 / No.15 / 2018年3月10日 / p.100

ロシアの批判的言説―教育をめぐってロシア革命100周年に思う	関 啓子
現代ロシアにおける教育の動向―補充教育とヴィゴツキー理論を通じて	森岡修一
思春期のHSP(敏感気質)の生徒たち―学校での対応を中心に	西田隆男
家庭の暴力と伝統的価値への回帰―刑法の改正をめぐるロシア社会の動向	白村直也
生体における情報代謝	岩田好宏
CO_2地球温暖化仮説、日本の経済界、報道の空気が変わる	佐竹幸一
[**データ**]世論調査に見る政治の陥穽 (かんせい)	倉田　眞

人間学研究所年誌 / 2018 / No.16 / 2019年3月10日 / p.64

青森県立大湊高校の総合的学習の時間―下北半島学学習指導の分析	岩田好宏
施設から家庭での養育へ ―ロシアにおける孤児の養護をめぐる近年の動向と問題	白村直也
学習指導ボランティア事業の現状と課題　民間運営の無料塾を中心に	西田隆男
柴田義松先生の思い出と人間学研究所のこれから	佐竹幸一
石牟礼道子さんを偲んで	倉田　眞

人間学研究所年誌 / 2019 / No.17 / 2020年3月10日 / p.78	
地域の問題に取り組み、学びあって育む社会人基礎力 ―岐阜県で学ぶ学生のキャリア形成に関する新たな仕掛け作り	白村直也
思春期の生きづらさへの教育哲学的アプローチ―哲学的プラクティスを 中心にして	西田隆男
農作の一つの人間学的考察	岩田好宏
インクルーシブ教育と教育改革の影 ―保護者と教育現場の声から浮かび上がる問題	白村直也
人間学研究所の今後について―「こういちの人間学ブログ」についても	佐竹幸一
中村哲さんとアフガニスタン・ペシャワール会	倉田 眞

人間学研究所年誌 / 2020 / No.18 / 2021年3月 / p.58	
新聞と戦争―満州事変	里見 脩
心理臨床からみえてくる思春期のメンタルヘルス ―MHLから見えてくる思春期のメンタルヘルス	西田隆男
大学生はソ連やロシアをどのようにとらえているのか ―学生へのアンケートをもとに授業づくりを考える	白村直也
自然保護活動のあり方を具体的に考える―『トトロの森をつくる』と 『野生生物のためのソーシャルヂスタンス』の2書を読んで	岩田好宏
政治報道の堕落	倉田 眞

人間学研究所年誌 / 2021 / No.19 / 2022年3月10日 / p.51	
自由援助ホームにおける学習支援―ケーススタディを中心として	西田隆男
柴谷篤弘、その若き日の動的平衡論	岩田好宏
新型コロナウイルス蔓延とその2年間のご報告	佐竹幸一
[随想3題]「文化学院100年」続自然保護論 そして日本人は幸福か	岩田好宏

［**人間学研究所通信（HUMANOLOGY）**］

人間学研究所では、例会のお知らせ、所員、会員が書いた記事などを『人間学研究所通信』として、随時発行していました。第1号は1999年6月に発行されました。

よく記事を書かれた方々は、柴田義松、小原秀雄、岩田好宏、永井治、中江和恵の各氏と、佐竹幸一などでした。2010年9月には『50号記念号』が出されました。また、2012年ごろから白村直也、倉田眞、西田隆男、里見脩などの各氏にご投稿いただいております。

2020年2月からの新型コロナウイルスの蔓延からはご連絡は大部分メールになっております。

2020年8月31日に『人間学研究所通信88号』が発行され、その後は発行されていません。

人間学研究所と実用的人間学研究会の歴史

1961年	小原秀雄氏の著作を読み、佐竹幸一は、感銘を受ける。
1963年	佐竹幸一 関東生物科学生懇談会〈生懇〉に「人間学分科会」をつくる。
	東京教育大学生控室にて 例会52回
1965年6月	佐竹、江古田の小原氏の自宅をたずねる。人間学の必要性で共感。
1965年11月	第1次『人間学研究会』小原秀雄会長、佐竹幸一事務局長
	例会42回 佐竹の自宅にて、『人間学ニュース』17号
1967年	「人間学研究会」解散 一部佐竹らで、「人間論研究会」として継続
1968年	女子栄養大に『人間学』というカリキュラムを組む
	柴田義松氏（教育学）、小原秀雄氏（動物学）、岩城正夫氏（原始技術史）など
1972年	大阪大学に人間科学部設置 その後各大学に急速に増加
1982年	「人間どう視るか」シリーズ 小原秀雄氏、岩城正夫氏
1983年から1984年	高度情報社会へ日本総中流化といわれる。
	人間科学シンポジウム「生命科学と人間の会議」
1985年1月	「人間・ヒト、にとって教育とは」など3巻
	小原秀雄、柴田義松、岩城正夫、香川綾、西郷武彦の各氏
1985年5月	第2次『人間学研究会』発足 佐竹ビル2階
	会長：小原秀雄 副会長：柴田義松、佐竹幸一
	事務局長：岩城正夫 事務局員、研究員：野本雅夫の各氏
	「人間学ニュース」25号まで 会員80名
1986年	東京大学で『人間学シンポジウム』100名参加
1986年から1987年	『人間学とは何か』人間学研究会主催
	講師：小原秀雄氏 労音会館
1987年	「人間学研究会』26回で解散 一部学生の独走あり

1988年6月	バブル経済真っ盛り
1989年	昭和から平成へ 消費税導入 景気の後退始まる ベルリンの壁崩壊
1991年	地価、株価の暴落
1991年4月	第3次「人間学研究会」学術的なもの発足
	柴田義松、小原秀雄、岩城正夫の各氏と佐竹幸一他
	第2佐竹ビル2階に『人間学研究所準備室』できる。
1993年5月	「実用的人間学研究会」できる。第1次、佐竹提唱
	民間の自由な研究会 会員は民間人中心
1993年9月	『人間学研究会』を「人間サロン」とする。岩城氏提唱 例会は31回まで
1996年	このころ人間学研究会（2つの会）で連絡している人160名
1999年	『人間学研究所』できる。 佐竹ビル2階 記念集会 成蹊大
1999年	所長：柴田義松氏、副所長：岩田好宏氏、 専務理事・事務局長：佐竹幸一
	教育人間学部会、実用的人間学部会できる。
1999年6月	『人間学研究所通信』"Humanology"第1号発行
2000年12月	『人間学研究所年誌2000』第1号発行
2001年4月	「人間学基礎論部会」始まる。 このころ、森岡修一氏、西田隆男氏加わる。
2002年6月	「総合人間学研究会準備室」人間学研究所が母体
2002年11月	「総合人間学研究会」記念集会 明治大学
	150名参加 事務局は人間学研究所
2003年2月	「総合人間学ニュースレター」15号まで「総合人間学会報」第10号まで
2003年	「後期 教育人間学部会 後期基礎論部会、後期実用的人間学部会」 できる。
2004年2月	「新教育人間学部会」専門性を高めることに。
	第1回人間学オープンセミナー 一般会員向け
2006年5月	「総合人間学会」記念集会 明治大学 300名参加
	会長：小林直樹、副会長：小原秀雄、柴田義松 各氏

2006年11月	シリーズ『総合人間学』全3巻　学文社
2008年4月	「実用的人間学研究会」第2次
2009年7月	佐竹幸一「こういちの人間学ブログ」始める。
2010年3月	東日本大震災　福島原発事故
2012年5月	総合人間学会第7回大会で　佐竹報告、学会誌掲載は拒否
2013年11月	佐竹旅先で脳出血。佐竹ビル3階人間学事務所に戻れず 後日、例会は佐竹の住むマンションの集会室に変更
2016年3月	『人間学研究所年誌2015』No.13　人間学研27人、 実用的19人、名誉2人
2018年3月	柴田義松氏逝去87歳
	『人間学研究所通信83号』柴田先生のご逝去を悼む特集号
2020年2月	新型コロナウイルスの蔓延、会の活動停止
	人間学研「交流の広場」メール通信、その後中止
2021年10月7日	『人間学研究所通信』91号以後発行停止
2022年3月	『人間学研究所年誌2021』19号にて一時停止
4月	小原秀雄氏逝去94歳
5月	岩田好宏人間学研所長から名誉所長に
	森岡修一氏が人間学研所長へ
7月	佐竹、人間学研究所の本出版を提案
2024年1月	出版『「人間」って何ですか』

おわりに――[1]
「人間を知る」ことについての
エピローグに代えて

　フランスの有名な思想家、ラ・ロシェフコー（1613-80）の「人間一般を知る
ことは、一人の人間を知るよりもたやすい」という逆説的な名言は、なんとも
アイロニーと諧謔に満ちた箴言ではないだろうか。また、彼とほぼ同時代の詩
人、ラ・フォンテーヌによる「全世界を知るは易く、己を知るは難い」の言説も
広く人口に膾炙するところとなり、ギリシャの哲学者ソクラテスの「汝自身を知
れ」の言辞を彷彿とさせる。これらはいずれも、寺崎昌男編『教育名言辞典』
（東京書籍、1999）からの引用であるが、因みに、筆者は同書のウシンスキー、
ヴィゴツキー、チェーホフなどの項目を執筆して、彼らの含蓄に富んだ〈人間
観〉を紹介しておいたのでご参照いただきたい。だが、上記の僅かな引用例
からしても、「人間とは何か?」という問いに対する唯一無二の正解を期待する
のは困難、もしくは不可能と考えてよさそうだ。
　そのようなことを考えながら、何気なく新聞を眺めていたところ「シジュウカラ
語に聞き耳」（『朝日新聞』2023.7.29）という興味深いタイトルが目に飛び込んでき
た。はて「シジュウカラ語とは? 聞いたことの無い言語だが」と思いながら、改
めて目を通すと、「シジュウカラ」はあのお馴染みの野鳥のことで、東京大学准
教授が〈動物言語学〉の研究室を立ち上げて、シジュウカラのジェスチャーまで
も研究する予定とのこと。その後、彼については「天声人語」やNHKテレビ
でも何度か紹介されたので、ご覧になった読者諸氏もおられることだろう。彼

の研究の狙いは「人間だけが言葉を持ち、動物の鳴き声は感情のみ」という「人間」特別視の定説を覆すことにあり、シジュウカラの鳴き声にメッセージによる独自の語順さえも存在することを発見したという、なんとも痛快な話ではある。

そこで筆者は早速、大学院生時代に夢中になって熟読したK.ローレンツ『ソロモンの指環──動物行動学入門』（日高敏隆訳、早川書房）をわが書棚から引っ張り出し、「刷り込み・刻印付け」（imprinting）の語に対する懐旧の念やみがたく、あちこちに書入れのある半ば変色したページを次々とめくってみた。

原著者のローレンツは、1903年にオーストリアのウイーンに生まれ、比較行動学の創始者として1973年にはノーベル賞を受賞しているが、筆者は大学院博士課程に進学して間もなく同書に出会い耽読したものである。同書の扉には「あなたはあの知恵者として知られるソロモン王が、魔法の指環の助けをかりて動物たちと話をした、という伝説をご存知でしょうか?」とあり、それはまさに上記の「シジュウカラ」研究者の「魔法の指環」そのものに他ならなかった。またさらに驚くことには、日高氏の訳者あとがきには、わが人間学研究所員の動物学者、故・小原秀雄氏への謝辞が記されていたことである。重ねて付言すると、筆者はヤロシェフスキー『心理学史』（柴田・森岡他訳）の翻訳分担者である羽田節子氏ご自身から、日高氏との興味深い共訳書（H.シュテンプケ『鼻行類』思索社、1987）を直接恵贈していただいたことなど、人間学研究所の取り持つ縁の深さに驚くほかない。

それでは、改めてローレンツの前掲書のむすびの言葉に立ち戻りつつ、「人間を知ること」のエピローグへの橋渡しとすることにしたい。

人間が自分たちよりも下等とみなしている動物のほうが、人間よりも同一種内の殺し合いを抑制する「儀式」に富んでいる、と指摘したのが他ならぬローレンツであり、前掲書の最終章12「モラルと武器」こそはまさに同書の白眉と言ってよい。

彼は言う。「自分の体とは無関係に発達した武器をもつ動物がたった一ついる。……武器相応に強力な抑制は用意されていないのだ。」

「この動物は人間である。」

そして1935年のこの論稿は、以下のむすびのことばで閉じられている。

いつかきっと相手の陣営を瞬時にして壊滅しうるような日がやってくる。全人類が2つの陣営に分かたれてしまう日も、やってくるかもしれない。そのときわれわれはどう行動するだろうか。ウサギのようにか、それともオオカミのようにか？人間の運命はこの問いへの答えによって決定される。

さてわれわれは、いずれの道をえらぶであろうか。

90年近くもまえにローレンツの発した警告は、今や恐るべき現実のものとなり、ロシアとウクライナ、アメリカと中国および台湾、あるいはイスラエルとハマス……といった連鎖を成しつつ次々と、際限のない泥沼の様相を呈している。まさに、「武器相応に強力な抑制は用意されていない」「人間という動物」の群れの果てしなき戦い。

そこで、今や社会現象となった感のある、吉野源三郎や宮崎駿の顰みに倣って「君たちはどう生きるか」を「わたしたちはどう生きるか」に置き換えて、自問自答してみることをお勧めしたい。

まさに、そのときの答えこそが「人間とは何か？」に対するあなた自身の回答であり、同時に、本書に収載されたエッセイ等の論稿すべての執筆者個人による、それぞれの回答のメッセージと考えることも可能だろう。ただ、願わくばノーベル賞受賞者のフランスの医学者シャルル・リシェの言う「愚かな人」（ホモ・スツルツス）、あるいは、かの芥川龍之介にも少なからぬ影響を与えたことで有名な、ビアスの「……当然あるべきおのれの姿が目に入らない動物」（『悪魔の辞典』より）としての〈人間〉とならないよう祈るばかりである。

最後に、本書の上梓に当たっては、落合絵里氏に格別のご尽力をいただいたことを深謝するとともに、工作舎の関係者諸氏のさまざまなご配慮に対して厚くお礼を申し上げたい。

森岡修一　人間学研究所長

人間とAIの関係性
AIの人間支配を是とするか

　本書には「人間学研究会」の、これまでの成果が収められている。同研究会は、研究者、実務者が垣根を超えて相互に刺激し合う場で、本書に示されたように会員である執筆者は、各自それぞれ異なるテーマで、「人間」についての考察を試みている。即ち、経歴は異にするものの、「人間とは何か」を考える点で志を一にしている。

　現在、AI（Artificial Intelligence）の活用が盛んに論じられている。AIは「人工知能」と翻訳され、「コンピューターがデータを分析し、人間の知的能力を模倣する技術」と定義される。AIについては現在、人間の未来を拓く素晴らしい存在と位置付け、その開発の進展や活用を促す声が少なからず存在する。そして是とする立場から、「AIは、やがて人間を凌駕する」や「AIが全知全能を備えて、神に近い存在となる」という予測が、リアリティを有するが如く語られている。

　その代表者は、米研究者レイ・カーツワイルで、彼は「AIの世界的権威者」と評されている。彼の理論は「技術的特異点（シンギュラリティTechunological Singularity）」と言われるもので「AIの技術的成長が進めば、ある時点で人間の知能を大幅に凌駕し、神的領域に達する。人間よりも賢明なAIが出現する時代は必ず到来する」というものだ。この理論に沿ってニック・ボストロムやルチアーノ・フロリディという哲学者や、ユヴァル・ノア・ハラリという歴史学者が「人

間の歴史は、宇宙を統括する絶対的な知性の実現へ向かって進歩する」という考えを唱え、彼等は「超人間主義者」と称されている。

　ハラリはAIの進化を是として、「人間とは単なるデータの集積体であり、AIによるアルゴリズム（コンピューターで計算をするときの計算方法のこと。やり方を改善することで、より速く計算が出来る）によって人間社会の全ての問題を解決（処理）することが出来るようになる。このアルゴリズムを操作するのは少数のエリートで、大多数の人間は単なるサイボーグに転落する」と予言する。

　こうした超人間主義者に対し、AIの危険性を唱える主張も当然ながら存在する。私の恩師である西垣通・東京大学名誉教授もその一人で、「果たして機械に人間のような心が宿るのか。また人間を単なる機械部品、データとして捉えて良いのか」と指摘し、「AIを盲目的に絶対視する超人間主義の危険性を認識すべきだ」と警告を発している。

　AIと人間の関係、即ち「人間が自身にとって良き手段として開発したAIに、逆に人間が支配されるという『主体と客体の逆転現象』をめぐる問題」は今や、国際的に盛んに論議されている。

　その意味で、人間学研究会が「人間とは何か」というテーマで研究を重ねてきた先駆的な意義は大きなものがあったと言える。日本語（漢字）の「人間」の語源は、仏教語（サンスクリット語）の「世の中」という意味である。英語の「Human」の語源は、「大地」の意味のラテン語「Humanus」で、その派生語「Humanity」は人間の本性 地球上の生命 哀れみ（慈悲深い）を意味している。つまり、「人間」という単語には宗教的価値が含まれており、それは機械とは異なり、「心」が存在することを指している。こうした立場から、私は西垣先生の「あくまで人間が主体で、AIは客体（手段）という関係性を持すべきだ」とする主張に同意する。今回の出版を一つの節目として、人間学研究会の「人間」に関する考察は益々重要な意義を持つことを確信する次第である。

里見 脩

人間学研究所研究員

「人間」って何ですか

人間学研究会60周年記念エッセイ集

発行日─────────2024年1月20日

編者─────────佐竹幸一、森岡修一、里見脩、杉山靖夫

著者─────────森岡修一、里見 脩、岩城正夫、高橋喜代治、
西田隆男、白村直也、松本孚、野本雅央、
木村廣子、杉山靖夫、上杉徳治郎、檀上新、
佐竹幸一

編集協力─────────田辺澄江

エディトリアル・デザイン────佐藤ちひろ

印刷・製本─────────シナノ印刷株式会社

発行者─────────岡田澄江

発行─────────工作舎 editorial corporation for human becoming
〒169-0072 東京都新宿区大久保2-4-12
新宿ラムダックスビル12F
phone： 03-5155-8940
fax： 03-5155-8941
url： https://www.kousakusha.co.jp
e-mail： saturn@kousakusha.co.jp
ISBN978-4-87502-561-0

生きねばや
荒波 力
「魂の俳人」と呼ばれた村越化石。15歳でハンセン病に罹患しながらも、俳句に精進し、紫綬褒章を受章する。高僧のように澄み切った境地に至り、優れた作品を残した彼の生涯をたどる。
●四六判上製●360頁●定価 本体2,900円＋税

最後に残るのは本
工作舎＝編
小松和彦、養老孟司、池澤夏樹、鶴岡真弓、松浦寿輝など67人の書物をめぐるエッセイ集。「パリの本屋歩き」「背伸びして読む本」など、それぞれの本への思いを綴る工作舎50周年記念本。
●四六判変型上製●244頁●定価 本体2,500円＋税

テルミンとわたし
竹内正実
触れずに奏でる世界初の電子楽器テルミン。日本での演奏・普及に努めてきた第一人者が四半世紀を振り返る。自身を襲った脳卒中、障がいを抱えた世界記録挑戦なども盛り込んだ決定版。
●四六判変型上製●268頁●定価 本体2,300円＋税

留学生たちの母国とニッポン
久保田登輝子
ルワンダの義肢製作者、アフガニスタンの小麦研究者、スロバキアの書道愛好家など、70か国・地域からの留学生たち80人の声。彼らの目に映る日本が浮かび上がる。
●四六判変型●352頁●定価 本体2,200円＋税

貢献する心
谷川多佳子＋上田紀行 ほか
他者を思いやり、助けることに喜びを見出す生物、ヒト。野生動物にはない「貢献心」をめぐり、文化人類学の上田紀行、進化生物学の長谷川眞理子、作家の瀬名秀明ら6名が語り合う。
●四六判変型上製●196頁●定価 本体1,400円＋税

Ibasyo
岡原功祐
5人の女性たちの自傷行為をめぐるフォト・ドキュメンタリー。「居場所」を求めながら、自らを傷つけずにはいられなかった彼女たちの細やかな心性に、写真家・岡原功祐が光をあてる。
●四六判変型フランス装●372頁●定価 本体2,800円＋税